ESSAIS

D'HISTOIRE ET DE CRITIQUE

L'auteur et les éditeurs déclarent réserver leurs droits de traduction et de reproduction à l'étranger.

Cet ouvrage a été déposé au ministère de l'intérieur (section de la librairie) en novembre 1882.

OUVRAGES DU MÊME AUTEUR

Histoire diplomatique de la guerre franco-allemande. Deux vol. in-8° cavalier. Prix : 16 francs. E. PLON et Cie.

La Question d'Orient au dix-huitième siècle : Origines de la triple alliance. Un volume in-8°. Prix : 6 fr. E. PLON et Cie.

Précis du droit des gens, par MM. Albert SOREL et FUNCK-BRENTANO. Un volume in-8°. Prix : 8 francs. E. PLON et Cie.

Le Traité de Paris du 20 novembre 1815. Un volume in-8°. Prix : 4 fr. 50 c. GERMER BAILLIÈRE.

ESSAIS
D'HISTOIRE ET DE CRITIQUE

METTERNICH — TALLEYRAND — MIRABEAU
ÉLISABETH ET CATHERINE II — L'ANGLETERRE ET L'ÉMIGRATION FRANÇAISE
LA DIPLOMATIE DE LOUIS XV — LES COLONIES PRUSSIENNES
L'ALLIANCE RUSSE ET LA RESTAURATION
LA POLITIQUE FRANÇAISE EN 1866 ET 1867 — LA DIPLOMATIE ET LE PROGRÈS

PAR

ALBERT SOREL

PARIS

E. PLON ET Cie, IMPRIMEURS-ÉDITEURS
RUE GARANCIÈRE, 10
—
1883

Tous droits réservés

Bien que composés à différentes époques et sur des sujets assez divers, ces Essais ont entre eux un lien : ils sont sortis d'une même pensée, ils se rattachent aux mêmes études, et c'est ce qui m'enhardit à les réunir aujourd'hui. J'ai tenté de dégager les traits essentiels des crises qui ont suivi dans notre histoire la guerre de Sept ans, la chute de Napoléon, la guerre de 1866. Je n'apporte point un récit de ces grandes affaires; je n'entre pas dans le détail technique des négociations; je me propose de déterminer les causes des événements, de définir surtout le caractère des personnages, leurs intentions, le rôle qu'ils ont joué, l'action qu'ils ont exercée. Ce sont des hommes qui ont fait l'histoire; l'historien cherche à les faire revivre. S'il y réussit, il tire de l'histoire la principale leçon, le conseil le plus fortifiant qu'elle donne à ceux qui lui demandent une lumière et un soutien : c'est qu'il n'y a pour les grandes entreprises de condition de succès, lors des grands périls de condition de salut que dans la connaissance des hommes, la pratique des affaires, la clarté des vues, la suite des desseins, la constance des volontés et la fermeté des caractères. En dehors de cela, il n'y a plus a compter que sur le hasard, et le hasard, qui n'est le plus souvent que l'œuvre des brouillons, ne profite presque jamais qu'aux hommes supérieurs.

ESSAIS
D'HISTOIRE ET DE CRITIQUE

METTERNICH

I

Metternich est le dieu Terme des chancelleries classiques. Les dévots le placent même au-dessus de Talleyrand, qui les a toujours légèrement offusqués et ne leur paraît pas exempt de tout péché. Je ne parle pas ici de la fameuse messe du Champ de Mars, de la sécularisation anticipée, du mariage peu canonique et des grandes réquisitions de présents; ce ne sont là que des « incorrections » : le Pape avec un bref, l'Empereur avec un titre, le Roi avec un mot ont tout effacé. Ce qui ne s'efface point, c'est le péché contre l'esprit, et Talleyrand commit toute sa vie celui que les chancelleries classiques ne pardonnent point : il demeura constamment entaché de libertinage politique. Voilà le vice rédhibitoire. Metternich en était pur, et c'est ce qui fait sa supériorité aux yeux de ce petit monde très-sceptique sur les faits, mais rempli de superstitions sur les principes. Les raffinés ajoutent même qu'il avait plus d'esprit que Talleyrand, sous le prétexte spécieux qu'il en montrait infiniment moins. « S'il te vient une raison brillante, une réplique victorieuse qui change le cours de la conversation, — disait une femme d'expérience à son neveu qui allait entrer au séminaire et dont elle rêvait de faire un Mazarin, — ne cède point à la tentation de briller, garde le silence ; les gens fins verront ton esprit dans tes yeux. Il sera temps d'avoir de l'esprit quand tu seras évêque [1]. » Metternich avait un regard beau et bienveillant [2] ; les gens qui l'ont connu assurent qu'il en jouait à ravir. Malgré sa prudence, il ne résista pas toujours au désir de lancer des raisons brillantes et des répliques victorieuses. Il était plus spirituel que sa politique, disait de lui un des hommes d'État de son temps qui l'ont le mieux jugé.

Les *Mémoires* qu'il a laissés sont tout politiques. C'est un livre grave et très-poli. L'homme ne s'y montre que sous le costume officiel, chamarré de croix, de cordons, et avec l'indéfinissable sourire des jours où il admettait toute l'Europe à ses réceptions. Il est plein de courtoisie pour la postérité ; il aurait cru sans doute manquer aux égards qu'il lui devait, s'il s'était présenté devant elle en déshabillé. Cependant, si bien disposée que soit la draperie et si composé que soit le sourire, la personne garde toujours son caractère, et ce caractère

---

[1] *La Chartreuse de Parme*, ch. v.
[2] Voir le beau portrait de Lawrence, reproduit en tête du t. Ier des *Mémoires, documents et écrits divers, laissés par le prince de Metternich,* publiés par son fils, le prince Richard DE METTERNICH Paris, 5 vol. in-8°.

se trahit toujours à quelque signe. Il y a des moments d'abandon ou de fatigue : le curieux les guette et parvient à découvrir l'homme sous le personnage de convention et le portrait de galerie.

Ce qui frappe, et dès le premier coup d'œil, c'est une fatuité fondamentale qui tantôt se déclare et s'impose en un aphorisme péremptoire, tantôt raffine sur elle-même, se dérobe et s'insinue avec un air d'indifférence et de désinvolture qui est la quintessence de l'amour-propre. Il est la lumière, et dans le miroir qu'il tient sans cesse devant ses yeux, il s'éblouit de ses propres rayons. Il y a en lui une hypertrophie constitutionnelle du *moi* qui se développe sans répit. Il parcourt l'Italie en 1817 : « Ma présence en Italie est d'un effet incalculable. » Il voyage en Allemagne en 1818 : « Je suis venu à Francfort comme le Messie. » Cette présomption superbe était à l'épreuve de l'expérience. Il n'était point de leçons capables de l'ébranler. Metternich écrivait au mois de janvier 1848 à l'ambassadeur d'Autriche à Rome :

« Je vis depuis si longtemps dans la sphère la plus élevée des affaires publiques, que je me sens à même d'établir, sans recherches particulières et dès lors sans peine aucune, des rapprochements entre les situations passées et présentes. Les vingt-neuf années de flagrante révolution qui trouvent leur terme dans l'année dans laquelle nous venons d'entrer ont changé la face du monde, sans pouvoir détruire les immuables conditions du bien et du mal : elles se sont écoulées sous mes yeux, et la part active que, dans le cours des dernières vingt-huit années, j'ai eu le devoir de prendre aux événements, ne saurait être perdue pour le jugement sur les positions, que chaque jour me force de me rendre à moi-même [1]. »

---

[1] BIANCHI, *Storia della diplomazia europea in Italia.* V. p. 429.

La riposte ne se fit point attendre. La révolution qui éclata en Italie et à Vienne donna au chancelier autrichien le démenti le plus sanglant et le plus décisif qu'ait jamais reçu un meneur de nations. Voilà donc où aboutissait ce système de compression savante appliqué avec tant de suite, soutenu par un emploi si persévérant et si subtil de la force! Ni la retraite des troupes impériales devant ces populations italiennes auxquelles depuis plus de trente ans il était interdit de parler de liberté et de patrie, ni la sédition de Vienne, ni l'abdication du souverain dont il avait été le guide, ni sa propre chute, ni son exil ne parvinrent à troubler un instant l'impassible suffisance du prince. « En 1848, raconte M. Guizot, pendant notre retraite commune à Londres, il me dit avec un demi-sourire qui semblait excuser d'avance ses paroles : « L'erreur n'a jamais « approché de mon esprit. » Ce mot prononcé sur une pareille scène, cette déclaration et ce jeu de physionomie, ce fond inébranlable d'orgueil et ce sourire, concession dédaigneuse, politesse ironique à l'évidence des faits et au bon sens vulgaire, voilà bien Metternich tel qu'il fut dans la réalité et tel qu'il se présente lui-même à l'histoire.

« Je ne craignais pas, écrit-il, de m'égarer dans ces voies fausses où tant d'hommes se laissent entraîner par une imagination malade et plus encore par leur amour-propre; car je me sentais exempt de ces défauts... J'étais inaccessible aux préjugés... » Le fait est que la Providence n'en a pas et n'en saurait avoir. Metternich estimait sans doute que l'empereur Alexandre confessait un article de foi lorsqu'après la bataille de Leipzig il lui disait : « Dieu a prononcé, son avis a été le vôtre. » Il n'y avait point de prestige capable de l'éblouir : il pénétrait les hommes du premier coup et les jugeait pour toujours : « Mon opinion sur Napoléon n'a pas varié », et il ajoute avec une gravité qui ne dissimule ni la puérilité ni la prud'homie de la pensée : « L'opinion du monde est partagée encore et le sera peut-être toujours sur la question si Napoléon a mérité le titre de grand homme. » Il est bon de s'entendre sur le sens des mots : Metternich a pris soin de définir, au moins par élimination, ce qu'il appelle un grand homme. Exposant au début de ses Mémoires ses vues générales et ses principes, il conclut par cette phrase inattendue, même chez lui, et vraiment extraordinaire : « On peut juger, d'après cette profession de foi, quelle valeur j'ai toujours attribuée à des politiques de la taille, ou si l'on veut, du mérite d'un Richelieu, d'un Mazarin, d'un Talleyrand, d'un Canning, d'un Capo d'Istria, d'un Haugwitz, et de tant d'autres plus célèbres. » La compagnie est assez étrange, et l'on peut la trouver un peu mêlée ; l'essentiel est de constater que Metternich ne fait point de différence entre eux et les invite tous du même coup de sonnette et par la bouche du même huissier à l'attendre dans son antichambre.

II

Il ne nomme point Chateaubriand. J'imagine qu'il l'avait en piètre estime et le tenait pour novice. L'histoire cependant les rapproche malgré eux. Ce sont les deux plus grands infatués du siècle, et ils se sont l'un et l'autre construit de leurs propres mains leur monument. Ils se touchent au moins par ce côté-là. Je ne prétends point comparer le grand talent diplomatique de Metternich au génie littéraire de Chateaubriand. Je ne considère que les testaments par lesquels ils lèguent leur culte à la postérité. Comparé à Metternich, Chateaubriand nous paraît naïf dans le dessein et brutal dans l'expression. Metternich n'aurait pas commis cette imprudence de se dire né pour les grandes affaires; ce n'est pas lui qui, sollicitant une ambassade, eût laissé échapper une incongruité de cette lourdeur : « Quand j'aurai négocié avec les rois, je n'aurai plus de rival. » Metternich s'abaissa jusqu'aux affaires; s'il daigna traiter avec les souverains, ce fut par obéissance envers son empereur, et par le sentiment qu'il avait de la nullité générale de ses compatriotes. « Ma véritable vocation, selon moi, c'étaient les sciences; j'aimais aussi les beaux-arts; ainsi rien n'éveillait en moi le désir d'enchaîner ma liberté. La carrière diplomatique pouvait sans doute flatter mon ambition, mais, durant toute ma vie, je fus inaccessible à ce sentiment. »

Au fond, chez tous les deux la prétention est la même : ils se jugent les premiers, chacun en son genre, Metternich dans l'art de mener les hommes, Chateaubriand dans l'art de les enchanter; mais cela ne leur suffit pas. Le mince mérite, en vérité! Ils n'y ont point eu de peine, et l'univers le reconnaît. Ce qu'il leur importe d'établir, c'est que cette gloire ne leur est venue que par surcroît, qu'en leur rendant cet hommage le vulgaire se trompe aux apparences, qu'on les méconnaît encore en les plaçant si haut, et que, si on leur avait laissé le champ libre, le monde aurait éprouvé d'étranges étonnements. « Je me suis occupé, pour mon plaisir, de chimie et de géologie, écrivait Metternich en 1857; il est à supposer que j'aurais eu, comme professeur de ces Facultés, non moins de bonheur peut-être que comme homme d'État. » Il disait encore, et c'est une des paroles qui peignent à la fois le mieux son imperturbable présomption et son genre d'esprit : « Quant à moi, je ne redoute point la tribune, *je la hais, mais pour des motifs qui ne me sont nullement personnels!* [1] »

Il est un autre point plus délicat sur lequel Chateaubriand et Metternich raffinent à l'envi et se distinguent encore par des nuances très-subtiles de vanité. Chateaubriand, selon le mot piquant de Sainte-Beuve, aimait à jouer au Jupiter. Il ressasse partout ce qu'il appelle « le continuel roman de sa vie ». Il assure que s'il fut poëte, ce fut par désœuvrement politique, mais que dans la politique même il n'avait cherché qu'une distraction à l'incurable ennui qui l'accablait. L'amour seul aurait pu l'en guérir, et ses amours ne le guérissaient pas. Ambassadeur, il insinue qu'il a troublé le cœur des filles de rois : « Mille ans en arrière, la princesse Frédérique, étant fille de Charlemagne, eût emporté sur ses épaules Éginhard. » Sur le déclin de l'âge et de la gloire, il écrivait encore à une jeune femme : « Je vous donnerai plus dans un jour qu'un autre dans de longues années. »

Metternich n'a point de ces défaillances de goût. Il est sobre et se garde de ces débauches d'emphase. La fatuité n'y perd rien; elle se déguise seulement et se masque de pédantisme. Celui qui se juge impeccable doit se déclarer inaccessible, et il le fait : « Ma vie est

---

[1] Voir pour toute la partie personnelle et anecdotique les curieuses chroniques de Varnhagen, et en français une intéressante esquisse : *les Salons de Vienne et de Berlin*, Paris, 1861.

une des plus agitées qu'il y ait eu dans une société malade d'une agitation désordonnée. Il résulte de mon récit que, depuis ma première jeunesse jusqu'à la trente-sixième année d'un ministère laborieux, je n'ai pas vécu une heure pour moi. » Cela résulte en effet du récit, et c'est précisément ce qui marque le défaut de l'œuvre et l'affectation de l'auteur. Il s'est flatté que l'histoire lui ferait l'honneur d'être jalouse, et il l'a payée d'avance des raisons que l'on donne en pareil cas aux femmes trop inquiètes. Son langage rappelle les singuliers discours que Napoléon tenait à Joséphine dans les crises conjugales qui troublaient, paraît-il, si fréquemment l'alcôve bourgeoise de César : « Il n'était et ne pouvait être amoureux ; l'amour était fait pour les caractères autres que le sien ; la politique l'absorbait tout entier. Il ne voulait nullement dans sa cour de l'empire des femmes ; elles avaient fait tort à Henri IV et à Louis XIV ; son métier à lui était bien plus sérieux que celui de ces princes[1]. »

Les grands qui jouent au plus fin ou au plus fort avec la postérité comptent toujours sans leurs familiers. Metternich n'avait pas prévu les divulgations de son confident intime, du curieux et sceptique personnage qui lui fournissait des idées, rédigeait ses manifestes et dirigeait les multiples opérations de sa chancellerie intime : Frédéric de Gentz[2].

---

[1] Voir les *Mémoires de madame de Rémusat*, t. II, p. 97.
[2] *Tagebücher von Fr. von Gentz*, Leipzig. — Voir en français pour la politique de Metternich pendant la fin de l'Empire et la Restauration, les *Dépêches inédites du chevalier de Gentz aux hospodars de Valachie*. Paris, 3 vol. Ces dépêches rédigées au jour le jour, sous l'inspiration de Metternich, sont pleines de révélations sur sa pensée intime ; lues comme il convient de

Metternich a eu son roman, et le roman a eu plusieurs parties. C'était même pour les contemporains une des séductions de sa personne. « Je l'ai vu en 1810 à Saint-Cloud, raconte Stendhal, quand il portait un bracelet des cheveux de C... M..., si belle alors [1]. » Varnhagen, qui l'avait rencontré à la même époque, le retrouva bien des années après à Vienne. « Je l'avais connu, dit-il, avec sa première femme; il en était à sa troisième, et Dieu sait ce qu'on racontait d'histoires romanesques sur ses divers mariages! » Je ne chercherai point ici à refaire la chronique des salons de Vienne; je renvoie le lecteur à Varnhagen, qui est un maître dans le genre. Je voudrais seulement ramener à la mesure humaine le détachement dont Metternich se fait gloire. « Je n'ai pas vécu une heure pour moi. » Le prince en vérité est trop cruel pour les nobles et belles personnes qui, si elles n'occupaient pas son cœur, absorbaient au moins par moments son esprit et le dérobaient à lui-même. Il suffit d'ouvrir le Journal de Gentz à l'année 1814. C'est pendant les semaines les plus agitées du Congrès; la paix à peine conclue est remise en question; il s'agit de savoir si l'Europe n'aura renversé Napoléon que pour le parodier, et si le premier acte des souverains réunis pour défendre le principe monarchique contre la Révolution, ne sera pas de proscrire un roi, de confisquer un royaume et de traiter la dynastie saxonne comme Bonaparte avait traité les

le faire, en tenant compte des conditions dans lesquelles elles ont été écrites, elles forment le complément nécessaire et souvent le contrôle le plus utile des *Mémoires* et de leurs annexes.

[1] Lettre à Balzac, octobre 1840, à la fin de la *Chartreuse de Parme*. Il s'agit de Caroline Murat. Voir les *Mémoires de madame de Rémusat*, t. III, p. 48.

Bourbon et les Bragance. « Castlereagh, écrit Gentz le 14 octobre, me décide pour l'avis de mettre la Prusse en possession de la Saxe!... Retourné chez Metternich. Conversation avec lui, hélas! sur la malheureuse liaison avec Windisgraetz qui paraît l'intéresser plus encore que les affaires du monde. » Le 20 : « Affaire de la duchesse de Sagan. Conversation avec Metternich sur ses relations avec elle. Chez la duchesse à onze heures pour une des négociations les plus remarquables... » Le 22 : « Metternich me fait part de sa rupture définitive avec la duchesse, ce qui est aujourd'hui un événement de premier ordre. » Le 11 novembre enfin : « Grande conversation avec Metternich, toujours plus sur la maudite femme que sur les affaires [1]. »

La preuve est faite, je crois, et voilà plus d'une heure perdue, au moins pour l'infaillibilité. De toutes ses prétentions, c'était pourtant à celle-là qu'il tenait le plus. Il la fondait sur ses principes qu'il jugeait incontestables et dont il se montrait extrêmement fier. Il a pris soin de les résumer au début de ses Mémoires. Voyons s'ils méritaient que l'on s'en targuât au point de dédaigner comme il le fait des politiques « de la taille » de Richelieu ou de Talleyrand.

---

[1] « C'est au bal et dans les fêtes qu'il consume les trois quarts de la journée », écrit Talleyrand le 25 novembre 1814. M. de la Tour du Pin écrit le 7 décembre : « Qu'attendre de celui qui, dans la situation la plus solennelle où un homme puisse se trouver, ne sait employer la plus grande partie de son temps qu'à des niaiseries? » PALLAIN, *Correspondance de Talleyrand et de Louis XVIII*, p. 146.

III

« M. de Metternich, a dit M. Guizot, était à la fois un praticien à vues positives et un théoricien à maximes savantes; d'un esprit trop élevé pour ne pas connaître les besoins et les goûts de l'esprit humain, il avait toujours soin de placer ses actes sous un grand drapeau intellectuel; il allait sans hésiter à un but pratique, mais en donnant à ses adversaires comme à ses alliés le plaisir ou l'embarras de disserter philosophiquement sur la route. » Il y avait en ces dissertations plus de vague allemand et de logomachie autrichienne que de véritable philosophie. Les diplomates, quand ils payent en paroles, sont toujours généreux. Reste à mesurer la valeur et le titre de la monnaie. « Somme toute, disait Méphisto à l'écolier, tenez-vous-en aux mots. » Metternich a son mot, et c'est le plus beau du monde. « Heureux qui peut dire de lui-même qu'il ne s'est pas écarté du *droit éternel!* Ce témoignage, ma conscience ne me le refuse point... *La vraie force, c'est le droit;* sans le *droit,* tout est fragile. »

Définissons, s'il est possible, traduisons l'idée en fait, et voyons ce qu'il faut entendre ici par le *droit éternel* et sa toute-puissance. « Sur les principes, nous dit Metternich, en parlant de Thugut, j'étais d'accord avec lui. » Et il ajoute à la page suivante : « Les vues qui ont toujours formé la base de la politique autrichienne sont les plus pures qu'on puisse concevoir... » Voilà qui est parler clair et qui nous met à l'aise avec le *droit éternel.* Les *principes* de Thugut, la *pureté* des vues de la cour de Vienne, ce ne sont point des formules abstraites, et chacun, l'histoire à la main, peut s'en expliquer le sens. Thugut avait pour principe de prendre autant que faire se pouvait en respectant les formes. La pureté de la politique autrichienne était toute dans l'intention, et l'intention, tous les casuistes auliques sont unanimes à le déclarer, était immaculée. Quoi de plus pur, à ce point de vue, que les partages de la Pologne, si ce n'est peut-être le démembrement de la République de Venise? C'est d'après cette jurisprudence qu'il faut apprécier le *droit éternel* de Metternich. Le plus grave est qu'il parle sans ironie et qu'il prend ses phrases au sérieux. Il identifie le droit avec sa politique, il limite l'éternité à la durée de son système : c'est ce qu'on appelle, dans la langue de l'école, de la philosophie subjective. Il en arrive ainsi à qualifier d'éternel le droit dont on s'est armé pour diviser ce que les siècles avaient uni, anéantir l'œuvre la plus haute de l'humanité, une nation, et enfermer au Spielberg, sous le chef de haute trahison et de lèse-majesté, un Silvio Pellico coupable d'avoir voulu se rendre une patrie.

Les nations, dira-t-on, n'ont point de droits, elles ne sont qu'une formule d'ethnographie, elles n'existent que par la tolérance des puissances établies qui daignent les gouverner. Soit : le *droit éternel,* en ce cas, sera la prescription de long temps, le droit divin, la légitimité, le fait constaté et reconnu par les traités. Il semble que Metternich n'en ait point considéré d'autre quand il posait ses axiomes. Il en parle avec une certaine éloquence : « Le bouleversement de l'Espagne n'est sous le rapport du principe pas plus que la réunion de la Ligurie... Le fracas de la chute d'un grand trône est épouvantable; il résonne au loin, et cependant tous les

principes n'en sont pas plus lésés que par le passage
d'une escouade qui arrache d'un asile sacré un malheureux Bourbon pour le fusiller à Vincennes. » Ces lignes
sont de 1808. De Maistre aurait approuvé. La même
année cependant, Metternich écrivait à propos du
démembrement de la Turquie médité par Napoléon :
« Nous ne pouvons sauver la Turquie; il faut donc
aider à la partager et tâcher d'en avoir le plus grand
lot possible. » C'est ainsi que Marie-Thérèse, éplorée,
avait consenti à démembrer la Pologne, que Thugut et
ses successeurs avaient souscrit aux sécularisations qui
ruinaient le vieil empire d'Allemagne. Metternich respectait-il davantage le droit éternel des rois, et ses vues
étaient-elles d'une pureté différente, lorsqu'il consentait
à la confiscation de la Saxe et à la proscription de son
roi? Si Murat était un aventurier, comment s'allia-t-on
avec lui? s'il méritait une alliance, comment le laissa-t-on fusiller? L'exécution de Pizzo, à ce point de vue,
vaut l'exécution de Vincennes. Napoléon, maître de
l'Europe en 1809, veut une archiduchesse : on la lui
donne, le droit éternel n'en souffre point; le même
droit commande de placer en 1815 hors la loi de l'Europe Napoléon vaincu et de partager ses dépouilles
entre les vainqueurs. S'il est aux yeux des juristes de
chancellerie aulique un droit qui se rapproche de
l'éternité, c'est bien celui qu'avait le Pape à posséder le
domaine de l'Église. Metternich n'en fit pas moins, et à
deux reprises, marché en bonne forme, en 1813, à Prague, avec les Anglais, et à Naples, en 1814, avec Joachim Murat.

Revenons à la réalité. Ce prétendu droit éternel,
c'est le fait permanent de l'intérêt de l'État et de la
force mise au service de l'autorité. « L'autorité, disait

un contemporain illustre [1], vient du génie du gouvernant ou de la médiocrité du gouverné; c'est ce qui demeurerait à démêler dans M. de Metternich. » Stendhal, qui se défend avec un peu de coquetterie, je crois, d'avoir copié Metternich, l'a cependant merveilleusement pénétré et défini lorsqu'il fait dire à son comte Mosca, ce type exquis de l'homme d'État selon l'idéal de Vienne : « Notre politique, pendant vingt ans, va consister à avoir peur des jacobins, et quelle peur ! Chaque année nous nous croirons à la veille de 93... Tout ce qui pourra diminuer cette peur sera *souverainement moral* aux yeux des nobles et des dévots [2]. »

IV

La haine de la Révolution française fut la pensée dominante de Metternich; la guerre qu'il fit à cette révolution remplit tout son rôle dans l'histoire. Il aime à répéter que les contemporains ne l'ont point comprise et que leurs revers sont venus de là. Il prétend avoir vu plus loin qu'eux, de plus haut, et mieux jugé « l'épouvantable catastrophe sociale ». Il faut rendre cette justice à Metternich que ses vues sur ce point ne changèrent pas. Elles se fixèrent dès le premier coup d'œil.

« La Révolution française était à ses débuts, écrit-il à propos de l'année 1790. Je n'ai cessé d'assister à ses différentes phases; bientôt je devins son adversaire et le

---

[1] CHATEAUBRIAND, *Congrès de Vérone*.
[2] *Chartreuse de Parme*, ch. VI.

restai toujours, sans me laisser jamais entraîner par son *tourbillon.* » Ce fut là précisément son erreur ou, si l'on veut, son infirmité. La Révolution française n'était point une théorie, sa force n'était pas une force abstraite. C'était une œuvre humaine et une œuvre de passion. On ne domine point des passions que l'on ne comprend pas, on ne gouverne pas les hommes par le mépris ou par la haine. Metternich se tint trop en dehors et resta trop étranger au mouvement qu'il prétendait diriger. On peut, si l'on a pour soi le bras séculier et si ce bras est assez fort, exterminer les hérétiques; on ne convertit point avec des excommunications. L'homme d'État est tenu de convertir, sinon il ne construit qu'une œuvre éphémère comme la force dont il dispose et précaire comme le pouvoir dont il ne sait pas se servir.

Metternich, sur ce point capital, manqua totalement de profondeur. Gœthe, qui n'est pas suspect d'enthousiasme révolutionnaire, ne s'y trompa point. Le rapprochement est d'autant plus curieux qu'ils avaient l'un et l'autre observé la France au même lieu et s'étaient familiarisés avec le mouvement d'idées qui partait de Paris pour agiter l'Europe. Comme Gœthe, en effet, Metternich avait fait une partie de ses études à cette Université de Strasbourg qui, loin de diviser alors la France et l'Allemagne, semblait destinée à les unir dans un même travail de civilisation. C'est là que Metternich ressentit le premier choc de la Révolution française. Gœthe l'éprouva le soir de la bataille de Valmy. Mais, tandis que le poëte pressentit « une nouvelle époque dans l'histoire du monde », Metternich ne considéra que la destruction et l'anarchie; il n'aperçut que l'écroulement d'une société et la ruine d'un ordre social; il ne vit que désordre, confusion et retour au chaos. La partie négative de la révolution seule le frappa. Il ne distingua point le reste, et le reste était l'essentiel pour l'homme d'État qui se croyait appelé à fonder au milieu du cataclysme un nouvel ordre européen. Le fracas de l'éruption l'éveilla; mais la poussière et la fumée l'aveuglèrent. Son regard ne pénétra pas au delà des apparences; c'est pourquoi plus tard, dans la lutte, il ne fut qu'un empirique et s'en tint toujours aux palliatifs.

Rien à cet égard de plus instructif que son jugement sur les choses de l'Allemagne et les patriotes prussiens de son temps. Dans cette œuvre hardie qui régénéra la vieille Prusse de Frédéric et créa la terrible puissance de la Prusse moderne, il ne vit que « l'esprit révolutionnaire caché sous le manteau du patriotisme prussien et les couleurs teutoniques ». A ses yeux, le grand réformateur prussien, Stein, était « le véritable perturbateur du repos public de l'Allemagne et de l'Europe ». Il ne comprit pas que la France, après avoir par son exemple convié les peuples à l'indépendance, les avait, par sa domination, entraînés à la révolte. On pouvait entraver la révolution et emprisonner les révolutionnaires; on ne pouvait pas supprimer les idées que la révolution avait propagées en Europe. C'était une prétention vaine d'étouffer par une négation pure et simple des passions si violemment déchaînées. Un poëte pouvait, en ses écrits, opposer à ce bouleversement radical des choses européennes un idéal d'immobilité absolue; un philosophe pouvait se divertir à démontrer l'identité de ces contradictoires; ces jeux d'esprit étaient puérils chez un homme d'État : la politique ne vit point d'anthithèses et de dialectique. Il fallait se rendre compte que la révolution, qui avait été surtout sociale en France, était devenue surtout nationale en Europe; que si les gouvernements voulaient essayer d'arrêter, au moins momentanément, la révolution sociale, il fallait qu'ils prissent à leur compte la révolution nationale; qu'il était désormais indispensable de songer aux nations; que la bureaucratie la plus savante ne leur suffisait plus; qu'à défaut de liberté, on devait leur donner une patrie; que les États qui ne s'appuieraient point sur ce fondement manqueraient d'assise dans la nouvelle Europe, et que l'on aurait beau repeindre ou recrépir la façade, l'édifice serait tôt ou tard condamné à l'écroulement.

Voilà ce que Stein, Humboldt, Hardenberg comprirent, et ce que Metternich ne soupçonna jamais. Comment l'aurait-il deviné, condamnant, comme il le faisait, avec une même sévérité et un égal dédain les hommes qui provoquaient l'anarchie et ceux qui s'efforçaient de diriger la révolution; ne faisant guère de différence, au point de vue des principes, entre la Constitution de 1793 et la Constitution anglaise, détestant le système parlementaire plus peut-être que les carbonari et déclarant la politique des doctrinaires de Paris plus dangereuse que le radicalisme [1]?

Si l'on veut mesurer la valeur des hommes et la portée des vues, il faut comparer ce que faisaient et disaient, à la même époque et sous l'impression des mêmes événements, les conseillers « révolutionnaires » de Fré-

---

[1] « J'aurais préféré Robespierre à l'abbé de Pradt », disait-il. Il trouvait qu'au début de son règne Charles X penchait dangereusement du « côté gauche », et il écrivait en 1828 : « La France et l'Angleterre peuvent être regardées comme n'ayant pas de gouvernement. »

déric-Guillaume et le ministre « conservateur » de l'empereur François. Tandis que Stein et ses amis, voyant l'État menacer ruine, s'occupaient de reprendre l'œuvre par ses fondements et de régénérer la nation, que le roi de Prusse déclarait publiquement que l'État « devait suppléer par les forces intellectuelles aux forces physiques qu'il avait perdues », et que la Prusse répondait aux décrets de Napoléon en fondant l'Université de Berlin, Metternich n'était préoccupé que de « renforcer le pouvoir central ». — « C'est, écrivait Stein en 1808, de l'éducation et de l'instruction de la jeunesse que nous devons le plus attendre : vienne le jour où chaque force de l'esprit sera développée... où l'amour de Dieu, du roi et de la patrie seront cultivés avec soin au lieu d'être si légèrement négligés, nous verrons alors croître une génération physiquement et moralement forte, et s'ouvrir devant nous un meilleur avenir. » — « Le moyen de bien saisir l'unité de l'empire, affirmait Metternich en 1811, c'est de le matéraliser en quelque sorte, d'imaginer un corps moral dont la tâche soit d'assurer au chef commun de l'État l'unité du pouvoir sans pour cela supprimer ni restreindre les droits particuliers de chaque province. Pour l'homme d'État qui voit les choses froidement, un corps de ce genre sera toujours un conseil d'État bien organisé. »

La pensée a, dans l'histoire, de ces revanches cruelles. Le fait a donné raison au spéculatif contre le calculateur. La réforme nationale de la Prusse a formé l'État le plus fortement organisé de l'Europe moderne ; toute l'industrie du chancelier autrichien aboutit à désorganiser lentement la puissance autrichienne. L'œuvre de Stein s'est heurtée à Sadowa à l'œuvre de Metternich et l'a brisée. L'Autriche a compris la leçon, la Prusse semble en train de la méconnaître à son tour. Ces vicissitudes sont le fond même de l'histoire; elles en forment l'enseignement. Restons dans le passé. Nous avons vu le terme de la période, et nous pouvons juger, au résultat, les deux politiques dont l'opposition se pose au point de départ par ce saisissant contraste : une université et un conseil d'État. Surpris par la même tempête et menacés par le même torrent, les uns n'ont su élever qu'une digue imposante que le flot a emportée; les autres ont creusé un large canal, détourné le courant et exploité, en la transformant à leur profit, la force prodigieuse des eaux.

« Ma vie, écrit Metternich en 1828, dans un des rares moments où il se se voit au naturel et se juge, ma vie coïncide avec une période abominable. Je suis venu au monde ou trop tôt ou trôt tard; à présent je ne suis bon à rien... *Je passe ma vie à étayer des édifices vermoulus.* »

Aussi longtemps que l'Europe fut officielle et se renferma dans les chancelleries, que les crises furent des crises de cabinet, qu'il n'y eut à gouverner que des révolutions de palais, qu'il n'y eut à traiter qu'avec des individus, c'est-à-dire avec des passions connues et des faiblesses accessibles, si puissants qu'aient été les hommes, si violentes qu'aient été les passions, si subtils qu'aient été les ressorts cachés qu'il fallait faire mouvoir, Metternich a suffi à la tâche. Le jour où les nations se sont mises de la partie, il n'a plus eu de boussole et s'est laissé dériver sur les écueils. Il s'est jugé lui-même par l'étrange aveu qui lui échappa dans son exil de Londres : « J'ai quelquefois tenu l'Europe dans mes mains, l'Autriche jamais. » Lorsque l'Europe lui manqua, il ne put tenir l'Autriche, et l'Europe lui manqua précisément parce que l'Autriche était sa raison d'être en Europe et que sa raison d'être lui échappait. La cause même de ses succès fut la cause de ses revers. Il n'était qu'un diplomate.

V

Mais il était un diplomate de premier ordre, hors de pair en son temps et en son genre, et qui mérita de gouverner l'Europe tant que l'Europe mérita d'être gouvernée par la diplomatie. Sous ce rapport, tout est intéressant en lui. Le praticien est sans rival. L'empirisme politique n'a jamais exercé ce prestige, atteint cette gravité. Nul ne s'est drapé avec plus d'ampleur dans un costume plus imposant. Metternich reste par la grâce extérieure, l'excellence du ton, la perfection des attitudes et la science raffinée des conventions, un maître incomparable. La grande comédie du monde, l'intrigue supérieure de la scène européenne n'ont jamais rencontré un auteur si fertile et un acteur si consommé.

Cet esprit du dix-huitième siècle, cet enragé libertinage de pensée qu'il exécrait si fort en théorie et combattait si rudement dans la pratique, il en paraissait goûter plus que personne le charme et le divertissement littéraire. Il était brillant causeur, bel esprit, grand lecteur, et se piquait de dilettantisme. « Ceux qui le virent à Paris en 1825, rapporte un de ses biographes bien placé pour observer par lui-même et recueillir la tradition [1], furent surpris de trouver en lui une exquise grâce littéraire. M. de Metternich connaissait tous nos

[1] CAPEFIGUE, *Biographie universelle*.

bons auteurs, jugeait les contemporains avec une sagacité remarquable. On ne pouvait concevoir que l'homme politique qui avait passé sa vie dans de si grandes affaires, eût conservé le loisir d'étudier les plus futiles productions de la littérature... il lisait même les feuilletons. » C'était précisément l'effet qu'il voulait produire, et il y réussissait. Mais l'artiste chez lui était encore diplomate il demeurait calculateur au moment même où il semblait s'abandonner. Il daignait sourire et se distraire, s'oublier un instant pour le monde : la « pensée de derrière » demeurait toujours hautaine et dédaigneuse. C'est encore une nuance qu'a merveilleusement saisie Stendhal lorsqu'il fait dire à la duchesse, répétant à son neveu les leçons du comte Mosca : « J'ai dit au comte que tu croyais, et il s'en est félicité; cela est utile dans ce monde et dans l'autre. Mais si tu crois, ne tombe point dans la vulgarité de parler avec horreur de Voltaire, Diderot, Raynal, et de tous ces écervelés de Français, précurseurs des deux Chambres. Que ces noms-là se trouvent rarement dans ta bouche; mais enfin, quand il le faut, parle de ces messieurs avec une ironie calme; ce sont gens depuis longtemps réfutés, et dont les attaques ne sont plus d'aucune conséquence. »

Metternich savait charmer les hommes. Il savait encore mieux les conduire. Le galimatias alambiqué de son style se débrouille et s'éclaircit dès que l'homme d'action apparaît et se retrouve sur son théâtre. Il a des maximes classiques : « Les affaires, ce sont les hommes... J'ai toujours regardé comme une faute d'empiéter sur les droits du temps. » Il pose et définit en bons termes son système et ses règles de conduite :

« La politique est la science des intérêts vitaux des États

dans l'ordre le plus élevé... Ce qui caractérise le monde moderne... c'est la tendance des États à se rapprocher les uns des autres et à former une sorte de corps social reposant sur la même base que la grande société humaine qui s'est formée au sein du christianisme... Ne fais pas à autrui ce que tu ne veux pas qu'on te fasse. Appliquée à l'État, cette règle fondamentale de toute société humaine s'appelle réciprocité ; dans la pratique, elle détermine ce que dans le langage de la diplomatie on nomme les bons procédés, ou en d'autres termes, la prévenance réciproque et l'honnêteté dans les rapports... Le rétablissement des rapports internationaux sur la base de la réciprocité, sous la garantie de la reconnaissance des droits acquis et du respect de la foi jurée, constitue de nos jours l'essence de la politique, dont la diplomatie n'est que l'application journalière. Entre les deux, il y a, selon moi, la même différence qu'entre la science et l'art. »

Considérez avec quelle prudence il se tient dans la mesure et comment, à l'instant même où il invoque le « livre par excellence », il a soin de prévenir ceux qui le soupçonneraient d'ascétisme. Il ne s'agit point ici de la « folie de la croix » ; il y a plus d'une transition entre le *Discours sur la montagne* et le *Prince* de Machiavel. La charité bien ordonnée demeure ici la charité qui commence par soi-même, et notre diplomate n'est pas loin de la confondre avec la courtoisie. L'esprit chrétien, dans la politique, a produit un des plus beaux livres qui aient, en ce siècle, honoré l'humanité : les *Prisons*, de Pellico. Ce n'est pas ainsi que l'entendait Metternich, ni qu'il voulait qu'on l'entendît. Il n'en croyait pas moins avoir des vues très-élevées, et, toutes proportions gardées entre la doctrine et la conduite, il serait injuste de méconnaître chez lui des tendances supérieures à la politique qu'il a suivie et au rôle qu'il a joué.

Il a un autre côté vraiment grand, et sous ce rapport il faut le louer sans restriction. Il aimait sa patrie, et il servit son souverain avec un dévouement sans réserves. Infatuation à part, il n'a voulu et recherché qu'une chose : la grandeur de la monarchie autrichienne. Il a péché par orgueil, il s'est beaucoup trompé, il a trop souvent trompé les autres; ses voies n'ont pas toujours été les plus droites; il a trop volontiers confondu l'intérêt de l'Europe avec l'intérêt de l'Autriche, et les intérêts de l'Autriche avec ses opinions; il ne s'en est pas moins proposé le but essentiel pour tout homme d'État : le bien de l'État.

Ses contemporains et ses juges dans l'histoire lui ont refusé une des principales vertus du politique . le courage. « N'ayant pas assez d'énergie pour faire dans le besoin usage des ressources du pays, écrivait Hardenberg en 1812, il croit pouvoir suppléer au courage d'esprit et à la force par la ruse. » M. Guizot, un demi-siècle après, écrit dans ses *Mémoires* : « La qualité qui manquait le plus à son habileté politique, c'était le courage; j'entends, le courage d'impulsion et d'entreprise. » Il n'était point stoïque, il n'avait rien du héros. Déférent envers les faits, il s'inclinait avec bonne grâce devant l'adversité, et il n'opposait point à la fortune contraire une fierté déplacée. Il était incapable d'un entêtement grandiose, à la manière de Wellington. Vaincu dans la matinée de la bataille, il n'aurait jamais, à ceux qui lui demandaient que faire en attendant le renfort, répondu par ce seul mot : Mourir! Il ne prononçait jamais de ces paroles sur lesquelles on ne revient pas. Il était, en morale pratique, de l'école de Sieyès, et tenait qu'avant tout, pendant la Terreur, il importe de vivre. Mais il avait une constance à lui et un courage qui lui était propre : il n'abandonnait jamais la partie, il ne renonçait jamais, il avait toujours un plan, il comptait sur le temps, il hâtait au besoin la marche de l'aiguille, et, lorsque l'heure était venue, elle le trouvait préparé. C'est le genre de courage qui convient aux diplomates. Metternich n'en avait pas d'autre à déployer, et il en fit preuve à l'heure décisive de sa carrière.

Homme d'expédients plus qu'homme de principes, il fut impuissant à comprendre et à combattre la Révolution française dans ses causes humaines et dans son essor national ; mais lorsque la révolution s'incarna dans un homme, il la pénétra merveilleusement et l'enlaça d'une inextricable étreinte. Sa lutte contre Napoléon est l'épisode capital de sa vie ; il a joué ainsi le premier rôle dans une des crises les plus tragiques de l'histoire de l'Europe moderne : la chute de l'empire français. C'est là qu'il faut le voir à l'œuvre et qu'il convient d'étudier en lui le diplomate et le politique.

VI

Metternich prit le pouvoir dans les circonstances les plus critiques : l'Autriche avait cherché, en 1799, sa revanche de la paix de 1797, elle avait eu Marengo ; elle chercha la revanche de Marengo, elle eut Ulm et Austerlitz ; la revanche d'Austerlitz, et elle eut Wagram. Le 5 juillet 1809, le soir de la bataille, l'empereur François, se tournant vers Metternich, lui dit : « Nous avons beaucoup à faire pour réparer le mal. » Trois jours après, Metternich était chargé de la direction des affaires étrangères. L'avenir semblait désespéré. Napoléon était à l'apogée de sa puissance. Il voulait dominer le continent, et rien sur le continent ne paraissait plus capable de lui résister. On en était arrivé à ce point qu'on ne pouvait rien attendre de la guerre, et qu'il était interdit de croire à la paix. « Ne vouloir que la paix n'est plus un moyen de sauver son existence », écrivait Metternich en 1808. L'Autriche avait à craindre le sort de l'Espagne ou le sort de la Prusse. L'alliance de famille apparut alors comme une sauvegarde. François avait « des entrailles d'État ». Il donna sa fille à Napoléon, et s'estima heureux d'obtenir à ce prix la permission de vivre. Les grands mariages affermissent les dynasties qui s'élèvent; les mésalliances habiles soutiennent les fortunes chancelantes. L'Autriche, au demeurant, continuait sa tradition. L'ironie de la destinée retournait contre elle en cette adversité sa devise des grands jours : *Felix Austria nube!*

François et son ministre n'avaient vu dans cette union qu'un expédient. Ils gagnaient du temps, et, avec Napoléon, une année ou deux de paix équivalaient à une victoire. L'histoire s'emportait; l'Europe était entraînée dans un tourbillon. « Tout négociateur qui ne marchera pas ainsi, disait Metternich (Paris, 1808), aura beau courir après la vérité des principes, il mourra essoufflé en route avant d'avoir atteint ses adversaires. » L'Autriche avait acheté le droit d'assister dans la loge de César à cette course désordonnée des rois.

Cependant ni l'empereur ni Metternich ne renonçaient à reprendre la partie. Ils ne désespéraient pas. Ce fut leur mérite supérieur, on pourrait dire leur vertu dans la terrible épreuve qu'ils traversaient. Cette constance n'était point chez eux l'effort stoïque de l'âme qui se roidit contre le malheur et ferme les yeux au danger. C'était une résolution parfaitement concertée. Metternich avait un plan qui résultait de réflexions très-pénétrantes et très-profondes. Il importe de le bien déterminer dès l'origine : c'est le seul moyen de saisir dans sa suite logique le grand dessein conçu et exécuté par lui en 1813.

En 1801, au lendemain de la paix de Lunéville, qui donnait à la France ce qu'on appelait alors les « limites naturelles », le Rhin, les Alpes et les Pyrénées, Metternich fut envoyé près de la cour de Saxe. C'était son début dans la carrière. Il rédigea lui-même ses instructions, et j'y relève ce passage, qui contient tout son programme :

« Nous sommes loin de voir rétablir l'équilibre européen et avec lui le repos général. *Il faut que l'extension extraordinaire des possessions de la France subisse des modifications.*

« Notre devoir politique est de nouer des relations nouvelles, utiles, et dont le but devrait être surtout de refaire nos forces, de maintenir le repos à l'intérieur et d'arriver *à une situation qui nous laisse libres,* autant que le permettront des circonstances impossibles à prévoir maintenant, *de choisir un rôle en harmonie avec l'étendue et la situation d'un État de premier ordre.* »

L'idée est claire et le plan bien défini. L'idée, c'est qu'il n'y aura pas de repos pour l'Europe tant que la France conservera « les limites naturelles » ; le plan, c'est d'attendre les événements et de se tenir prêt à en tirer profit. Les événements justifièrent les prévisions de Metternich. Sept ans après, il n'y avait plus de Prusse ni de Saint-Empire. Napoléon gouvernait l'Allemagne et l'Italie; la Russie était dans ses mains et l'Espagne à sa merci. Metternich écrivait de Paris, le 27 avril 1808 :

« *Toutes les puissances* (et je n'en excepte que l'Angleterre, qui, après avoir commis la faute de signer la paix d'Amiens, n'y a pas ajouté celle de ne pas se préparer sur-le-champ à une nouvelle guerre) *ont tout perdu en attachant aux traités qu'elles ont conclus avec la France la valeur d'une paix.* Il n'en existe pas avec un système révolutionnaire. »

Quant à la ligne politique, elle demeurait la même qu'en 1801 :

« La monarchie est intacte, elle est arrondie. L'état actuel des choses en Europe porte ses germes de destruction en soi-même, et la sagesse de notre gouvernement doit nous faire arriver au jour où trois cent mille hommes réunis, régis par une même volonté et dirigés vers un but commun, joueront le premier rôle en Europe dans un moment d'anarchie universelle, à une de ces époques qui suivent toujours les grandes usurpations et effacent jusqu'aux traces des conquérants [1]. »

L'effondrement lui paraissait inévitable. « Cette gigantesque construction manquait essentiellement de base; les matériaux qui la composaient n'étaient que les décombres d'autres édifices, les uns pourris, les autres sans consistance dès leur création. » Napoléon avait dépassé *les limites du possible*. Sa ruine était certaine : « Le *quand* et le *comment* étaient pour moi des énigmes. Aussi ma conscience me traçait la voie que j'avais à suivre pour ne pas entraver la marche naturelle des événements, et pour ne pas enlever à l'Autriche les chances de relèvement que la première de toutes les forces, la force des choses, pouvait réserver, tôt ou tard, à son héroïque souverain. » Au mois d'août 1809, à la veille de la rupture qui devait entraîner de nouveaux

[1] Rapport de Paris, 26 juillet 1807.

et plus périlleux désastres, il écrivait encore : « Il faut que nous réservions nos forces pour des temps meilleurs, et que nous travaillions à notre salut par des moyens plus doux. »

Les conseils qu'il donnait avant Wagram devinrent, après la paix de 1809, sa règle de conduite. L'alliance française qu'il négocia, le mariage qu'il contribua si fort à décider, n'étaient point à ses yeux des combinaisons définitives. C'étaient des *moyens doux* d'attendre *les temps meilleurs*. Au surplus, il y avait dans le péril même une chance de salut. Tout dépendait d'un homme; cet homme était faillible, il était mortel. Sa domination avait un terme nécessaire. La destinée, l'habileté des adversaires de Napoléon, ses propres fautes pouvaient hâter la marche du temps. Le premier point était de bien connaître l'homme et d'étudier de près les causes de décadence que l'œuvre portait en elle-même. Ce fut l'objet de la mission que Metternich se fit donner en 1810 et qui, après un an d'absence, le ramena dans Paris.

Il vit la France saturée de gloire, fatiguée de guerres, sourdement inquiète, par-dessus tout avide de repos et de paix. Il vit les compagnons d'armes de Napoléon « gorgés de butin » et désireux « de jouir de la grande situation à laquelle ils étaient parvenus ». Napoléon était maître du monde, mais son empire dépendait d'une défaite. Il demeurait, sur le trône de Charlemagne, un officier de fortune. Il le sentait, et il en laissa échapper l'aveu devant Metternich. « Si, au mois de septembre, vous m'eussiez battu, lui dit-il un jour, j'aurais été perdu. » Ils parlèrent beaucoup de paix, de bonne entente et d'alliance; ils n'étaient sincères ni l'un ni l'autre et ne se dupèrent pas.

Napoléon méditait d'attaquer la Russie, et il avait besoin de l'aide, au moins de la neutralité de l'Autriche. Metternich entendait rester libre dans ce conflit décisif. Avec des vues très-opposées, ils arrivaient ainsi à s'accorder sur les termes, prononçant les mêmes mots et voulant le même contrat. Metternich se convainquit que la rupture entre Napoléon et Alexandre était inévitable sans être encore prochaine. C'était ce qu'il voulait savoir. L'objet de sa mission était atteint. L'heure depuis si longtemps attendue allait enfin sonner. « Nous sommes appelés à jouer un grand rôle, écrivait-il au mois de juillet 1810; nous sommes, j'ose l'affirmer, malgré tant d'apparences contraires, *les plus forts*. C'est nous qu'on recherchera de part et d'autre; la partie qui se renforcera de nous acquerra une immense prépondérance. Le moment est venu où, avec une conduite sage, mesurée, mais surtout ayant en vue un but fixe et stable, nous pouvons retirer un résultat immense pour la monarchie et pour l'Europe de la combinaison actuelle et future des choses. »

VI

Metternich avait, dès son retour de Paris, en janvier 1811, tracé avec une rare fermeté la route à suivre : « *La neutralité armée* sera l'attitude que l'Autriche devra prendre en 1812. L'issue de l'entreprise excentrique de Napoléon nous indiquera la voie que nous aurons à choisir. Dans une guerre entre la France et la Russie, *l'Autriche aura une position de flanc qui lui permettra de se faire écouter avant et après la lutte.* »

Cette position de flanc, Metternich s'arrangea de façon à la rendre aussi forte que possible. D'après ses conseils, François se déclara pour la neutralité armée, mais en même temps, et comme il fallait satisfaire Napoléon, il lui promit un corps auxiliaire de trente mille hommes.

Le traité de Vienne avait limité l'armée autrichienne à cent cinquante mille hommes ; le corps auxiliaire fut presque exclusivement composé de cadres. Il pouvait ainsi devenir, du jour au lendemain, le noyau d'une armée formidable. Metternich en fit préparer en secret tous les éléments.

Profiter des circonstances pour obtenir de Napoléon lui-même les moyens de le trahir ou de lui faire payer chèrement le concours qu'on lui prêterait, endormir ses soupçons, manœuvrer avec assez d'adresse pour se ménager sa reconnaissance ou tout au moins ne pas encourir sa colère dans le cas où il serait vainqueur, c'était une tâche déjà suffisamment ardue. Ce n'était encore que la moitié de celle qu'avait assumée Metternich. Le rôle qu'il jouait avec Napoléon, il devait le jouer avec l'Europe, avec les alliés de la France comme avec ses ennemis. Il fallait caresser l'Angleterre, tenir en suspens la Russie, encourager sous main la défection de la Prusse, préparer en un mot tout le monde à l'arbitrage que l'on espérait imposer, et faire en sorte qu'après avoir successivement inquiété et rassuré tout le monde, l'Autriche, en cas de victoire de Napoléon, trouvât partout des clients, et, en cas de défaite des Français, ne rencontrât partout que des alliés.

Telle fut l'œuvre de Metternich en 1811. Il l'accomplit avec une patience, une souplesse, une dextérité que ne purent décourager ni les emportements de Napoléon, ni les soupçons de la Russie, ni le blâme général dont sa conduite, inexplicable en apparence, était l'objet de la part de tous les patriotes autrichiens. Il ne marcha point sans troubles et sans défaillances : « Nous voici arrivés au dernier mois de cette année, écrivait-il en décembre 1811, et nous nous trouvons devant un abime dont nous ne pouvons guère encore mesurer la profondeur. » Il ne se découragea point cependant, et, soutenu par son souverain, continua d'armer et d'attendre.

L'événement le surprit. Il croyait que la guerre durerait longtemps, qu'il y aurait deux campagnes, que Napoléon triompherait au moins dans la première, et qu'ensuite seulement viendraient les grandes péripéties : « J'avoue sans détour qu'il n'était pas entré dans mes calculs ni dans les calculs de personne que, dès la première campagne, Napoléon ferait cette chose si difficile (la marche sur Moscou) que, suivant ses propres paroles, il avait réservée pour l'année 1813, dans le cas où la lutte se prolongerait. »

La déroute des Français, la poursuite de la grande armée par les Russes, la défection des Prussiens, transportaient le théâtre des hostilités en Allemagne. L'Autriche devenait l'arbitre de la guerre et de la paix. C'était le rôle que Metternich lui avait préparé. Il ne s'attendait pas à le remplir sitôt. Il le précisa :

« Amener la paix, voilà la véritable tâche de l'Autriche. Quelle voie faut-il suivre pour arriver à la paix, la paix sérieuse, non pas à un armistice déguisé, comme l'étaient tous les traités antérieurs conclus avec la République française et avec Napoléon ? Le seul moyen, c'est de faire rentrer la France dans des limites qui permettent d'espérer une paix durable et de rétablir l'équilibre politique entre les grandes puissances. »

Que fallait-il entendre par ces « limites qui permettraient d'espérer une paix durable »? Le langage officiel de Metternich à cet égard demeura longtemps équivoque. Cette équivoque était le fond même de la procédure compliquée qui devait assurer le succès de son plan. Tous les malentendus auxquels a donné lieu sa conduite viennent de ce qu'on a pris à la lettre ses déclarations diplomatiques sans se préoccuper de savoir quelle était en réalité sa pensée personnelle. Cette pensée, les *Mémoires* le prouvent, étaient fermement arrêtée depuis 1801. Metternich n'atteignit qu'en 1814 le résultat qu'il poursuivait; mais il ne le perdit jamais de vue, et rien n'autorise à croire que, sur ce point essentiel, ses idées aient jamais varié. On se tromperait gravement sur l'homme et sur sa politique, si l'on se figurait qu'il prenait au sérieux et considérait comme efficaces les expédients qu'il proposa au cours des négociations. Ce n'étaient pour lui que des combinaisons transitoires; il ne les aurait acceptées que comme un temps d'arrêt et un acheminement. Il n'éleva point, comme on le croit en général, ses prétentions à mesure qu'il vit Napoléon plus affaibli et la coalition plus forte : il découvrit, à mesure que les circonstances lui parurent plus favorables, des desseins conçus de longue date et préparés de longue main. L'écart qui exista toujours entre les intentions qu'il révélait aux coalisés et les propositions qu'il faisait à Napoléon, marque la progression et permet de le suivre pas à pas dans l'accomplissement de son œuvre [1].

[1] Cette partie des mémoires de Metternich, les pièces qui y sont jointes, les notes de Gentz, les documents publiés par M. Oncken conduisent à des conclusions très-sensiblement différentes de celles de M. Thiers sur les rapports de Metternich et de Napoléon dans cette période.

Il a conçu, écrivait Hardenberg en décembre 1812, un grand plan pour l'Europe. « Les principaux traits en sont que la France devrait être restreinte dans des bornes naturelles entre le Rhin, les Alpes et les Pyrénées, que l'Allemagne fût divisée en plusieurs États indépendants et dont l'indépendance serait garantie par l'Autriche et par la Prusse, qui devrait être rétablie au rang d'une grande puissance; il faudrait, à son avis, diviser l'Italie en deux grands royaumes, en réservant de ce côté-là pour l'Autriche, qui en outre rentrerait en ses possessions perdues, les frontières du Mincio; qu'on devrait enfin rendre à la Porte les frontières qu'elle avait en Europe avant la paix de Bucharest, et restreindre la Russie dans les limites qu'elle avait avant celle de Tilsitt. » Tels étaient les projets qu'il avouait aux Prussiens à la fin de 1812, alors que Napoléon, vaincu en Russie, était encore maître de l'Allemagne et que l'Autriche était encore officiellement son alliée. Donner à Napoléon le moindre soupçon d'un dessein de ce genre, c'eût été encourir tous les dangers de sa colère, s'exposer peut-être à sa vengeance et compromettre du coup tout le succès du grand dessein européen. Metternich n'eut garde de commettre une aussi grossière sottise, et en cherchant, comme il le fit, à attirer Napoléon dans son jeu, il suivit les conseils de la plus vulgaire prudence. Cette prudence était impérieusement commandée à l'Autriche. Il l'explique sans aucune réticence :

« Napoléon allait profiter de l'hiver pour entreprendre une nouvelle campagne, nous en avions la conviction. Nous ne pouvions pas l'en empêcher; il était donc de notre devoir de nous préparer à frapper un coup décisif. Nous ne perdions pas cet objet de vue, et le cabinet évitait soigneusement dans ses relations diplomatiques de se trahir relativement à la marche qu'il comptait suivre dans un avenir prochain. Le problème à résoudre portait donc sur les questions de savoir quand et comment il faudrait agir. »

Le moyen, Metternich l'avait trouvé. Il était très-subtil, mais très-ingénieux. L'Autriche, au début de la campagne, était à la fois neutre et auxiliaire : neutre à l'égard de la Russie, auxiliaire à l'égard de Napoléon. Par des transitions habiles, Metternich était arrivé à passer du rôle d'auxiliaire à celui de neutre, même à l'égard de Napoléon. C'était ce qu'il appelait la *neutralité armée,* c'est-à-dire l'équivoque diplomatique et militaire par excellence. Il comptait bien ne s'en pas tenir là ; mais il ne pouvait sortir de cette situation ambiguë que par un changement de front ou de nouveaux artifices de procédure politique. « La brusque transition, disait-il à l'empereur François, consisterait à entrer dans l'alliance des puissances du Nord ou à se rapprocher de la France. *Cette dernière alternative ne saurait se réaliser,* mais nous pouvons prendre le premier parti. *Le passage de la neutralité à la guerre ne sera possible que par la médiation armée.* »

Le véritable motif, le seul motif sérieux de ces atermoiements combinés et masqués avec tant d'adresse, c'est que l'Autriche n'était pas prête à la guerre, qu'elle armait à outrance, mais que ses armements ne pouvaient pas être terminés avant l'été. Il fallait occuper la galerie et distraire surtout le terrible acteur qui se préparait à rentrer en scène. De là tant de circonvolutions, de marches, de contre-marches, tant de dépêches, d'entrevues, de propositions et de subtilités diplomatiques. Metternich y épuisa l'art des chancelleries. Il voulait à la fois se ménager une retraite en cas de victoire décisive de Napoléon, et se procurer les moyens de l'accabler dans le cas beaucoup plus probable où la guerre se prolongerait jusqu'à l'été. Quant à prendre le parti de la France, il n'y songeait plus. Si grands que fussent les avantages qu'y pouvait trouver l'Autriche, elle en devait trouver de plus grands encore du côté des alliés. Cette voie seule la conduisait à la paix « sérieuse et durable » qui était son but.

« En ne perdant jamais de vue notre but principal, en ayant l'air de louvoyer à travers les fluctuations des événements ultérieurs, nous parvînmes à mettre en pratique à l'heure marquée cette politique virile qui devait être couronnée d'un si éclatant succès... Tranquilles et inactifs en apparence, nous poursuivions dans l'ombre le plan que nous étions seuls à connaître... Les victoires de Napoléon à Lutzen et à Bautzen m'avertirent que l'heure avait sonné. »

L'heure était venue en effet où l'Autriche devait faire un pas de plus et se déclarer. Les alliés vaincus la pressaient de les secourir; Napoléon vainqueur l'invitait à se prononcer en sa faveur. Elle ne pouvait plus se taire. C'est alors que Metternich présenta cette proposition de médiation armée qui devait, dans sa pensée, le mener à la guerre contre Napoléon. Comment Napoléon l'accueillerait-il? Jusqu'à quel point et combien de temps serait-il possible de feindre avec lui? Ne briserait-il pas d'un revers de son épée les fils ténus que Metternich avait rassemblés avec une si fine dextérité? Metternich allait se rencontrer face à face avec le redoutable jouteur qui, depuis plus de quinze ans, faisait trembler l'Europe. Les événements servirent le ministre autrichien; il trouva dans les passions mêmes de Napoléon le plus efficace des auxiliaires; il sut les exploiter, et il déploya dans la plus périlleuse des négociations une sagacité et une adresse vraiment extraordinaires.

VIII

Napoléon avait vaincu, le 2 mai 1813, à Lutzen. La position des alliés devenait grave. Metternich voyait clairement les conséquences de leur défaite : « J'étais convaincu que la perte d'une seule bataille compromettrait tout si nous commencions la guerre sans avoir rassemblé des forces suffisantes... Il s'agissait donc d'empêcher Napoléon de suivre sa tactique habituelle, c'est-à-dire de se tourner vers la Bohême, afin de frapper contre nous un grand coup dont les suites auraient été incalculables pour l'Autriche. » Il n'y avait pas d'autre ressource que de négocier. Metternich connaisssait Napoléon; il se rappelait cette parole de l'Empereur dans un de leurs entretiens familiers : « Un homme dans ma position ne peut pas faire la paix, s'il a été battu et s'il n'a pas réparé son échec. » Il crut qu'après une victoire, il le trouverait mieux disposé, sinon à traiter, au moins à faire de la diplomatie. Il n'en voulait pas davantage. Pour entrer en matière, il comptait proposer un armistice. Il s'ouvrit de son projet à l'empereur de Russie. « Que deviendra notre cause, lui demanda le Tsar, si Napoléon accepte la médiation? S'il la décline, répondit Metternich, l'armistice cessera de plein droit, et vous nous trouverez dans les rangs de vos alliés; s'il l'accepte, la négociation nous montrera à n'en pouvoir douter que Napoléon ne veut être ni sage ni juste, et le résultat sera le même. En tout cas, nous aurons ainsi gagné le temps nécessaire pour établir notre armée dans des positions où nous n'aurons plus à craindre une attaque contre un seul d'entre nous, et d'où nous pourrons de notre côté prendre l'offensive. »

Il tenait le même langage aux Prussiens. Hardenberg écrivait le 9 mai 1813 :

« Le comte Metternich avait calculé cette marche sur le temps qu'il lui fallait nécessairement pour achever ici les armements ; en attendant, il comptait être d'accord avec les autres puissances sur la question de médiation, et jusqu'à cette époque il voulait encore *dissimuler avec Napoléon...* Il s'est déterminé à poursuivre son système, prévoyant que, si la Prusse et la Russie entrent dans ses idées, la guerre entre l'Autriche et la France doit éclater par le refus que Bonaparte donnera sans doute aux propositions que la Russie, la Prusse et l'Autriche lui feront conjointement. »

Ainsi tout ne devait être que feinte, échappatoire et duplicité dans la négociation qui allait s'ouvrir. Convaincu que Napoléon repousserait les conditions de paix qu'il lui offrirait, Metternich avait intérêt à les présenter sous les apparences les plus modérées. L'opinion, quand elle serait informée, donnerait tort à Napoléon; il porterait toute la responsabilité de la rupture, et la postérité aurait une occasion de plus d'admirer la « pureté » traditionnelle des vues de la cour de Vienne. Ces conditions, ou plutôt, pour parler exactement, ce *minimum des conditions préliminaires de la paix,* Metternich l'avait indiqué, dès le 8 mai, à l'ambassadeur de France : c'étaient la dissolution de la Confédération du Rhin et du grand-duché de Varsovie, la reconstitution de la monarchie prussienne, la renonciation aux villes hanséatiques et la restitution à l'Autriche des provinces illyriennes.

Certes, si ces propositions avaient été sincères, une paix conclue sur ce principe eût été singulièrement avantageuse à Napoléon : elle lui aurait laissé non-seulement les frontières de 1801, mais encore la Hollande et l'Italie. Mais les alliés n'avaient permis à Metternich de présenter ces préliminaires de paix à Napoléon que pour laisser à l'Autriche le temps d'armer et lui fournir un prétexte pour colorer sa défection. La veille du jour où Metternich communiquait les « conditions préliminaires » à M. de Narbonne, le 7 mai, l'empereur François déclarait que, pour arriver à une « bonne paix continentale », il faudrait stipuler, en outre, l'indépendance de la Hollande, la restitution de toutes les possessions françaises en Italie et le rétablissement de la puissance autrichienne jusqu'au Mincio [1].

Le 1er juin, Metternich rencontra le comte de Nesselsode en traversant un village. « Il nous croyait, raconte-t-il, encore tranquillement à Vienne. Je lui remis une dépêche pour l'empereur Alexandre : Sire, nous sommes ici, patience et confiance! Je vous verrai dans trois jours, et *dans six semaines nous serons alliés.* » C'est ainsi que la Prusse et la Russie signèrent avec l'Autriche, le 27 juin, le traité de Reichenbach : l'Autriche promettait d'entrer en campagne si Napoléon repoussait ses bases de paix et sa médiation. Mais la Prusse et la Russie ne considéraient les propositions autrichiennes que comme un minimum. L'une et l'autre s'étaient, les 14 et 15 juin, engagées à ne point traiter de la paix continentale sans l'Angleterre, et l'Angleterre était résolue à exiger comme condition *sine qua non* de la paix le retour aux limites de 1801, l'évacuation de la Hollande, de la Suisse, du Portugal, de l'Espagne et de l'Italie.

---

[1] Instructions au comte Stadion, envoyé au quartier général russe.

Napoléon se trouvait acculé dans une impasse. S'il refusait les propositions de Metternich, il assumait devant l'Europe la responsabilité de la guerre et provoquait l'Autriche à se déclarer contre lui. S'il les acceptait, il perdait en négociations inutiles le fruit de ses victoires, il s'enchevêtrait lui-même dans le réseau tissé par Metternich, permettait à l'Autriche de compléter ses armements, et laissait, à l'ombre de la diplomatie, s'organiser une coalition formidable qui l'étreindrait le jour où elle se croirait assez puissante pour dévoiler ses véritables intentions. Il ne s'y trompa point. Il comprit que, sous le manteau de la médiation, l'Autriche se préparait à l'attaquer, que c'était son œuvre tout entière qui se trouvait en jeu, qu'il ne s'agissait pas de partager l'Europe, mais de renoncer à la dominer, et qu'il fallait choisir entre une lutte à mort et le retour pur et simple aux anciennes limites de la France.

Il voyait le péril, il sentait l'investissement se former autour de lui, et il se débattait contre la fatalité de son génie. Il s'aveuglait sans doute sur ses forces, il dépréciait de parti pris celles de ses ennemis et se forgeait ainsi d'aveugles espérances ; mais il voyait clair dans le jeu de ses adversaires, et s'il ne sut pas ou ne put pas déjouer leurs combinaisons, du moins il n'en fut pas la dupe.

De tant de lettres et d'entretiens publiés déjà et qui nous montrent Napoléon au naturel dans cet acte violent de la tragédie, je ne connais rien de plus caractéristique que le discours qu'il tint le 16 mai 1813 au comte Bubna. Ce diplomate lui apportait les propositions de Metternich, c'est-à-dire la médiation armée et les conditions ostensibles de la paix préliminaire.

Napoléon lui répondit avec cette incohérence de pensée et d'expressions qui donnait à ses paroles une étrange et sauvage éloquence [1] :

« Je ne veux pas de votre médiation armée. Vous ne faites qu'embrouiller les questions... Vous dites ne pouvoir rien faire pour moi; vous n'êtes donc forts que contre moi.

« C'est une subtilité que je n'admets pas de dire que tout cela n'altère point votre système d'alliance avec moi; c'est un discours qu'on peut tenir aux femmes qu'on veut séduire.

« Qui êtes-vous? Me parlez-vous comme duc de Lorraine? comme duc de Milan? de Brabant? ou comme grand-duc de Florence? Que me demande-t-on?

« On n'obtient rien par des coups de bâton d'un Français. Je ne céderai rien, pas un village de ce tout qui est constitutionnellement réuni à la France. Un homme qui, de simple particulier, est parvenu au trône, qui a passé vingt ans sous la mitraille, ne craint pas les balles, ne craint point les menaces. Je ne fais pas cas de ma vie, aussi peu que de celle des autres. Je ne balance pas de sacrifier ma vie; je ne l'estime pas plus que celle de cent mille hommes; j'en sacrifierai un million s'il le faut.

« Vous ne me forcerez que par des victoires multipliées : je périrai peut-être, et ma dynastie avec moi. Tout cela m'est égal.

« Vous voulez m'arracher l'Italie et l'Allemagne, vous voulez me déshonorer. Monsieur! l'honneur avant tout! puis la femme, puis l'enfant, puis la dynastie...

« Nous allons bouleverser le monde et l'ordre de choses qui est établi. L'existence des monarchies deviendra un problème. La meilleure des femmes en sera la victime; elle sera malheureuse. La France sera livrée aux jacobins.

---

[1] J'emprunte ce document, ainsi que plusieurs autres que j'ai déjà cités dans cette étude, au remarquable ouvrage de M. Oncken : *OEsterreich und Preussen im Befreiungskriege*, 2 vol. Berlin.

L'enfant, dans les veines duquel le sang autrichien coule, que deviendra-t-il ?

« ...Ce qui me tient le plus à cœur, c'est le sort du roi de Rome ; je ne veux pas rendre odieux le sang autrichien à la France...

« Certes, on ne me reproche pas d'avoir le cœur trop aimant ; mais si j'aime quelque chose au monde, c'est ma femme. Quelle que soit l'issue que prenne la guerre, cela influera sur l'avenir du roi de Rome. »

Puis, revenant brusquement aux affaires :

« J'ai acheté l'Illyrie avec la perte d'un million d'hommes, vous ne l'aurez pas par la force sans en sacrifier autant. Vous voulez pêcher dans de l'eau trouble. On ne gagne pas des provinces avec de l'eau de rose ; ce sont des moyens qu'on peut employer pour séduire les femmes.

« Vous commencez par me demander l'Illyrie, puis vous me demanderez le pays de Venise, puis le Milanais, la Toscane, et vous me forcerez à me battre contre vous ; il vaut donc mieux commencer par là. Oui ! si vous voulez avoir des provinces, il faut que le sang coule...

« Repoussé jusqu'à Francfort, je vous aurais dit la même chose : je n'ai qu'une idée là-dessus, ma politique est franche et ouverte... »

Napoléon était condamné à vaincre toujours et à conquérir sans cesse. Maître de la Russie, il aurait envahi l'Asie et pris, comme il le disait, l'Angleterre à revers par les Indes. Il fallait qu'il dominât l'Europe ou qu'il disparût. Le problème était là, et devant le problème ainsi posé, qu'importaient les subtilités, les formes et la procédure de Metternich ? C'était un intermède et pas autre chose. Napoléon ne s'y trompait pas plus que Metternich ne s'y trompait lui-même. Ils jouaient au plus fin, en attendant l'heure de jouer au plus fort.

Napoléon succomba dans l'une et l'autre lutte, voilà la vérité.

Il arriva cependant qu'ils eurent tous deux besoin de gagner du temps. Napoléon espérait diviser les coalisés et regagner la Russie en lui livrant la Pologne. L'Autriche n'était pas encore prête à entrer en ligne. Metternich offrit un congrès à Prague, et Napoléon l'accepta. L'entretien qu'ils eurent à Dresde est célèbre. Metternich nous en donne la seule version authentique que nous possédions. Le drame et la comédie s'y mêlent ; mais on sent les acteurs, le décor et l'apprêt. Napoléon fut joué dans cette fameuse entrevue de Dresde et le fut complétement. Metternich et l'Empereur s'étaient séparés le 26 juin au soir, après une discussion qui équivalait à une rupture : « Vous ne me ferez pas la guerre ! avait dit Napoléon. — Vous êtes perdu, Sire, lui répondit Metternich ; j'en avais le pressentiment en venant ici ; maintenant j'en ai la certitude. »

Le lendemain ils se ravisèrent, et c'est ici que se marque le mieux l'opposition des points de vue et l'antagonisme des desseins. Napoléon, dit M. Thiers [1], reconnut qu'il avait nui à son principal dessein, qui était de faire prolonger l'armistice et comme le seul moyen de prolonger l'armistice, était d'accepter la médiation, il y revint. Le point litigieux était de fixer le terme de la suspension d'armes et, par suite, la fin du congrès. Napoléon demandait jusqu'au 20 août, Metternich n'accorda que jusqu'au 10.

« M. de Metternich, dit M. Thiers, vaincu par toutes les condescendances de cette journée n'était pas disposé à compromettre la médiation à laquelle il attachait tant de prix,

---

[1] T. XVI, p. 74 et suiv.

pour quelques jours de plus ou de moins dans la durée des négociations... Il parut disposé à prolonger l'armistice jusqu'au 10 août. Napoléon voulut qu'on signât à l'instant même. Ainsi le lion, changé tout à coup en sirène, avait su arracher à l'habile ministre autrichien la seule chose qu'il désirât véritablement, c'est-à-dire une prolongation d'armistice... Ne voulant pas la paix aux conditions proposées, ne voulant que le temps nécessaire pour en imposer une qui fût à son gré, vingt jours de plus étaient pour lui une conquête d'un prix inestimable... Napoléon avait donc, avec quelques instants de douceur, réparé jusqu'à un certain point le mal causé par les imprudents éclats de sa colère. »

M. Thiers, je le crois, a très-bien pénétré les intentions de Napoléon; mais il se trompe sur celles de Metternich. Il lui attribue des vues très-supérieures à celles qu'il avait en réalité; il méconnaît son adresse pour faire trop d'honneur à l'élévation de son jugement. Écoutons le chancelier. Cet épisode permettra d'apprécier toute la valeur qu'ont pour l'histoire ses « rectifications ».

« Mon entretien avec Napoléon avait fait naître des doutes dans mon esprit; je me demandais s'il ne serait pas à désirer de gagner quelques semaines pour arriver à compléter notre ordre de bataille... J'expédiai un courrier au prince de Schwarzenberg... L'aide de camp revint au bout de trente-deux heures. La réponse était courte : « D'ici à vingt jours,
« m'écrivait le prince, mon armée se trouvera renforcée de
« soixante-quinze mille hommes; je m'estimerais heureux
« d'obtenir ce délai, mais un seul jour de plus me mettrait
« dans l'embarras. » — A partir de ce moment, tous mes efforts ne tendirent plus qu'à gagner ces vingt jours [1].

[1] « Jamais le comte de Metternich n'a été *aussi décomposé* que dans les jours entre l'envoi du comte Stadion et M. de Bubna aux quartiers généraux de l'empereur Alexandre et de Napoléon. » Hardenberg au comte de Münster, 24 mai 1813.

Il y parvint, et il eut même l'habileté de se faire solliciter par Napoléon. Il présenta comme une concession ce qui était pour lui un avantage indispensable. Il expose avec une complaisance extrême ce chef-d'œuvre de dextérité. Il use et il abuse du contraste entre son sourire diplomatique et les emportements soldatesques de Napoléon. Il oublie trop que trois ans auparavant cet officier qu'il trouvait si mal élevé et si... commun [1], avait voulu épouser une archiduchesse d'Autriche, et que l'Autriche avait été trop heureuse de la lui donner. Il oublie trop les terreurs qu'il avait ressenties tout récemment, même après la bataille de Lutzen. Il triomphe trop en vérité, et son triomphe l'écrase.

« Napoléon m'attendait, debout au milieu de son cabinet, l'épée au côté, le chapeau sous le bras... Il me parla en ces termes :

« Ainsi vous voulez la guerre ; c'est bien, vous l'aurez.
« J'ai anéanti l'armée prussienne à Lutzen ; j'ai battu les
« Russes à Bautzen ; vous voulez avoir votre tour. Je vous
« donne rendez-vous à Vienne. Les hommes sont incorrigi-
« bles.. Trois fois j'ai rétabli l'empereur François sur son
« trône... j'ai épousé sa fille ; je me disais alors : Tu fais une
« sottise ; mais elle est faite. Je la regrette aujourd'hui. »

« Ce préambule me fit sentir encore mieux combien ma situation était forte ; *à ce moment décisif, je me regardai comme le représentant de la société européenne tout entière. Le dirai-je? Napoléon me parut petit.* »

Il le dit, et il ne dit que ce qu'il veut. Le mot dépasse la mesure de l'impertinence. La scène est trop vaste et le personnages trop colossal pour qu'on se permette devant l'histoire un « bon mot » de ce genre. L'homme

---

[1] Voir le *Portrait de Napoléon*, t. I, p. 286.

qui a écrit cette phrase et l'a placée en ce lieu était incapable de comprendre Shakespeare. Le fat ici grimace et perd toute retenue. Il y avait en lui du faquin, disait un grand personnage qui le mesurait à quelques traits de cette force [1].

IX

Le congrès de Prague n'était qu'une comédie dont le dénûement était réglé d'avance. Metternich n'y consacre qu'une page, et il fait bien. Napoléon, en refusant de négocier, montra qu'il prenait l'affaire au sérieux. « Aujourd'hui, quoi qu'on puisse dire, nous sommes libres, disait Metternich à M. de Narbonne. Je vous donne ma parole d'honneur et celle de mon souverain, que nous n'avons d'engagements avec personne ; jusqu'au 10 août à minuit tout est possible. Qu'on ne vienne donc point après l'événement nous dire que nous vous avons trompés ! — Quoi ! repartit M. de Narbonne, pas un instant de répit, même si la négociation était commencée ! — A une condition seulement, répondit M. de Metternich, c'est que les bases de la paix seraient admises en entier, et qu'il n'y aurait plus à régler que *les détails* [2]. » Le 7 août, il présentait encore ces conditions. Mais s'il se montrait si modéré, c'est qu'il avait la conviction que Napoléon n'accepterait pas, et c'est dans cette conviction qu'il

---

[1] Celui-ci par exemple : « Le Roi (Louis XVIII) a été hier à l'Opéra. Il a été accueilli comme tout souverain assis sur le trône de France. Si demain je m'y plaçais, j'y ferais fureur. » (Lettre de Paris, 13 juillet 1815.)

[2] THIERS, t. XVI, p. 152.

avait traité le 27 juin à Reichenbach avec la Prusse et la Russie. Il savait et pertinemment que ces deux puissances ne consentiraient jamais à laisser à Napoléon l'Allemagne et l'Italie. Il le savait si bien que, d'après ses conseils, l'Autriche « armait avec furie »; que le 9 juillet, les états-majors autrichiens avaient à Trachenberg arrêté le plan de campagne commun avec les Russes et les Prussiens, et que le 27 juillet enfin, il avait lui-même signé à Prague avec l'Angleterre un traité secret qui réservait à l'Autriche « la direction suprême et l'organisation définitive » de l'Italie [1]. L'Allemagne, que la Prusse entendait arracher entièrement à l'influence française; l'Italie, que l'Autriche prétendait faire considérer « comme pays de conquête »; la Hollande, dont l'Angleterre faisait une condition *sine qua non*, c'était donc ce qu'il fallait entendre par *les détails* que l'on réglerait après que Napoléon aurait accepté *en entier* les bases de paix qui lui laissaient officiellement, outre les Alpes et le Rhin, la Hollande, le Piémont, la Toscane, Rome, la Westphalie, la Lombardie et Naples.

Hardenberg était bien informé, et le 27 juillet, le jour même où se signait ce traité, il écrivait :

« Le comte Metternich répète à chaque occasion qu'il ne s'embarrasse plus de correspondances et de notes, ni de quatre ou six conditions de paix; qu'il faut la guerre, et qu'il ne tardera pas au delà du 10 août à se déclarer. Ainsi donc la prédiction que les événements l'emporteraient sur les calculs s'accomplira, et c'est à Napoléon lui-même que ce résultat est dû. »

Le plan « poursuivi dans l'ombre » avait été exécuté

---

[1] BIANCHI, *Storia della diplomazia europea in Italia*, t. I, p. 333.

jusqu'au bout. Metternich en était venu à ses fins. L'Autriche avait eu le temps d'armer, les alliés lui payaient son concours au prix fixé par elle-même, sa défection se masquait des plus beaux prétextes de la diplomatie. Napoléon s'était donné les torts, et il était perdu. « Je fis préparer, raconte Metternich, les passe-ports du comte de Narbonne comme ambassadeur à la cour impériale, et mis la dernière main au manifeste de l'Empereur. Dans la nuit du 10 au 11 août, à l'heure même de minuit, je lançai les documents; en même temps je fis allumer les signaux qu'on tenait tout prêts, de Prague jusqu'à la frontière silésienne, pour annoncer que les négociations étaient rompues et que les armées alliées pouvaient franchir la frontière de Bohême. »

Il ne faut pas dire ici, comme on le doit faire en d'autres occasions, que les *Mémoires* ont été rédigés après coup, à grande distance, et que pour se vanter d'une aussi rare tenue d'idées, Metternich s'est fait honneur d'une duplicité dont il était innocent. Voici un témoignage décisif, car il est contemporain. Metternich écrivait à son père au mois d'octobre 1813 :

« Nos affaires vont bien, et cela sur la plus large échelle. L'Europe sera sauvée, et je me flatte que l'on finira par ne pas m'en attribuer le plus faible mérite. Dieu m'a doué de patience et de force. *Depuis des années, ma marche politique a été la même,* et une grande puissance telle que l'Autriche doit essentiellement vaincre tous les obstacles, si elle est bien dirigée, et surtout si sa marche est uniforme et toujours tendant au même but. Ce n'est pas pour rien que j'ai voulu, avant d'entreprendre la grande œuvre, bien connaître mon adversaire et nos forces. Je connais mieux le premier que personne en Europe, et j'ai porté les dernières à un point auquel personne ne les croyait plus susceptibles d'arriver après tant d'années de défaites et de malheurs. Il ne restait plus que le moment à trouver où il serait possible d'entreprendre la chose sans risques excessifs. J'ai préparé cette époque par l'armistice du 4 juin, et je l'ai atteinte par le coup le plus hardi possible, par une prolongation de l'armistice de vingt jours, que j'ai pris sur moi de stipuler au nom des puissances, sans leur en dire un mot; car, de leur su, la chose devenait impossible. Les résultats ont prouvé que mes calculs étaient justes. »

Les négociations de Francfort ne furent que la seconde représentation de la pièce que l'on avait si habilement montée à Prague. Les alliés avaient divisé leurs opérations contre Napoléon en deux campagnes. « Nous désignions comme devant former la première campagne l'ensemble des opérations depuis le commencement de la guerre jusqu'à la réunion des armées alliées au bord du Rhin. » Au commencement de novembre, cette première campagne était terminée; on délibéra sur le plan de la seconde.

Les souverains décidèrent sur la demande de Metternich qu'on porterait la guerre « au cœur de la France » et « qu'une fois les hauteurs des Vosges et des Ardennes occupées, on arrêterait le plan des opérations militaires qui formeraient la troisième campagne ».

Mais il fallait compter avec cette France qu'on allait envahir. Metternich, cette fois encore, trouva l'expédient. Voici la combinaison qu'il proposa, et qui, dit-il, « était dictée par *des raisons morales* et des considérations stratégiques » :

« Connaissant à fond l'esprit public en France, j'étais convaincu que pour ne pas l'aigrir, pour lui présenter plutôt un appât qui serait saisi par tout le monde, on ferait bien de flatter l'amour-propre national et de parler, dans la proclamation, du Rhin, des Alpes et des Pyrénées comme étant les frontières naturelles de la France. Dans le but d'isoler encore davantage Napoléon, et d'agir en même temps sur l'esprit de l'armée, je proposai en outre de rattacher à l'idée des frontières naturelles l'offre de négociations immédiates. L'empereur François ayant approuvé mon projet, je le soumis à LL. MM. l'empereur de Russie et le roi de Prusse. Tous deux eurent peur que Napoléon, confiant dans les hasards de l'avenir, ne prît une résolution prompte et énergique, et n'acceptât cette proposition afin de trancher ainsi la situation. Je réussis à faire passer dans l'esprit des deux souverains la conviction dont j'étais animé moi-même, que jamais Napoléon ne prendrait volontairement ce parti. La proclamation fut décidée en principe, et je fus chargé de la rédiger. »

Ainsi en offrant, à Francfort, à Napoléon les « limites naturelles », les alliés n'étaient pas plus sincères que quand ils offraient à Prague de lui laisser la Hollande et l'Italie. Metternich cite avec une satisfaction peu dissimulée un mot de Napoléon à propos du manifeste des alliés : « Il n'y a que Metternich qui puisse avoir écrit cela. Pour parler du Rhin, des Alpes et des Pyrénées, il faut être passé maître en fait de ruse. Une pareille idée ne peut venir qu'à un homme qui connaît la France aussi bien que lui. »

Treize ans après la paix de Lunéville et après treize ans de luttes, d'efforts et de diplomatie, Metternich en revenait à son point de départ. Ministre tout-puissant d'un empereur dont il avait fait l'arbitre de la paix, conseiller très-écouté des souverains qu'il avait si fortement aidés à abattre le colosse, ses vues sur l'avenir restaient ce qu'elles étaient en 1801 lorsque, débutant dans la carrière, il allait représenter près d'un principicule d'Allemagne l'Autriche vaincue et effacée. Selon lui, il n'y avait pas alors de repos à espérer pour l'Europe tant que Bonaparte gouvernerait la France et tant que la France posséderait la limite du Rhin. Il avait tracé le programme de sa politique; des événements extraordinaires qu'il avait eu la sagacité de prévoir, la patience d'attendre et l'art d'exploiter, le mirent à même d'exécuter son dessein [1].

On peut, si l'on a du goût à refaire l'histoire et si l'on aime à recommencer sur la carte les batailles de la réalité, on peut et l'on pourra longtemps encore discuter le point de savoir si Napoléon a été plus ou moins sagace ou plus ou moins aveugle en écartant, comme il le fit successivement à Prague et à Francfort, les ouvertures de paix de l'Autriche. Ce sont des discussions purement académiques. On sait maintenant, et à n'en plus douter, que ces offres n'étaient pas sincères, que, si Napoléon avait accepté les conditions de Prague, la Prusse, la Russie et l'Angleterre auraient aussitôt élevé des exigences plus grandes, et qu'à peine nouées, les négociations se seraient rompues. L'Autriche aurait été fort embarrassée sans doute si Napoléon l'avait prise au mot, mais un protocole ne peut rien contre la force des choses, et l'Autriche en aurait été quitte pour employer des formes moins savantes et opérer plus brutalement sa défection. La *pureté* de sa politique eût été entachée, l'histoire serait restée ce qu'elle est. La ques-

---

[1] Je ne parle ici que de l'ensemble; dans le détail il y eut bien des hésitations et des détours, surtout en ce qui concerne la restauration des Bourbons. Voir BAILLEU, *Historische Zeitschrift*, 1880, t. VIII, et les dépêches de Gentz aux hospodars. C'est la partie des *Mémoires* qui a le plus besoin de commentaires et de rectifications.

tion est plus haute et dépasse singulièrement l'horizon borné des problèmes de chancellerie.

La question qui se débattait en Allemagne en 1813 était en réalité posée depuis le commencement du siècle. Une France telle que l'avaient faite les conquêtes de la Convention, affermies et imposées à l'Europe par Bonaparte, était-elle compatible avec l'Europe telle qu'elle existait en ce temps-là? Un État si étendu, si riche et si concentré, gouverné par un homme de cette ambition et un militaire de ce génie, pouvait-il cesser d'être une menace pour ses voisins? Napoléon pouvait-il exercer son influence sur l'Europe sans que l'Europe se sentît atteinte dans son indépendance? Pouvait-il contenir les jalousies, les rancunes, les cupidités et les ardeurs de revanche? Pouvait-il se maintenir dans ses limites sans étendre indéfiniment ses postes avancés? Pouvait-il prévenir la coalition des intérêts lésés ou menacés autrement qu'en les satisfaisant? Pouvait-il éviter de diviser pour régner? Avait-il un autre moyen de règne que la guerre, la victoire, la conquête, la curée générale, l'extermination des faibles, le partage de leurs dépouilles avec les forts? Cette curée même était-elle autre chose qu'un expédient précaire, et ne devait-il pas arriver nécessairement que les victimes se révolteraient, que les complices, se sentant assez puissants, chercheraient à conserver les présents en secouant le joug pesant du bienfaiteur, et qu'il sortirait de là une formidable alliance des peuples et des rois contre celui que les peuples est les rois considéraient comme l'implacable ennemi de leur repos?

L'histoire a répondu. Contester sa réponse et la discuter, c'est modifier les conditions du problème et se placer en dehors de la nature des choses. On peut imaginer, en 1801, une France ne songeant plus qu'à jouir dans un magnifique territoire des conquêtes civiles de la Révolution, offrant à l'Angleterre un traité de commerce, à l'Europe une paix durable, et donnant aux nations l'exemple de la liberté. On peut se figurer un Bonaparte pacifique et législateur, abandonnant les camps pour le conseil d'État, licenciant ses armées et ne s'occupant plus que de terminer le Code et d'organiser l'Institut. On peut se représenter une Angleterre très-modeste et très-désintéressée, se contentant de ses colonies, renonçant à la souveraineté des mers et considérant sans inquiétude les flottes françaises dans le port d'Anvers; une Autriche se consolant d'avoir perdu la Belgique et l'Italie; une Prusse ne pensant plus à s'accroître et une Russie ne songeant plus à profiter des complications de l'Europe pour étendre son empire du côté de l'Orient. Avec ces données, la solution devient facile. Mais si une seule de ces données manque, il n'y a plus de solution. Le continent était asservi en 1809; il a suffi que l'Angleterre ne cédât point pour que Napoléon fût contraint d'aller chercher à Moscou les moyens de la réduire. La durée de la paix de Lunéville est une belle et séduisante hypothèse; mais ce n'est qu'une hypothèse imaginaire. Tout fondement y fait défaut dans la réalité, et cette réalité, nous en trouvons l'expression vivante dans les *Mémoires* de Metternich.

TALLEYRAND

AU CONGRÈS DE VIENNE

I

On a dit tant de mal de Talleyrand que, pour parler de lui avec quelque nouveauté, il faut en dire du bien. Je ne dirai rien de l'homme : il est sacrifié, et je ne me risquerai pas à en esquisser le portait, après la terrible eau-forte de Sainte-Beuve. D'ailleurs, sur l'homme nous n'avons rien appris depuis cette anatomie qui en a mis à nu toutes les infirmités, sondé toutes les plaies secrètes et découvert le squelette. Mais il reste le politique et le négociateur. Sainte-Beuve l'avait à peine touché : les pièces manquaient. C'est pourtant la partie essentielle de sa vie. Le reste n'a d'intérêt que par là; supprimez ce grand rôle sur la première scène du monde, qu'importeraient la chronique de coulisse et les portraits en déshabillé? Son histoire publique est une partie de la nôtre : tout ce qui relève en lui l'homme d'État élève l'État qu'il a servi. C'est un côté des choses qu'il est bon de considérer. Talleyrand a été mêlé à deux des plus grands actes de notre histoire moderne : dans les deux scènes qui marquent le début et la fin de l'ère de la révolution, les États généraux et le Congrès de Vienne, il a paru sur le premier plan et donné des impulsions décisives. Ce sera toujours l'intérêt supérieur de sa carrière, et c'est ce qu'avait senti sir Henri Bulwer lorsqu'il composa cet *Essai*[1] qui est, au demeurant, ce que nous possédons de plus complet sur Talleyrand. « Je voulais, écrivait-il à Sainte-Beuve, montrer le côté sérieux et sensé du caractère de cet homme du dix-huitième siècle, sans faire du tort à son esprit et trop louer son honnêteté. »

Voici le meilleur de sa pensée et peut-être le meilleur de sa vie ; voici racontée par lui, au courant des affaires, sous l'impression même des événements, la négociation qui, après une carrière très-mêlée et très-discutée, le mit hors de pair parmi les diplomates[2]. Cette correspondance de Talleyrand et de Louis XVIII pendant le Congrès de Vienne n'était ni complétement inconnue ni complétement inédite. M. Thiers, pour son histoire de l'Empire, M. Villemain, pour ses Souvenirs sur les Cent-Jours, M. Mignet, pour sa notice sur Talleyrand, M. de Viel-Castel, pour son histoire de la Restauration, en avaient eu communication et en avaient révélé le prix. M. d'Haussonville en avait publié des extraits, triés avec un art extrême, qui en donnaient l'avant-goût le plus piquant pour la curiosité des historiens et des lettrés. Grâce à M. Pallain, cette curiosité est à présent satisfaite. L'histoire lui doit un document capital ; la diplomatie, un des chefs-d'œuvre de sa littérature. Quant aux amis de la Restauration et aux personnes atta-

---

[1] Traduit par M. G. Perrot, Paris, 1868.
[2] *Correspondance inédite du prince de Talleyrand et de Louis XVIII*, publiée par Georges PALLAIN, Paris, 1881.

chées à la mémoire de Talleyrand, j'imagine qu'ils lui sauront un gré infini. M. Pallain a joint au texte des lettres qu'il publie des extraits de la correspondance des amis et collaborateurs que Talleyrand avait laissés à Paris, d'Hauterive entre autres, mais surtout M. de Jaucourt, qui était chargé de l'intérim des affaires étrangères. Ces extraits sont nombreux; ils forment presque un commentaire perpétuel. Je n'y ferai qu'une critique : je regrette qu'ils ne soient pas plus abondants encore. Il y a là une mine à exploiter.

Les lettres de Talleyrand sont écrites dans une langue qui est par excellence la langue du grand monde et des grandes affaires : le français du dix-huitième siècle. « Par la marche naturelle de ses constructions et aussi par la prosodie, disait Voltaire, le français est plus propre qu'aucune autre langue à la conversation. » C'est pour cela qu'il a prévalu et prévaut encore dans la diplomatie, où les affaires se traitent surtout par conversation. Talleyrand était un causeur incomparable. Il avait la réplique rapide et saillante. Il excellait à résumer une situation dans une phrase, une pensée dans un mot. Grand seigneur, philosophe, prélat de cour, diplomate, il avait affiné par une culture et un exercice constants ces deux qualités qu'il possédait à un si haut degré : le goût qui fait l'écrivain, le tact qui fait l'homme d'État. Sa phrase est limpide et coulante; sa pensée éclaircit tout ce qu'elle touche. Les obscurités, le galimatias pédantésque, les longs enchevêtrements de termes abstraits qui voilent trop souvent la pensée des diplomates et dérobent dans les récits de chancellerie la vie des grandes affaires, se filtrent pour ainsi dire dans le courant rapide de cette eau transparente. Il avait l'horreur du vague et du disproportionné, de la pensée confuse et du mot impropre, la haine de la boursouflure et le mépris de l'exagération. Les éclats shakespeariens de Napoléon lui semblaient les propos d'un soldat mal élevé; il ne voyait dans le mysticisme politique du tsar Alexandre que les divagations d'un esprit sans équilibre. Le premier ne parvint pas à le déconcerter, le second ne l'enguirlanda jamais. Par suite, il y avait un certain idéal de grandeur et un certain charme de poésie qui lui demeurèrent toujours inaccessibles. C'était le moins romantique des hommes.

Il se trouvait à l'aise avec Louis XVIII, esprit classique si jamais il y en eut. Écrivant à ce prince qui se piquait de littérature, il a le soin et le souci de plaire. Il veut se réhabiliter auprès du Roi, montrer que l'homme de cour subsiste sous l'ancien ministre du Directoire; que, pour s'être sécularisé, l'ancien prélat n'a perdu ni l'élégance dédaigneuse, ni la dignité tempérée de grâce et teintée d'ironie que le comte de Provence avait pu goûter autrefois chez l'abbé de Périgord et chez l'évêque d'Autun. Il le veut, il le fait; mais il n'y a point d'effort, et c'est l'art exquis de son style. C'est ce qui manque aux lettres du Roi ; très-précieuses pour l'histoire, plus précieuses peut-être que celles de Talleyrand, elles n'en ont point le charme. Elles sont trop écrites et trop composées. L'ambassadeur et le Roi font de la coquetterie littéraire l'un envers l'autre; mais là où l'ambassadeur paraît s'abandonner, on sent que le Roi s'applique. Enfin, il abuse de citations latines dont trop de personnes avaient abusé avant lui. Talleyrand n'en fait point : les gens comme lui ne citent pas, ils écrivent pour être cités.

On a dit que ces lettres n'étaient pas de lui. C'est supposer une étrange modestie à celui qui les aurait composées : quand on possède ce talent, on ne le garde pas pour les autres. C'est supposer aussi que ce rédacteur mystérieux a toujours suivi Talleyrand depuis sa première mission à Londres en 1792 jusqu'à la dernière en 1830. Toutes les lettres qu'on a de lui sont du même style, elles ont la même touche personnelle et le même trait particulier : le goût à mettre les personnages en scène et une habileté supérieure dans le dialogue. On a cité d'Hauterive et La Besnardière parmi les « faiseurs » de Talleyrand en 1814. D'Hauterive était à Paris pendant le Congrès ; La Besnardière était à Vienne, à la vérité, et il a écrit beaucoup : il écrivait à merveille, mais d'une tout autre allure. Il suffit de comparer pour être convaincu que, s'il a fourni des notes et préparé les résumés d'affaires, toute la partie intime et vivante des lettres n'est point de lui. Ce que je n'ose affirmer, c'est que Talleyrand n'a point « causé » ses lettres avant de les écrire. On n'arrive guère du premier coup à cette concision facile et à cette précision légère. Qu'il ait subi dans la composition de sa correspondance l'influence tout intime qui le charmait si fort et l'aidait tant à tenir les autres sous le charme, que, pour parler en termes clairs et citer les noms, il se rencontre dans ces lettres « des touches vives et délicates, des nuances habilement persuasives où se marque la main de madame de Dino », Villemain l'assure ; il s'y connaissait autant qu'homme du temps, et il avait recueilli la tradition ; je n'aurai garde d'y contredire. Mais il reste le fond, l'ensemble, le mouvement, le caractère, le style enfin ; tout cela, c'est Talleyrand même, et ce n'est que lui. Il y avait en Talleyrand du Mazarin, du Retz et du Voltaire. En lisant les mémoires de Retz, on imagine ceux qu'aurait composés Mazarin s'il avait su écrire. En lisant la correspondance de Talleyrand à Vienne, on se représente ce qu'aurait été Voltaire négociateur.

II

Si lumineuses que soient ces lettres, on ne peut les bien lire sans quelque préparation. Elles ne sont pas écrites pour le public. Elles sont adressées à un prince très-informé et très-averti. Il y a tout un fond de faits accomplis dont Talleyrand ne parle pas, et qu'il est pourtant essentiel de connaître. Il y a tout un fond d'idées arrêtées entre le Roi et lui sur lesquelles il ne revient jamais et qui sont indispensables à l'intelligence de son œuvre. C'en est même la partie essentielle et la partie la plus originale. Je voudrais essayer de la dégager. Je n'aurai garde de refroidir et de ternir ces récits en les résumant ; mais je serais heureux d'aider le lecteur à en mieux saisir l'esprit et à en mieux apprécier la valeur.

En 1814, lorsqu'ils entrèrent à Paris, les *alliés*, c'est-à-dire l'Angleterre, l'Autriche, la Prusse et la Russie, étaient absolument et formellement d'accord sur les conditions de paix à imposer à la France. Ces conditions, c'était le retour à l'état antérieur à la guerre qui durait depuis vingt-deux ans, c'est-à-dire à la frontière de 1792. L'Angleterre depuis 1793 avait déclaré que sans cela il n'y avait point de paix durable ; l'Autriche le soutenait depuis le traité de Lunéville. C'était la pensée constante de Metternich. C'était celle de l'empereur de Russie. La Prusse, qui aurait voulu démembrer l'ancienne France et lui enlever au moins l'Alsace et la Lorraine, avait été ramenée aux vues de ses alliés. Ils entendaient de plus que la France resterait étrangère aux délibérations auxquelles donnerait lieu le partage de ses dépouilles. Pour Napoléon, l'exclusion était absolue. Pour les Bourbons, on l'avait atténuée par une concession de forme. En signant la paix, la France consentait d'avance aux principales conditions de la reconstruction de l'Europe; sous cette réserve, on l'admettait au Congrès qui réglerait la paix générale. L'Espagne, le Portugal et la Suède, qui avaient signé la paix de Paris, y seraient admis de la même façon. Par égard pour la monarchie avec laquelle on voulait une paix durable, on ne l'excluait pas du Congrès, mais on ne l'y laissait entrer que les mains liées. On ne l'appelait à souscrire qu'à des faits accomplis.

C'est que les chefs de la coalition, les alliés de Chaumont, les *quatre*, comme on les appelait, s'étaient bien accordés pour écraser la France; mais ils n'étaient nullement d'accord sur le sort futur de l'Europe. Décidés à maintenir leur alliance contre la France aussi longtemps qu'ils ne seraient pas rassurés sur la stabilité de la monarchie restaurée et sur les intentions pacifiques de la nation française, ils ne voulaient pas que la France soupçonnât leurs divisions secrètes et qu'elle en profitât pour s'insinuer entre eux, peser sur leurs délibérations, reprendre une influence en Europe et peut-être même rompre leur coalition.

Ils avaient pris entre eux, lorsque cette coalition s'était formée, en 1813, des engagements qu'il s'agissait maintenant d'exécuter. Le principal — au moins pour le sujet qui nous occupe — c'était le rétablissement de la Prusse dans l'état de puissance où elle était avant

4

1806. A cette époque, la Prusse possédait des territoires polonais qui lui donnaient Varsovie et étendaient même ses frontières sur la rive droite de la Vistule. Napoléon les avait pris pour en former le duché de Varsovie. Il eût été simple de les rendre à la Prusse. Mais ce n'était point le dessein de l'empereur Alexandre. Avec ce mélange de générosité mystique et de calculs ambitieux qui était le fond de son caractère et dont sa politique savait merveilleusement concilier les apparentes contradictions, Alexandre rêvait de reconstituer la Pologne et de la prendre, de réparer l'iniquité des partages et de porter la puissance russe au cœur de l'Europe. Il entendait rassembler les lambeaux dispersés de la Pologne, s'en faire le souverain et s'attacher les Polonais régénérés en leur donnant, avec une existence nationale qu'ils avaient perdue, des institutions libérales dans lesquelles la plupart d'entre eux voyaient le salut de leur patrie. Pour cela, il fallait compenser à la Prusse les territoires polonais qu'on ne lui rendrait pas. La compensation était toute trouvée : c'était la Saxe. Le roi de Saxe était resté fidèle à la France, il était prisonnier, ses États étaient conquis : la Prusse les prendrait. Cette solution était fort du goût des Prussiens, car, d'une puissance à demi slave qu'ils étaient avant 1806, cet échange ferait d'eux la première et la plus allemande des puissances de l'Allemagne. Il y avait sur ce point entente formelle entre le Tsar et le roi de Prusse. Ils étaient d'ailleurs unis par la plus étroite amitié, et leurs intérêts étaient solidaires.

Ces intérêts étaient opposés à ceux de leurs alliés. L'Autriche ne pouvait sans se compromettre dangereusement constituer à ses portes une Russie dominant les Slaves et une Prusse dominant les Allemands. L'Angleterre consentait sans peine à laisser la Saxe à la Prusse, mais elle ne voulait à aucun prix livrer toute la Pologne à la Russie. Or le Tsar y tenait absolument; il déclarait qu'il ne céderait jamais sur ce point-là. L'accord semblait donc impossible : la Prusse ne voulait livrer Varsovie aux Russes que si on lui donnait Dresde; la Russie ne voulait donner Dresde que si on lui livrait Varsovie. L'Angleterre concédait Dresde aux Prussiens, mais refusait Varsovie aux Russes; l'Autriche refusait Dresde et Varsovie. Il y avait ainsi trois partis entre ces quatre alliés : la Prusse et la Russie, qui s'entendaient pour prendre, l'une, la Saxe; l'autre, la Pologne; l'Angleterre et l'Autriche, qui s'entendaient pour refuser la Pologne aux Russes, mais qui ne s'accordaient plus pour refuser la Saxe aux Prussiens. Le Tsar ne voulait pas renoncer à ses prétentions sur la Pologne, l'Angleterre ne voulait pas renoncer à les combattre : tout restait en suspens. L'été de 1814 se passa en vaines négociations, et le Congrès fut ajourné à l'automne.

La France en profita pour reconstituer son armée et se faire un plan de politique. Il y avait un intérêt primordial pour elle, c'était de dissoudre la coalition et de sortir de l'isolement où on l'avait reléguée. C'était pour refréner sa force d'expansion que la coalition s'était formée. La crainte de la puissance française en était l'objet et le lien. Fournir un nouveau prétexte à ces inquiétudes et aux soupçons que les Prussiens entretenaient constamment, c'était rapprocher les alliés. Il n'y avait qu'une chance de les diviser, c'était de les rassurer. Ils avaient imposé à la France le désintéressement; c'est dans cette condition même par laquelle on avait cru l'enchaîner, qu'elle allait trouver le moyen de s'affranchir d'abord et bientôt de reprendre en

Europe la part d'influence qu'on avait prétendu lui enlever. Les alliés avaient organisé un système savant de précautions contre son ambition et contre sa duplicité : ils n'avaient prévu ni le cas où elle renoncerait à être ambitieuse, ni celui où elle se montrerait sincère. Ils lui avaient interdit la politique d'expédients; ils lui dictèrent en quelque sorte la politique de principes. Louis XVIII et Talleyrand le comprirent, et leur art consista à tirer des nécessités qu'ils subissaient leurs ressources et leur instrument d'action, à faire sortir des obligations qu'on leur avait imposées des droits que l'Europe ne pouvait contester, car elle en avait établi elle-même le fondement dans ses traités avec la France. C'est au nom du droit public de l'Europe que la coalition avait combattu la France et l'avait contrainte de signer la paix de Paris; c'est en vertu de ce droit public que la France devait intervenir au Congrès, réclamant pour tous l'application des règles qu'on lui avait appliquées, prouvant son respect des engagements contractés par l'énergie même qu'elle apporterait à en faire partout prévaloir le principe.

III

« La France, écrivait quelque temps après Talleyrand dans un manifeste célèbre, la France n'avait à porter au Congrès aucune vue d'ambition ou d'intérêt personnel. Replacée dans ses antiques limites, elle ne songeait plus à les étendre, semblable à la mer qui ne franchit ses rivages que quand elle a été soulevée par les tempêtes; mais il lui restait à désirer que l'œuvre de la restitution s'accomplit pour toute l'Europe comme pour elle. Ce désir de la France doit être celui de tout État européen qui ne s'aveugle pas lui-même[1]. » — « Les derniers temps, concluaient les instructions de Louis XVIII, ont laissé des impressions qu'il importe d'effacer. La France est un État si puissant que les autres peuples ne peuvent être rassurés que par l'idée de sa modération, idée qu'ils prendront d'autant plus facilement qu'elle leur en aura donné une plus grande de sa justice. »

Ces idées étaient commandées au gouvernement de Louis XVIII par son principe même, par les circonstances dans lesquelles il avait été rétabli, par les engagements qu'il avait contractés ; elles étaient l'expression de sa raison d'être en Europe ; enfin, elles résultaient d'un dessein depuis très-longtemps arrêté dans l'esprit de Louis XVIII et dans l'esprit de Talleyrand. Renoncer pour soi-même aux grandes conquêtes parce qu'elles ne se pouvaient accomplir sans les grands partages ; empêcher les forts de devenir trop puissants ; défendre les faibles contre les invasions des forts ; maintenir entre tous un équilibre de puissance qui, tout en garantissant la paix, assurerait à la France une influence d'autant plus efficace qu'elle serait plus modératrice, cette politique avait été celle de la France pendant les meilleures années de l'ancien régime. En la restaurant sous Louis XVI, Vergennes avait relevé un instant la monarchie de l'état d'abaissement où Louis XV l'avait fait déchoir en Europe. Le comte de Provence était pénétré de cette politique. Comme la plupart des princes de son temps, il connaissait infiniment mieux

---

[1] Lettre à Metternich, 19 décembre 1814.

les affaires de l'Europe que celles de son pays. L'exil, qui n'avait fait que fortifier ses préjugés au sujet de la France, avait au contraire, développé, affermi, précisé les notions exactes d'ailleurs qu'il possédait sur l'Europe. Il avait souvent médité sur le problème qui se posait à lui en 1814, il s'était défini avec beaucoup de fermeté les conditions dans lesquelles la monarchie, si elle était restaurée, pourrait reprendre rang, considération et influence en Europe. Lord Macartney, qui avait été chargé d'une mission près de la petite cour de Vérone, écrivait à lord Grenville en 1795 [1] :

« Dans l'état de relâchement, de désordre et de bouleversement où est l'Europe, le Roi pense que, pour rétablir la stabilité, il faudrait le temps et les efforts qu'ont coûté les traités de Westphalie. Son seul désir serait d'y parvenir, sans chercher pour lui-même d'autre avantage que son rétablissement; ni comme homme d'État, ni comme homme de bien, il ne pourrait approuver la politique qui pousse certains princes à conspirer entre eux, sans autre raison, provocation ni motifs que leurs intérêts respectifs et leurs convenances, la spoliation d'un voisin sans défense et le partage de ses dépouilles. Il espère que les puissances trouveront plus sage, plus honorable de suivre une autre ligne de conduite, et que l'équilibre de l'Europe deviendra le principe directeur des souverains. »

Les mêmes idées, presque dans les mêmes termes, forment le fond des instructions que Louis XVIII adressait en 1800 au comte de Saint-Priest. Elles se retrouvent dans celles qu'il donna à Talleyrand en 1814 et dans les lettres qu'il lui écrivit pendant le Congrès.

Si singulier que cela paraisse au premier abord, après

---

[1] Voir l'étude intitulée : *l'Angleterre et l'Émigration*.

toutes les complaisances que Talleyrand montra pour le Directoire et pour Napoléon, ses vues étaient, et depuis très-longtemps, les mêmes.

Talleyrand avait été le ministre de deux gouvernements belliqueux et conquérants : il avait dirigé, en leur nom et sous leur autorité, plusieurs des grandes curées qui avaient bouleversé l'Europe depuis 1795 : le traité de Campo-Formio, le congrès de Rastadt, le recez de 1803, les traités de 1805 et de 1807. Mais, en servant la politique des excès, il n'avait jamais cessé de la blâmer en secret. Il en voyait les dangers, il s'efforçait de les atténuer. Dans les vastes assises de l'Europe où il menait de son pied boiteux la justice diplomatique, il avait rendu d'implacables arrêts de spoliation et d'expropriation; dans la chambre du conseil, en arrière et en confidence, il n'avait cessé de prêcher la modération, jugeant et condamnant ces grands juges de la terre parmi lesquels il siégeait avec l'impénétrable ironie de son sourire. Le caractère en lui avait eu bien des défaillances, le bon sens n'en avait presque jamais eu. Sa prévoyance était sa revanche contre les autres et contre lui-même.

Tout jeune, il avait considéré le partage de la Pologne comme une flétrissure pour la politique française et un immense danger pour l'Europe. Dans les premières années de la Révolution, il s'entendait avec Mirabeau pour prêcher la politique de modération et de paix. Il la conseillait à la monarchie déclinante, comme le seul moyen de reprendre de la consistance en Europe; il la conseillait à la République naissante, comme le seul moyen de s'y faire admettre et de s'y maintenir. Conquête et liberté lui semblaient deux termes inconciliables. Il écrivait de Londres, au mois de novembre 1792, dans un Mémoire dont il lui fut fait plus tard grand honneur [1], que la France devait dorénavant renoncer aux anciennes idées de *primatie* et de *prépondérance;* que « la richesse réelle consistait non à envahir les domaines d'autrui, mais bien à faire valoir les siens »; que le territoire de la France suffisait à sa grandeur; qu'il ne pourrait être étendu sans danger pour le bonheur des Français, que des conquêtes contrarieraient « sans honneur et sans profit » des renonciations solennelles. « La France, concluait-il, doit rester circonscrite dans ses propres limites; elle le doit à sa gloire, à sa justice, à sa raison, à son intérêt et à celui des peuples qui seront libres par elle. » Ce qu'il pensait en 1792, au début de la guerre et dans sa quasi-émigration de Londres, il le pensait en 1797, au ministère et au milieu du triomphe de la République. Je lis dans un rapport qu'il adressait au Directoire ce passage significatif :

« Dans la situation où se trouve une république qui s'est élevée nouvellement en Europe, en dépit de toutes les monarchies et sur les débris de plusieurs d'entre elles, et qui y domine par la terreur de ses principes et de ses armes, ne peut-on pas dire que le traité de Campo-Formio est, que tous les autres traités que nous avons conclus ne sont que des capitulations militaires plus ou moins belles? La querelle momentanément assoupie par l'étonnement et la con-

---

[1] M. Pallain cite (pages 212 et 438) des extraits intéressants de ce Mémoire. On regrette qu'il ne l'ait pas publié en entier, car il y a une sorte de légende autour de ce document. Michaud le croyait perdu, d'autres en avaient nié l'existence. Le fait est qu'il n'était même pas égaré. Il en existe plusieurs copies aux affaires étrangères. L'original était classé dans les volumes de la correspondance de Londres, et mentionné dans les répertoires.

sternation du vaincu n'est point de nature à être définitivement terminée par les armes, qui sont journalières, tandis que la haine subsiste. Les ennemis ne regardent, à cause de la trop grande hétérogénéité des deux parties contractantes, les traités qu'ils signent avec nous que comme des trêves semblables à celles que les musulmans se bornent à conclure avec les ennemis, de leur foi sans jamais prendre des engagements pour une paix définitive. En effet, qu'est-ce qu'une capitulation militaire ? C'est un contrat temporaire entre deux parties qui restent ennemies. Qu'est-ce qu'un traité de paix ? C'est celui qui, en réglant l'universalité des objets en contestation, fait succéder non-seulement l'état de paix à l'état de guerre, mais l'amitié à la haine. Or, toutes les puissances avec lesquelles nous avons des traités continuent non-seulement d'être nos ennemis secrets, mais demeurent dans un état de coalition contre nous. »

Ce qu'il disait du traité de Campo-Formio, il put le dire de tous ceux qui suivirent. Tous portaient en eux le germe d'une guerre nouvelle, et l'Europe en était venue à craindre la paix plus que la guerre. C'est la situation où Talleyrand retrouva les affaires en 1814. L'expérience avait confirmé toutes ses prévisions. Je rencontre dans un écrit composé cette année-là, évidemment sous son inspiration et peut-être sous sa dictée, un passage qui achèvera d'éclairer les lecteurs sur les motifs qui gouvernèrent la politique française au Congrès de Vienne. Après avoir rappelé les fautes successives qui ruinèrent la puissance du Directoire et de Napoléon, l'auteur ajoute :

« Il est donc vrai que l'expérience la plus récente ne peut sauver des mêmes fautes les gouvernements passionnés, et que les conseils les plus sages des hommes d'État les plus illustres ne peuvent leur épargner ces erreurs. En vain

M. de Talleyrand s'opposa-t-il à ces accès d'ambition qui, à mesure que sa sagesse élevait notre système politique, venaient en renverser l'édifice. L'orgueil et l'avidité l'emportèrent sur sa prévoyance. A la première époque — le Directoire — il blâma les révolutions d'Italie et ne tarda pas, pour prix de son opposition, à quitter un ministère où la difficulté des temps et le besoin de ses lumières le firent bientôt rappeler. A la seconde époque — le Consulat — il vit décroître son influence sur l'esprit du premier consul, parce qu'il avait essayé d'arrêter son imprudente ambition, en lui faisant considérer qu'elle donnerait aux Anglais Malte et le cap de Bonne-Espérance. A la troisième époque — l'Empire — il perdit noblement avec son ministère toute la confiance de l'usurpateur de l'Espagne, et cette dernière disgrâce devint son plus beau titre de gloire. — La France espère enfin qu'appelé à la plus honorable mission par la confiance du Roi, il va faire prévaloir ses lumières dans la délibération et fixera par ses négociations le haut rang destiné à cette monarchie. La France fut autrefois la protectrice des faibles; il lui a déjà rendu ce noble rôle. Son ancienne puissance était un bienfait pour l'Europe; il en devient le conservateur. Elle lui remet ses intérêts comme à celui dont l'estime publique a reconnu les lumières et qu'elle n'a pas cessé d'entourer de sa faveur. »

Je fais, en ce jugement, la part de la flatterie et de l'apologie; je n'y veux rechercher qu'un témoignage sur les vues personnelles de Talleyrand et un trait qui réunisse, après tant et de si singulières brisures, la pensée de 1792 à celle de 1814. Le lien est évident. C'est affaire aux biographes de Talleyrand de le suivre dans toutes les sinuosités de sa carrière et de montrer l'homme subsistant, toujours le même, sous tant de costumes, de masques et de fards. Je me borne ici à faire voir comment il était préparé au rôle qu'il joua au congrès de Vienne, comment l'accord se fit si aisément et sur les principes même entre le Roi et le ministre, comment Louis XVIII, à travers les perpétuelles protestations de son exil, et Talleyrand, après ses continuelles et fructueuses complaisances envers la fortune, en étaient arrivés à la même conclusion, partant le premier d'un principe, le second d'un calcul, guidés et éclairés tous deux par l'expérience des faits, le sentiment de la force des choses et l'instinct des intérêts de la France en Europe.

Les instructions qu'ils arrêtèrent en commun ne sont que le résumé et l'application de ces vues. Elles sont publiées depuis longtemps. J'y renvoie le lecteur : elles forment la préface indispensable de la correspondance publiée par M. Pallain.

La politique classique de la France, celle que l'on appelait la politique traditionnelle, n'a été nulle part exposée avec plus d'ampleur dans son ensemble, motivée avec plus de force dans ses données générales, adaptée avec plus de sagacité aux nécessités présentes, rattachée avec plus de grandeur aux intérêts généraux de la société européenne. Ces instructions qui résumaient l'expérience du passé ont été pendant une partie de ce siècle le code de notre politique et la règle de notre diplomatie. C'est que les hommes d'État qui avaient conçu ce large dessein prétendaient travailler pour l'avenir. Ils considéraient moins les résultats immédiats que les conséquences futures. Leur prévoyance doublait leur pénétration. L'une et l'autre n'étaient que le bon sens appliqué de très-haut aux choses européennes. Aujourd'hui que ces propositions n'ont plus qu'un intérêt

---

[1] ANGEBERG, *le Congrès de Vienne*.

historique, que pour les avoir méconnues, oubliées et abandonnées, la France a vu en partie, hélas! par l'impéritie, l'infirmité et l'aberration de plusieurs de ses gouvernants, dévier et s'anéantir, en quelque sorte sous sa main, cette œuvre de modération et de sagesse, on ne peut sans mélancolie et sans amertume relire ces lignes, où se résumait toute la politique de Talleyrand :

« En Italie, c'est l'Autriche qu'il faut empêcher de dominer en opposant à son influence des influences contraires; en Allemagne, c'est la Prusse. La constitution physique de sa monarchie lui fait de l'ambition une sorte de nécessité. Tout prétexte lui est bon. Nul scrupule ne l'arrête. La convenance est son droit. Ses émissaires et ses partisans agitent l'Allemagne, lui peignent la France comme prête à l'envahir encore, la Prusse comme seule en état de la défendre et demandant qu'on la lui livre pour la préserver. Les alliés ont, dit-on, pris l'engagement de la replacer dans l'état de puissance où elle était avant sa chute, c'est-à-dire avec dix millions de sujets. Qu'on la laissât, bientôt elle en aurait vingt, et l'Allemagne lui serait soumise. Il est donc nécessaire de mettre un frein à son ambition... »

IV

Le 8 octobre 1814, les ambassadeurs des grandes puissances étaient réunis chez Metternich. Il s'agissait d'annoncer à l'Europe l'ouverture du Congrès. On délibérait sur une déclaration portant qu'elle aurait lieu le 1er novembre. Talleyrand demanda qu'on y ajoutât ces mots : *Elle sera faite conformément aux principes du droit public.* Cette proposition souleva une tempête.

« Non, monsieur ! disait Hardenberg, debout, les poings fermés, presque menaçant. Non, monsieur ! Le droit public, c'est inutile. » M. de Humboldt criait : « Que fait ici le droit public ? — Il fait que vous y êtes », répliqua Talleyrand. Les deux envoyés prussiens se calmèrent. Tout le monde parut décontenancé. « Pourquoi dire que nous agirons selon le droit public ? fit observer Hardenberg. Cela va sans dire. — Si cela va bien sans le dire, répondit encore Talleyrand, cela ira encore mieux en le disant. » On décida qu'on le dirait, car il était impossible d'expliquer pourquoi l'on s'était d'abord refusé à le dire. Quelques jours après, rendant compte de cette scène, Talleyrand écrivait : « On prétend que nous avons remporté une victoire pour avoir fait introduire l'expression *droit public*. Cette opinion doit vous donner la mesure de l'esprit qui anime le Congrès. »

C'est l'esprit du Congrès ; c'est bien aussi l'esprit de Talleyrand. Cette escarmouche donne le ton de la bataille. Mais on ne produit de tels effets de surprise, on ne déconcerte les gens par ces mouvements imprévus et ces ripostes soudaines, que quand le terrain se prête aux manœuvres et que l'adversaire mal éclairé, mal commandé, désorienté et désorganisé, est réduit, faute de plan et de direction, à la guerre de contenance. Il faut, pour qu'un mot porte aussi loin et qu'une réplique heureuse entraîne de telles conséquences, qu'ils répondent à un sentiment dont tout le monde est pénétré, que chacun s'efforce de refouler en soi, et qui s'impose par cela seul qu'on ose le déclarer. Ce fut le cas de Talleyrand quand il parla du droit public aux diplomates réunis chez Metternich. Ils étaient tous au fond très-sceptiques sur l'article du droit ; ils en faisaient bon marché dans le secret de leurs délibérations intimes ;

mais ils ne pouvaient le déclarer en public, et c'est par là que Talleyrand les saisit. L'homme qui les a le mieux connus, Gentz, l'a dit en termes clairs :

« Les grandes phrases de *reconstruction de l'ordre moral*, de *régénération du système politique de l'Europe*, de *paix durable fondée sur une juste répartition des forces*, etc., etc., se débitaient pour tranquilliser les peuples et pour donner à cette réunion solennelle un air de dignité et de grandeur; mais le véritable but du Congrès était le *partage entre les vainqueurs des dépouilles enlevées au vaincu*. »

Les diplomates ne prenaient point au sérieux les phrases dont ils s'étaient servis pour soulever les peuples et les lancer à l'assaut de l'empire napoléonien; mais les peuples qui s'étaient battus, qui avaient compté leurs morts et leurs blessés, croyaient à la réalité des promesses et soupiraient après cet âge d'or d'indépendance, de liberté, de paix, qui devait, selon les prophètes de la coalition, succéder à l'âge de fer et de sang dont l'Europe avait tant souffert. « L'attente publique, écrivait Gentz, n'a peut-être jamais été excitée au point où elle l'était avant l'ouverture de cette assemblée. » Les peuples s'en remettaient volontiers à leurs chefs du soin de régler leurs relations. Les conflits d'intérêt entre les États les préoccupaient peu, et ils les entendaient mal. Ce qu'ils avaient le plus à cœur, c'était précisément ce dont les chefs se souciaient le moins : le principe qui réglerait le droit européen et le système général qui en serait l'application. Un contemporain, de Pradt [1], a très-bien rendu ce sentiment :

« Les Européens n'interrogeaient point le Congrès sur

[1] *Du Congrès de Vienne*, 1815.

l'emploi qu'il entendait faire de telle fraction de souveraineté ; mais ils lui demandaient si, après tant d'agitation, il y aurait enfin du repos ; si après tant de changements, il y aurait enfin de la stabilité ; si après tant de spoliations, il y aurait enfin sûreté pour la propriété ; si, après tant d'inquiétudes sur l'emploi de la vie, il y aurait enfin des positions assurées... Ils ne demandaient pas seulement sous quelles dominations, dans quel ordre social ils vivraient, mais s'il y aurait des dominations certaines et un ordre social sous lequel il leur serait donné de vivre. »

Depuis 1792, les alliés avaient armé l'Europe contre la France en vertu d'un principe auquel ils ne croyaient pas et qu'ils n'avaient cessé de violer. Dix-sept ans avant la Révolution française, ils avaient montré, par le partage de la Pologne, le cas qu'ils faisaient du droit public, le respect qu'ils portaient aux traités et la considération qu'ils avaient pour les souverainetés légitimes. En devenant conquérante, la Révolution française n'avait fait que suivre leur exemple et s'inspirer de leurs maximes. Ils l'avaient condamnée tant qu'ils avaient cru pouvoir vaincre la France et partager ses dépouilles ; ils avaient pactisé avec la Révolution toutes les fois qu'après les avoir vaincus, elle les avaient conviés à la curée. Depuis la Prusse qui avait en 1795 abandonné la rive gauche du Rhin à la République, jusqu'à l'Autriche qui avait en 1810 donné une archiduchesse à l'Empereur, tous avaient tour à tour sacrifié leurs principes à leurs intérêts. Maintenant que l'armée de Napoléon était anéantie et que son héritage était vacant, ils n'avaient qu'une pensée et qu'un dessein : continuer l'œuvre de l'Empereur en la retournant contre la France, imiter l'Empire après l'avoir abattu. Cependant, il leur fallait justifier leur conduite devant l'Europe. A la rigueur, la Russie, l'Autriche et la Prusse pouvaient traiter l'Europe en déshérence comme elles avaient traité la Pologne en anarchie; se dire : L'Europe, c'est nous! se disputer en secret sur les évaluations et sur les lots; puis, les enchères terminées et le marché consommé, répondre aux curieux malavisés et aux questionneurs impertinents ce que le tsar Alexandre répondait à Talleyrand : « *Les convenances de l'Europe sont le droit.* » Mais il y avait un des alliés qui était obligé de parler en public et ne pouvait se payer des sophismes cyniques qui prévalaient dans les conciliabules. C'était précisément celui auquel la persistance de sa politique, la constance de ses desseins, la fermeté de ses vues, avaient assuré une place prépondérante dans l'alliance, l'Angleterre, qui avait noué toutes les coalitions et payé tous les coalisés. Son représentant à Vienne, Castlereagh, était aussi indifférent que ses collègues aux principes et au droit public; mais le parlement anglais ne l'était pas. C'était en Angleterre surtout que se manifestaient les sentiments si vivement exprimés par Gentz et de Pradt, et ils ne se manifestaient point, comme dans le reste de l'Europe, timidement et dans l'ombre; ils éclataient dans les journaux, ils se déclaraient à la tribune. Par cela seul qu'il y avait en Angleterre une tribune libre, où la politique anglaise serait traduite et discutée, les secrètes transactions de Vienne avaient nécessairement une sanction publique, le Congrès était responsable devant l'opinion de l'Europe et ne pouvait se soustraire à cette responsabilité. C'est ce que Talleyrand avait très-bien senti, et c'est ce qui fit la puissance de ces fameuses notes de principes qu'il rédigeait moins pour être méditées par les diplomates de Vienne que pour être publiées à Londres et livrées aux débats du Parlement.

Il fallait donc, il fallait absolument que le Congrès, quels que fussent ses actes, trouvât moyen d'établir qu'ils étaient conformes au principe de la coalition et à l'intérêt général de l'Europe.

C'est ici que les difficultés commençaient. Si grande que fût la dextérité des publicistes de la coalition, elle ne pouvait faire passer pour un principe d'ordre européen les convoitises de la Prusse sur la Saxe et de la Russie sur la Pologne. La coalition avait invoqué deux principes : le droit des dynasties aux héritages traditionnels, le droit des nations à l'indépendance. Le Congrès réprouvait le second et désavouait le premier. Il les violait tous les deux en donnant aux Prussiens la Saxe malgré les protestations du peuple saxon qui réclamait son indépendance, et malgré les protestations du roi de Saxe qui réclamait sa couronne.

Faute de principes, il leur restait l'intérêt; mais ce mobile, le seul qui les dirigeât, était inavouable, et, en les dirigeant, il les divisait. Ils étaient ainsi doublement vulnérables. « Leur embarras, disait très-bien Talleyrand, part de l'illusion dans laquelle ils se soutenaient en croyant pouvoir régler les affaires de l'Europe sur des bases qu'ils nous avaient annoncées arrêtées et qui ne le sont pas. »

L'art le plus subtil ne pouvait dissimuler longtemps des oppositions aussi violentes et un trouble aussi profond. Les coalisés y apportaient fort peu d'art et beaucoup de passion. Talleyrand mettait toute son habileté à les démasquer. Il y parvint, parce qu'il était étranger à leurs dissensions et qu'aucune convoitise n'ébranlait son sang-froid. Il était maître de lui, jugeait du dehors et de haut. C'était une supériorité, il en usa. « Le

Congrès, dit un témoin [1], était une masse informe, composée d'éléments incompatibles qui se heurtaient et s'entravaient partout. Dans un pareil état de choses, la force seule devait constituer le droit. » C'était l'aveu humiliant et désespérant auquel aboutissaient les observateurs qui connaissaient le fond des choses et voyaient de près les hommes. « Quoi que l'on fasse, dit un Autrichien, tout cela finira par une rupture complète entre les puissances. » De Maistre écrivait dès le mois d'août [2] : « Il ne faut pas compter sur le Congrès. Probablement tout se brouillera de nouveau. » Gagern arrive à Vienne le 15 septembre : dès le 21, il constate que l'on parlait déjà de guerre : « On n'était, dit-il, d'accord que contre les Français ; cette situation finit par tourner à l'avantage de leurs plénipotentiaires [3]. »

V

Déclarant hautement et démontrant par ses actes son entier désintéressement, la France était inattaquable. Son rôle était le plus simple et le plus beau de tous. Il y avait dans sa conduite une merveilleuse puissance de logique. Telle était la force de la position qu'elle avait prise, que, malgré l'inconsistance de son gouvernement, malgré les embarras de ses affaires intérieures, malgré surtout les antécédents et le caractère du personnage qui la représentait à Vienne, sa politique y devait prévaloir et y prévalut. C'est ici le trait le plus singulier

[1] GENTZ, *Dépêches aux hospodars de Valachie.*
[2] *Correspondance politique*, Paris.
[3] *Mein Antheil an der Politik*, Leipzig, 1845.

du rôle de Talleyrand : il avait à imposer non-seulement ses idées, mais sa personne. Il fallait que les principes qu'il professait eussent une extraordinaire vertu d'évidence pour que l'Europe oubliât qu'ils étaient professés par lui. L'Europe ne connaissait pas les restrictions mentales par lesquelles il avait atténué dans son for intérieur ses complaisances pour le Directoire et pour Napoléon. Il demeurait pour l'Europe l'exécuteur ou le complice des actes que l'Europe avait voulu venger et réparer. Mais qui, dans cette conférence de Vienne, eût osé l'attaquer en face et lui reprocher son passé ? Si ses actes étaient coupables, tous y avaient participé avec lui ou comme lui. Il eût répondu à la Prusse par le Hanovre, à l'Autriche par Venise, à la Russie par Tilsitt. Un seul peut-être aurait pu le prendre de haut, c'était l'Anglais ; mais l'Anglais avait pour instruction de ne le point faire. Les autres se turent. Tous s'accordèrent pour jeter un voile sur leur passé. Par une sorte de convention tacite, ces libertins endurcis de la conquête se transformèrent les uns pour les autres en néophytes du droit et revêtirent la toge de lin. Dans cette régénération spontanée, l'ancien évêque d'Autun se trouva sortir le plus pur et le plus immaculé des eaux du baptême. Il affirma très-haut ce que les autres ne pouvaient nier que tout bas. Nul d'entre eux n'eut l'impertinence de le chicaner sur sa conversion, car les principes qu'il proclamait avec tant de force, aucun d'eux ne pouvait ni les contester publiquement ni les désavouer.

De là vint que, dès la première rencontre, il les déconcerta si fort. « L'intervention de Talleyrand a furieusement dérangé nos plans, écrivait Gentz le 30 septembre [1]. Le prince de Metternich ne sent pas

---

[1] *Tagebücher*, Leipzig.

comme moi tout ce qu'il y a d'embarrassant et même d'affreux dans notre situation. » Metternich et Castlereagh se refusèrent à le sentir aussi longtemps qu'ils le purent. Ils essayèrent de tous les moyens pour séparer la Prusse de la Russie : tous les moyens échouèrent, et, de guerre lasse, il leur fallut bien recourir à Talleyrand. Ce fut son triomphe et son chef-d'œuvre. Je n'essayerai pas de montrer ici comment il l'exécuta ; comment il sortit peu à peu de l'isolement dans lequel, lors de son arrivée, on l'avait séquestré ; comment il dissipa les préventions et les soupçons ; comment il convainquit les plus récalcitrants du désintéressement et de la loyauté de la France ; comment il les persuada tous, sauf les Prussiens et les Russes, *que la France,* ainsi qu'il le disait à Gagern, *devait donner de bons exemples après tant de mauvais, qu'il fallait être bon Européen, modérés, et ne chercher qu'un juste équilibre ;* comment il amena enfin l'Angleterre et l'Autriche à signer avec lui le traité secret du 3 janvier 1815, qui consommait le grand objet de sa politique : dissoudre la coalition, assurer des alliés à la France et faire prévaloir les intérêts qu'elle jugeait être à la fois les siens et ceux de l'Europe. « Maintenant, écrivait-il à Louis XVIII, le 4 janvier 1815, la coalition est dissoute, et elle l'est pour toujours. Non-seulement la France n'est plus isolée en Europe, mais Votre Majesté a déjà un système fédératif tel que cinquante ans de négociations ne semblaient pas pouvoir parvenir à le lui donner. Elle marche de concert avec deux des plus grandes puissances... Elle sera véritablement le chef et l'âme de cette union, formée pour la défense des principes qu'elle a été la première à proclamer. »

Talleyrand comptait sans le retour de l'île d'Elbe.

L'événement le surprit, bouleversa ses plans, anéantit ses combinaisons. Le grand intérêt de la correspondance s'arrête là. Ce qui suit est pénible à lire. De toutes les considérations qui dirigèrent sa conduite à Vienne pendant les Cent-Jours, Talleyrand n'en allègue qu'une seule, et c'est à coup sûr la moins faite pour atténuer ce que cette conduite a de blessant pour le sentiment français : l'intérêt dynastique. Ses lettres adressées à Gand sont le contraire d'une apologie. Ceux qui les avaient lues en avaient porté, comme M. Mignet, un jugement très-sévère. Talleyrand n'a rien omis de ce qu'il fallait pour le motiver. Il ne s'explique ni ne s'excuse, il se vante au contraire et semble presque se glorifier. D'ailleurs, toute la dialectique du monde ne pouvait prévaloir contre ce fait : c'étaient les armées françaises qui se préparaient à combattre à Waterloo. Non-seulement il l'oublie, mais il ne paraît même pas en avoir conscience.

Le rôle qu'il s'était composé à Vienne et le personnage qu'il y avait joué étaient absolument artificiels. Sa grande force était la force des choses ; sa supériorité avait consisté à la comprendre et à s'en servir. Lorsque ce soutien lui fit défaut, le masque tomba. Il ne resta plus qu'un homme d'un aplomb extraordinaire, d'une dextérité consommée, mais démenti par les faits et dérouté dans ses calculs. « Talleyrand fait ici le ministre de Louis XIV », disait le Tsar au mois d'octobre. Au mois d'avril, il n'était plus que le ministre de Jacques II. De moins imperturbables auraient perdu le sang-froid. Talleyrand eut grand'peine à garder le sien. On sent dans sa correspondance je ne sais quoi d'âpre et d'affecté qui trahit l'agitation intérieure. Il se force, il se guinde, il s'acharne. L'équivoque de sa situation perce dans son style. Froissé dans son amour-propre, inquiété dans son ambition, ses préoccupations personnelles, ses rancunes, ses haines se mêlent aux craintes trop légitimes qu'il conçoit pour la France. Sa prévoyance en est comme exaspérée. Il continue de juger juste, mais il apporte dans ses jugements une aigreur irritée. Comme son maître et patron Voltaire lorsqu'il flagornait Frédéric pendant la guerre de Sept ans, ou Catherine pendant la guerre de Pologne, Talleyrand, jeté par la passion hors du bon sens, perd le sentiment de la mesure et de la nuance. Pour parodier un de ses mots les plus fameux et le condamner par sa propre critique, on peut dire qu'il y a dans les lettres de cette période quelque chose qui à ses yeux était pire que de mauvaises pensées, il y a du mauvais goût.

M. Pallain n'a pas voulu nous laisser sous cette fâcheuse impression. Il a placé à la fin du recueil une pièce qui en résume merveilleusement l'esprit et en rappelle les meilleures pages. C'est le rapport composé au mois de juin par Talleyrand sur l'ensemble des travaux du Congrès et sur la situation de la France. Ce mémoire, qui ne comprend pas moins de quarante-huit pages, forme la conclusion naturelle de la *Correspondance,* comme les instructions de septembre 1814 en sont la préface nécessaire. Il se placera dans l'œuvre littéraire de Talleyrand à côté et peut-être au-dessus du célèbre *Éloge de Reinhard :* le sujet est plus élevé et la forme est moins concertée. C'est une apologie sans doute, mais une apologie composée de très-haut, où les vues d'ensemble priment les vues personnelles, où le diplomate devient historien. L'homme d'État s'y montre digne du diplomate. Toute la partie du *Mémoire* consacrée à l'étude des causes qui ont amené la chute de la première Restauration, la critique des fautes commises, l'indication des moyens propres à les réparer, font le plus grand honneur à Talleyrand. Après avoir montré qu'en lui le plénipotentiaire de Vienne, en 1814, s'inspirait des vues de l'observateur de Londres, en 1792, on aime à retrouver dans le conseiller de Louis XVIII le député aux États généraux. On aime à voir le même homme proposant, pour rétablir la monarchie, les mêmes moyens qu'il proposait vingt-cinq ans auparavant pour en prévenir la chute. Il resta toujours en tous ces constituants de 1789 un fond de libéralisme qui survécut à toutes les défaillances du caractère. Il resta aussi au fond de l'âme de Talleyrand, malgré son scepticisme de roué politique, un fond sincère d'amour de la France. C'est ce qu'il ne faut pas oublier, même sous le coup des froissements les plus légitimes. On doit lui pardonner beaucoup ; ces deux vertus-là, encore qu'intermittentes chez lui et trop souvent voilées, rachètent bien des vices. Tout compte fait, et quelles que fussent les arrière-pensées personnelles qui se mêlaient à ses calculs, c'était avant tout la France qu'il servait à Vienne pendant les grandes négociations du Congrès, et il l'a bien servie.

VI

On l'a contesté. Personne n'y a apporté plus de vivacité que l'abbé de Pradt. Il faut citer son jugement : c'est le thème commun des adversaires de Talleyrand, et tous n'ont fait que le reproduire ou le développer :

« La France ne demandant rien au Congrès, et voulant tout à la fois couvrir l'infériorité de son rôle, a dû sortir de la politique où elle n'occupait plus une grande place pour recourir à des principes généraux dont la discussion appartient à tout le monde, et se donner le mérite du juge de paix de l'Europe, à défaut d'en être le régulateur. C'est ce qui a produit la liaison de la France avec l'Autriche et l'Angleterre et son patronage avoué en faveur de la Saxe... L'intérêt a passé de la conservation des petites souverainetés à leur effacement, de la complication des États à leur simplification, et de la dispersion des souverainetés à leur concentration... Le système français s'est égaré dans cette partie. Mais où son égarement a été le plus remarquable et le plus funeste, c'est dans l'opposition qu'il n'a pas cessé d'établir contre la Prusse. Il y a deux principes invariables dans le système de la France à l'égard de la Prusse : alliance et éloignement. L'un est le moyen de l'autre. Or, dans tout le Congrès, la France n'a travaillé qu'à aliéner d'elle la Prusse et qu'à la forcer à se rapprocher de sa propre frontière. Ce qui était du même coup détruire l'alliance et créer l'inimitié. »

Voilà l'objection d'ensemble. Quant aux objections de détail, elles sont résumées dans un ouvrage anonyme qui a eu la singulière fortune de fournir à presque tous les historiens français de la Révolution et de l'Empire la plus grande partie de leurs connaissances et presque tout le fond de leurs idées en matière de diplomatie : les *Mémoires d'un homme d'État*. Au lieu de rechercher l'Angleterre et l'Autriche, ennemies et rivales séculaires de la France, Talleyrand aurait dû s'attacher à la fortune de la Russie et de la Prusse, « ses alliées naturelles ». La France n'avait aucune objection à donner la Pologne aux Russes; c'était un bien pour les Polonais, un mal pour la Russie, et puisque la Russie le désirait, la France devait la contenter. Il importait en même temps de contenter la Prusse.

D'ailleurs, en lui donnant la Saxe, on faisait d'elle une barrière contre la Russie. L'alliance de l'Angleterre et de l'Autriche consommait l'œuvre du traité de Paris, elle renfermait la France dans les frontières de 1792. L'alliance de la Russie et de la Prusse aurait procuré à la France des avantages considérables. Pour prix du concours qu'elle leur aurait prêté, ces puissances lui auraient rendu, à la suite d'une guerre commune, la Belgique et la rive gauche du Rhin. Enfin, il y avait un intérêt capital à ne point rapprocher la Prusse de la France; il valait cent fois mieux avoir la Prusse à Dresde et le roi de Saxe sur le Rhin, que d'acheter par le formidable voisinage des Prussiens l'honneur stérile de conserver son trône à un petit prince allemand.

Cette critique est devenue presque classique. Elle a été adoptée, renouvelée, fortifiée de recherches personnelles et de vues originales par plusieurs des historiens les plus récents de l'Empire, et entre autres par le plus illustre de tous, qui l'a développée avec un art merveilleux et une dialectique qui, nulle part peut-être, n'a paru plus entraînante. La publication de M. Pallain nous convie et nous oblige même à reprendre cette discussion. Elle y apporte des éléments nouveaux. Les événements qui se sont produits en Europe depuis 1866 ont d'ailleurs jeté une étrange lumière sur ce problème, dont ils ont réveillé le douloureux intérêt.

Tout se tient et s'enchaîne dans l'œuvre diplomatique de Talleyrand et dans la critique qui en a été faite. Toute la discussion se ramène au point de départ : le traité du 30 mai 1814, le désintéressement de la France et le dessein politique que Louis XVIII et Talleyrand ont déduit des nécessités mêmes qui leur étaient imposées. Je n'examinerai pas ce qu'ils auraient pu faire dans des conditions différentes de celles où ils se sont trouvés : les faits ne permettent point de suppositions de ce genre. Je vois dans les événements une suite si logique, entre les faits une trame si serrée, que l'hypothèse ne s'y peut insinuer sans bouleverser l'ordre naturel des choses et sans introduire dans le débat des éléments absolument étrangers à la réalité.

Les alliés, à Paris, en 1814, étaient sans aucun doute divisés entre eux ; mais ils ne l'étaient pas contre la France. Il n'y avait qu'un point sur lequel l'accord fût certain entre eux, mais il était formel, il était écrit : c'était la volonté de ramener la France à ses frontières de 1792. C'était l'objet fondamental de la coalition. En refusant ces conditions, la France aurait à la fois retardé la paix que la nation réclamait à grands cris, irrité les alliés, fortifié l'opposition des Prussiens qui ne s'étaient résignés qu'à grand'peine à ne point démembrer la frontière de l'Est. C'est ce que le gouvernement français comprit. « Pour faire la paix aux meilleures conditions possibles, a dit très-bien Talleyrand, et pour en retirer tous les avantages qu'elle pouvait procurer, il était nécessaire de se hâter de la signer. » Tous les documents publiés depuis quelques années, les engagements secrets des coalisés que l'on ne connaît que depuis peu, prouvent que ces vues étaient justes. On aurait fait une faute grave en ne signant pas. Il était nécessaire et il fut en même temps habile de signer.

Le traité de Paris donnait à la France un principe et une politique. Si l'on suit dans tout leur cours et dans tous leurs détails les négociations de Vienne, on peut discuter l'importance des avantages obtenus par la France ; mais ce qui est hors de doute et de contestation, c'est la manière dont ces avantages ont été obtenus.

Annonçant à Louis XVIII la rupture de la coalition et l'alliance de la France avec l'Autriche et l'Angleterre, Talleyrand en attribuait « *la cause efficiente* » au « *soin qu'il avait pris de calmer les défiances en montrant au nom de la France le désintéressement le plus parfait* ». C'est l'impression des témoins. C'est en particulier celle de Gentz, qui est très-affirmatif sur ce point. Supprimons cet élément, tout l'édifice s'écroule. Non-seulement la France ne dissipe pas les soupçons, mais elles les fortifie. Son isolement se prolonge, les grandes affaires continuent à se traiter en dehors d'elle. Il est en effet manifeste qu'elle n'est parvenue à s'y mêler et à y influer que par ce moyen-là, et par ce moyen seul.

On dit que la Prusse et la Russie l'auraient conviée à leur alliance, qu'elles auraient chèrement payé son concours si, au lieu de les froisser, de les contrarier, elle les eût servies ou se fût même simplement abstenue de les combattre. C'est une hypothèse et rien de plus. Je ne dirai pas avec sir Henri Bulwer que c'est « une idée extravagante » de supposer que la Russie et la Prusse eussent donné à la France la rive gauche du Rhin. La proposition est un peu vive dans la forme, et je n'ai, sous ce rapport, garde d'y souscrire. Mais je n'hésiterai pas à ajouter avec le critique anglais : « J'ai la certitude que ce cas ne se serait présenté en aucune circonstance. » Il aurait suffi que la France montrât la velléité de reprendre la Belgique et le Rhin, pour que l'Autriche sacrifiât la Saxe, que l'Angleterre sacrifiât la Pologne, et que la division cessât entre les coalisés. Cela est certain, car c'est précisément pour empêcher la France de garder ces conquêtes que toutes les coalitions s'étaient formées depuis 1793, que la coalition de 1813 s'était reliée et resserrée à Chaumont en 1814; c'était la seule idée commune des alliés. Les entreprendre sur ce point n'était pas le moyen de les diviser, c'était le moyen de les réunir.

La Russie parut, en certaines rencontres, rechercher la France : ce n'était pas pour briser la quadruple alliance, c'était pour s'y fortifier. Ce n'était pas pour diminuer la Prusse, c'était pour que la France contribuât à la grandir. Il ne fallait pas songer à les désunir. Metternich et Castlereagh l'essayèrent : l'amitié des deux souverains déjoua toutes les combinaisons des diplomates. Cela posé, et le fait est incontestable, comment imaginer que la Prusse de 1814, la Prusse enivrée de vengeance et de colère, la Prusse qui avait soulevé toute l'Allemagne contre la France, qui reprochait avec acrimonie à ses alliés de n'avoir pas pris à la France l'Alsace et la Lorraine, qui dénonçait perpétuellement les prétendues ambitions des Français, qui se faisait le coryphée de toute les passions de l'Allemagne après en avoir été l'incitateur, qui voyait sa mission, sa gloire, son honneur, son profit à exploiter ces passions, comment supposer que cette Prusse irait de gaieté de cœur et pour le plaisir d'entrer à Dresde sacrifier son avenir en Allemagne et livrer la rive gauche du Rhin à la France? Elle l'avait fait en 1795, et elle avait trop souffert du cri de trahison qui s'était élevé contre elle pour s'y exposer encore. C'était pour dominer l'Allemagne qu'elle convoitait la Saxe; elle n'aurait pas encouru pour acquérir ce royaume le reproche de sacrifier les intérêts allemands. Enfin, la France avait depuis 1795 fait l'expérience de l'alliance prussienne : la Convention, le Directoire, le Consulat en avaient tous et incessamment poursuivi la chimère;

l'expérience avait montré où conduisait cette politique :
il fallait ou grossir démesurément la Prusse ou l'anéantir.
On avait essayé de l'un et de l'autre moyen, l'un et
l'autre avaient échoué.

On ajoute que du moins la France aurait dû éviter
le voisinage des Prussiens et transporter le roi de Saxe
sur le Rhin. Mais, en cédant sur les droits du roi de
Saxe, la France cédait sur son principe et elle n'avait
plus de rôle au Congrès. D'ailleurs, c'est une question
très-contestable de savoir s'il n'était pas plus dangereux
d'établir les Prussiens en Saxe que de les établir sur le
Rhin. En leur donnant la Saxe, on faisait d'eux la plus
cohérente et la plus allemande des puissances de l'Allemagne. On accomplissait d'un coup l'œuvre de concentration qu'ils ont mis près de soixante ans à accomplir.
Leurs hommes d'État le sentaient bien, et c'est pour
cela qu'ils insistaient tant. La Prusse sortait du Congrès
divisée en deux morceaux disparates, sans lien, sans
unité. « C'est un État indéfinissable, disait de Pradt ;
elle voit des ennemis partout et des frontières nulle
part. La Russie la presse par la pointe de ses États.
L'Autriche la coupe par le milieu de ses possessions.
La France l'atteint à l'extrémité de ses territoires séparés du corps de la monarchie. Elle ressemble à ces
maisons de Berlin qui ne sont bâties que du côté de la
rue : cet État n'a encore qu'une façade sur l'Europe. »
Voilà qui atténue singulièrement la faute, si faute il y
a. Écoutons, du reste, les Allemands : « La Prusse, dit
Gervinus, acquérait sur les bords du Rhin et en Westphalie une population qui, par sa confession religieuse,
par les effets de la domination des Français et des
institutions françaises, ainsi que par les liens étroits
qui avaient autrefois existé entre la France et les princes

ecclésiastiques de ces pays, contenait des éléments aussi hétérogènes et aussi irréconciliables que possible, et devait offrir les plus grandes difficultés à l'administration prussienne. »

VII

Mais pourquoi discuter des hypothèses lorsque le fait est là et qu'il n'est, hélas! que trop évident et trop concluant? L'acte final du Congrès de Vienne n'était pas encore signé, que l'occasion s'offrit de substituer à la politique de Talleyrand celle qu'on lui reproche de n'avoir point adoptée. Le premier acte de Napoléon après son retour de l'île d'Elbe fut de s'adresser à la Russie, de lui révéler l'alliance des Bourbons avec l'Angleterre et l'Autriche, et de la désavouer. Toutes ses tentatives de négociations demeurèrent sans effet. Le Tsar se montra le plus ardent à la guerre; il fit écrire à lord Castlereagh une lettre tout échauffée de l'esprit de 1813. Le 25 mars 1815, la ligue de Chaumont était réformée, et les alliés, divisés naguère, se coalisaient plus intimement que jamais pour « maintenir dans toute leur intégrité les conditions du traité de paix de 1814, ainsi que les stipulations arrêtées à Vienne ». Il leur avait suffi de soupçonner la France d'un retour d'ambition pour se réunir contre elle. Les Prussiens apportèrent à la lutte un acharnement incroyable. Le retour de Napoléon semblait justifier toutes les critiques qu'ils avaient faites de la modération des alliés. Ils déclarèrent que la France n'était point sincère dans son désintéressement affecté, qu'elle concevait des arrière-pensées de conquête, que rien ne l'en pourrait guérir, et qu'il n'y avait qu'un remède, c'était de la démembrer. C'est au contraire en prouvant sa sincérité par sa conduite au Congrès que la France parvint, lors de la seconde paix de Paris, à conserver ses provinces de l'Est. On avait fait ainsi en quelques mois l'épreuve et la contre-épreuve de la politique de Talleyrand.

Cette politique, pour l'honneur et le salut de la France, prévalut dans les années qui suivirent. En 1814, au Congrès de Vienne, elle avait effacé la trace de plus de vingt ans de luttes. Il y avait suffi de trois mois. Il fallut trois ans pour effacer l'impression des Cent-Jours et dissiper les méfiances que Napoléon avait fait renaître. Cette œuvre était accomplie au Congrès d'Aix-la-Chapelle en 1818. La France recouvra son indépendance, son rang et son influence en Europe. La coalition n'avait plus de raison d'être. En 1822, elle n'existait plus. Dès lors la France pouvait poursuivre des alliances particulières et même des vues d'agrandissement modéré, sans risquer de renouer le formidable réseau qui l'avait si longtemps étreinte. L'alliance de la Russie et de la Prusse pouvait seule seconder ces desseins. Elle la rechercha. En 1829, après dix ans de paix, d'entente et d'amitié, elle crut l'occasion venue. La Russie engagée en Orient pouvait avoir besoin d'un allié à l'Occident. On reprit les idées que l'on reprochait à Talleyrand de n'avoir point fait prévaloir. La France demanda la Belgique, proposa de donner la Saxe aux Prussiens et de transporter le roi de Saxe sur le Rhin. La Russie déclina l'ouverture, la Prusse la repoussa formellement, et l'affaire n'aboutit point. Ce qui s'est passé depuis lors n'est que trop connu. La Prusse, qui mit plus de vingt-cinq ans à s'assimiler les provinces rhénanes, en employa cinquante à préparer l'œuvre de concentration territoriale qu'on aurait consommée dès 1815 en l'établissant au cœur de l'Allemagne. Le roi de Saxe, placé sur les bords du Rhin, aurait eu, en 1866, le sort qu'il a eu à Dresde, à moins qu'il n'eût partagé l'infortune du roi de Hanovre. Il n'aurait pas pu se soustraire plus que le roi de Bavière ne l'a fait à l'hégémonie prussienne. On oublie trop que la Bavière était voisine de la France en 1870 : ce qui s'est passé dans le Palatinat donne la mesure exacte de ce qui se serait passé dans le royaume rhénan que l'on aurait fait à la maison de Saxe.

La conclusion est péremptoire. On a voulu de 1864 à 1866, dans le grand désarroi de l'Europe et dans la grande crise de l'Allemagne, profiter des occasions ; on a négocié avec la Prusse, on a prêté l'oreille à ses suggestions, on a encouragé ou au moins toléré ses entreprises, on a cru qu'elle donnerait à la France la rive gauche du Rhin en compensation des conquêtes qu'elle ferait en Allemagne. On n'a fait que précipiter l'unification des Allemands, et, après une guerre désastreuse, on a vu un empire formidable remplacer auprès de la France démembrée la paisible confédération de 1815. Comment ces desseins qui se préparaient depuis tant d'années avaient-ils été conjurés jusque-là, si ce n'est par la politique prévoyante et prudente que la France avait suivie à Vienne ? Comment, au début même de la crise, en 1864, la catastrophe pouvait-elle encore être évitée, si ce n'est par cette même politique ? C'est ce que M. Thiers a établi avec une lucidité merveilleuse. Les conseils qu'il donnait alors au second empire, c'étaient les conseils mêmes que, cinquante ans auparavant, Talleyrand donnait à la première Restauration.

L'historien avait pu être injuste pour Talleyrand et pour son œuvre à Vienne, l'homme d'État lui a rendu une éclatante justice. Sa critique de la politique de Napoléon III est la réhabilitation de celle de Talleyrand. Remontant aux causes de la crise, aux causes mêmes du péril, il les attribue à des déviations de principe :

« Il faut, pour me bien faire comprendre, que je remonte à l'origine de la situation actuelle, que je vous montre en quoi le droit a été odieusement violé, que la France sache avec qui elle pourrait se trouver en faisant choix de certaines alliances ; il faut enfin que je vous montre les erreurs de principe qu'on a commises en Europe depuis quelques années. Le plus grand principe de la politique européenne est que l'Allemagne soit composée d'États indépendants. Le Congrès de Vienne a formellement maintenu ce vieux principe. » (3 mai 1866.)

Ailleurs, traitant la question des alliances, il conclut, comme on l'avait fait en 1814 et pour les mêmes motifs, à l'entente avec l'Autriche :

« Il y a deux puissances dont l'union est déjà toute faite ; toute faite, parce qu'elle est invariable et que personne ne pourra la détruire : c'est l'union de la Prusse et de la Russie.....

« En présence d'un pareil état de choses, quelle est pour la France la puissance essentielle, je ne dis pas son alliée nécessaire, mais la puissance avec laquelle il serait sage de se préparer à pouvoir former des desseins communs ? Cette puissance, c'est l'Autriche. » (13 avril 1865.)

Quelques-uns objectent que c'est une alliance de conservation pure, qu'ailleurs on trouverait gloire et profit. M. Thiers leur répond :

« La Prusse voudrait se servir des idées allemandes pour

aboutir à un résultat qui est connu de toutes parts. Allez partout en France, et vous verrez si cette politique, qui tendrait à refaire l'ancien empire germanique, serait populaire. Non, il y a trop de bon sens en France pour qu'une pareille politique pût être accueillie, et permettez-moi d'ajouter que, lors même qu'elle vous apporterait un accroissement de territoire quelconque, cette politique n'en deviendrait que plus honteuse, car elle aurait consenti à recevoir un salaire pour la grandeur de la France, indignement compromise dans un prochain avenir. » (3 mai 1866.)

Talleyrand prévoyait ce danger dès 1814. C'est pour le conjurer qu'il avait suivi la politique que j'ai essayé de résumer et d'expliquer dans cette étude.

L'ALLIANCE RUSSE

ET

LA RESTAURATION

Il y a des légendes en diplomatie. L'une des plus accréditées rapporte qu'en 1830 le gouvernement de la Restauration avait contracté avec la Russie une alliance intime qui aurait rendu à la France les frontières du Rhin. Depuis lors, on a tiré de cette légende maint système politique et des conséquences absolument chimériques. Nous connaissons maintenant la vérité sur les rapports de la Russie et de la France pendant la Restauration; nous connaissons aussi les principaux détails du singulier épisode de 1829, qui a si fort excité l'imagination des romanciers de la diplomatie. Personne plus que M. de Viel-Castel n'a contribué à jeter la lumière sur nos relations extérieures de 1814 à 1830. Le tome XX, qui couronne si dignement l'*Histoire de la Restauration,* nous fournit sur le *grand dessein* de M. de Polignac des renseignements aussi complets que précis [1]. Essayons de les résumer.

[1] Voir également : NETTEMENT, *Histoire de la Restauration.*

I

Dès l'année 1815 et au lendemain même de la chute de Napoléon, il s'était formé dans la coalition victorieuse deux courants politiques fort divergents : d'un côté, l'Angleterre et l'Autriche, qui voulaient maintenir le système de l'Europe tel que les traités de Vienne l'avaient organisé; de l'autre, la Russie et la Prusse, qui, tout en demeurant fidèles aux idées du Congrès de Vienne, désiraient en modifier à leur profit les applications. La Prusse, après Waterloo, aurait voulu démembrer le territoire français et écraser le pays par les contributions de guerre. L'Autriche avait montré moins d'âpreté dans ses velléités de revanche; mais elle ne dissimulait en aucune occasion son hostilité pour le gouvernement de la Restauration : Metternich n'aimait point les Bourbons, et il exécrait le gouvernement constitutionnel.

L'Angleterre et la Russie, qui s'étaient unies pour mettre la France hors d'état de leur nuire, avaient un égal intérêt à se ménager en elle une alliée capable de les servir. C'est ainsi qu'elles avaient à Paris, en 1815, concouru à la défendre contre les vengeances de la Prusse et les convoitises de leurs alliés allemands. Louis XVIII avait profité de cette rivalité; il l'avait habilement entretenue; mais ses goûts personnels et ses préférences politiques le portaient vers l'alliance an-

---

t. VIII, où se trouve le texte des projets de 1829; — PROKESCH-OSTEN, *Histoire de l'émancipation de la Grèce*, t. II et VI, pour les négociations d'Andrinople; — GERVINUS, *Histoire du dix-neuvième siècle*, traduction, XIV et XX.

glaise. Il n'avait qu'une confiance médiocre dans les forces de la Russie; il redoutait les aventures; il croyait qu'il aurait assez fait pour la dynastie s'il rendait à la France, sous un régime de liberté modérée, la paix, le repos et la considération de l'Europe. Enfin il avait, comme Talleyrand, parfaitement compris que ce serait chimère de vouloir séparer la Russie de la Prusse, que l'on n'obtiendrait rien de la Russie sans encourager ses ambitions orientales; que menacée, en cas de guerre avec la Turquie, de l'hostilité de l'Autriche, la Russie ne pourrait rien entreprendre en Orient sans être assurée de l'amitié de la Prusse; que, par suite, toute extension de la puissance russe en Orient aurait pour corollaire une extension de la puissance prussienne en Allemagne, et il n'en voulait pas. « En Italie, c'est l'Autriche qu'il faut empêcher de dominer; en Allemagne, c'est la Prusse », disaient en 1814 les instructions de Talleyrand. C'était certainement la politique la plus sage et la plus conforme aux intérêts aussi bien qu'aux traditions de la France.

Beaucoup de bons Français et de fervents royalistes n'étaient point de cet avis. Ils détestaient les traités de 1815, qui avaient amoindri la France, et ils maudissaient le funeste événement qui avait fait coïncider le rétablissement de la monarchie avec l'humiliation et l'affaiblissement de leur patrie. Ils savaient mieux que personne que la monarchie n'était point responsable de cet événement, que, loin d'avoir acheté leur restauration aux étrangers, les Bourbons, au contraire, avaient, en reprenant le pouvoir, sauvé au moins les frontières traditionnelles de la France; mais ils pensaient que la monarchie ne serait fermement assise que le jour où elle aurait rendu à la

France, non-seulement la paix, mais la gloire et l'éclat.

De même que la Convention et Bonaparte s'étaient inspirés des exemples de Richelieu et de Louis XIV, ces royalistes à leur tour subissaient le prestige des victoires de la République et de l'Empire. Ils rêvaient de donner à l'héritier de Louis XVI au moins un reflet de l'auréole de Napoléon, vérifiant cette profonde parole de Joseph de Maistre : « On se tromperait infiniment si l'on croyait que Louis XVIII est remonté sur le trône de ses ancêtres. Il est seulement remonté sur le trône de Bonaparte[1]. » Les frontières du Rhin, dont la conquête avait été la conception favorite et l'œuvre principale du Comité de salut public de l'an III, étaient pour M. de Chateaubriand un rêve de toutes les nuits[2] : « Les conquêtes du génie des batailles s'écoulent comme un torrent, disait-il en 1822 à M. de Marcellus; la monarchie légitime et traditionnelle seule sait, par l'influence d'une paix solide, faire désirer sa domination, agrandir le pays, fondre en un seul corps les populations et les conserver à la patrie. »

Pour réaliser ces vastes conceptions, il ne fallait compter ni sur l'Angleterre ni sur l'Autriche. La méfiance cauteleuse de Metternich, la jalousie hautaine de l'Angleterre s'opposaient à toute velléité de conquête. L'Angleterre, aurait combattu les tentatives de la France pour étendre ses frontières historiques, avec autant de fermeté qu'elle en avait apporté à combattre les prétentions des Allemands sur l'Alsace, la Lorraine et la Franche-Comté. L'alliance anglaise était nécesssairement pacifique et

---

[1] *Correspondance politique.* — Voir sur ces idées des royalistes l'étude intitulée : *l'Angleterre et l'émigration.*

[2] MARCELLUS, *Chateaubriand et son temps,* p. 246, et CHATEAUBRIAND, *Congrès de Vérone,* t. I, p. 371-372-373.

conservatrice. Si l'on voulait conquérir, il fallait s'adresser aux conquérants et traiter avec les ambitieux. Les mêmes nécessités qui avaient conduit la Convention à chercher dans l'alliance prussienne les moyens d'acquérir la frontière du Rhin, et Napoléon à chercher dans l'alliance russe les moyens de dominer l'Europe, ne laissaient à ces royalistes d'autre ressource et d'autre espérance que l'alliance de la Russie et de la Prusse. Ils avaient, à travers la Révolution et l'Empire, hérité de la haine séculaire que les Français de l'ancien régime portaient à l'Angleterre. L'hostilité religieuse se mêlait chez eux à la rivalité politique [1] : « L'Angleterre perd le monde, écrivait M. de Bonald en 1822, et toutes les illusions ou les perfidies politiques nous viennent du pays où règnent toutes les erreurs religieuses. »

La Russie, il est vrai, était schismatique; et la Prusse luthérienne; mais il y avait entre l'orthodoxie d'Alexandre, le piétisme de Frédéric-Guillaume, confondus dans le mysticisme de la Sainte-Alliance, et le catholicisme de ces diplomates, tous plus ou moins de la lignée de Renée et nourris du *Génie du Christianisme,* de singulières affinités [2]. Ajoutez que, quand l'occasion s'offrit d'esquisser le plan que Chateaubriand et ses amis rêvaient pour l'honneur de la France, la religion y trouvait son compte aussi bien que la politique. La Grèce venait de se soulever, et la Russie conviait l'Europe à la délivrance des chrétiens opprimés par l'infidèle. Depuis la retraite de M. de Talleyrand, dit l'éminent historien de la Restauration, une alliance étroite avec le cabinet de Saint-Pétersbourg fut le but vers lequel

---

[1] MARCELLUS, *Politique de la Restauration.*
[2] CHATEAUBRIAND, *Mémoires,* t. VII, p. 422, et *Lettres de M. de Villèle,* 1822, p. 424.

tendirent tous les ministres des affaires étrangères de France, à quelque nuance d'opinion qu'ils appartinssent. Ce fut en quelque sorte la tradition du cabinet.

Le moment était propice : tout annonçait une crise générale des affaires en Europe. On pouvait croire que la Russie aurait besoin de la France, et que si la France servait ses desseins, elle s'en montrerait reconnaissante. Mais, avant de s'abandonner à de si flatteuses espérances, avant de faire sortir la France de la réserve qui lui avait reconquis le respect de l'Europe, avant de la rejeter dans les grandes querelles des États et de la compromettre au profit d'un des partis qui se disputaient la domination du continent, il convenait de se demander si la Russie serait disposée à entrer dans les combinaisons de la France, et si la France pouvait entrer dans les combinaisons de la Russie.

II

Les dispositions de la Russie ne semblaient point douteuses : elle ne perdait aucune occasion de les afficher. C'est qu'elle avait réellement besoin de la France, dans l'avenir, si la guerre éclatait avec l'Autriche et l'Angleterre, dans le présent, pour contenir et balancer l'opposition de ces deux États. Le gouvernement français était représenté à Pétersbourg par un ambassadeur qui joignait à de remarquables talents diplomatiques l'esprit le plus distingué et le plus noble caractère, M. de la Ferronnays. Alexandre lui montrait autant de considération que de confiance. La considération était sincère : la Ferronnays l'imposait ; il y avait beaucoup d'art et de calcul dans la confiance. Le Tsar et ses serviteurs excellaient à flatter, à caresser, à *enguirlander*, comme ils aimaient à le dire, et ils savaient bien qu'avec des Français aussi ardemment épris de la grandeur de leur patrie et des royalistes aussi convaincus que la Ferronnays, flatter la France, croire à ses forces présentes et l'encourager aux grandes espérances, était le plus sûr moyen de gagner leurs cœurs et de séduire leur raison. Capo d'Istria, qui poussait le Tsar aux entreprises orientales, lui représentait qu'avec l'alliance de la France il lui suffirait de laisser en Pologne une armée d'observation, et qu'il serait maître de faire en Turquie tout ce qui lui conviendrait[1]. Alexandre se décida à faire des ouvertures. Le 19 juillet 1821, il eut avec M. de la Ferronnays un de ces entretiens qui sont dans le goût et la tradition des souverains russes, où les spéculations les plus vastes enveloppent la politique la plus subtile, où l'on interroge en paraissant se livrer, où l'on ne découvre les perspectives de l'avenir que pour éclairer les obscurités du présent, où les offres enfin sont toujours vagues et les demandes toujours précises. Nous connaissons, et par le menu, les entretiens de Nicolas avec sir Hamilton Seymour en 1853. C'est à leur reflet qu'il faut lire les récits de M. de la Ferronnays.

« L'appui odieux et insensé que l'Angleterre et peut-être l'Autriche voulaient prêter à la Porte rend la situation difficile, disait le Tsar ; mais tout deviendrait facile si la France entrait franchement en alliance, avec la Russie ; pour prix de cette alliance elle pourrait demander tout ce qu'elle voudrait. » « Ouvrez, ajoutait-il, ouvrez le compas depuis le détroit de Gibraltar

---

[1] Viel-Castel, t. X, p. 287.

jusqu'au détroit des Dardanelles; voyez ce qui est à votre convenance, et comptez non-seulement sur le consentement, mais sur l'assistance sincère et efficace de la Russie... Votre ancienne politique vous attachait aux Turcs. Leur alliance aujourd'hui vous assurerait peu d'avantages. Regardez la carte pour vous en convaincre. C'est la Russie aujourd'hui que la France doit avoir pour alliée. » Des politiques imprévoyants et peu perspicaces se seraient aisément livrés à la séduction; il y avait pour ceux qui ne connaissaient pas l'Europe quelque chose de fascinateur en ce langage. M. de Villèle, qui savait médiocrement les affaires étrangères, parla, du premier coup, de demander la Belgique et les provinces rhénanes. Mais le duc de Richelieu, qui dirigeait alors le cabinet, connaissait mieux et l'Europe, et la Russie, et le Tsar. Il voulait, avant de se livrer, avoir des sûretés; il savait à quel point, sous ses apparences d'enthousiasme et d'effusion, Alexandre était adroit et méfiant. Il répondit que, malgré tout ce que les propositions du Tsar avaient de séduisant, la France ne pouvait les accepter qu'à coup sûr, lorsque le cabinet de Saint-Pétersbourg aurait pris une résolution irrévocable et *s'il consentait à leur donner la forme de stipulations écrites*[1].

Ce n'était pas seulement de la prudence de la part du duc de Richelieu, c'était aussi un sentiment très-juste des conditions qui seraient nécessaires pour obtenir l'alliance de la Russie et de l'extrême difficulté qu'il y avait alors pour la France à remplir ces conditions. Il y avait beaucoup de fermentation en Europe. Naples s'était soulevée, le Piémont s'agitait, l'Italie tout entière était travaillée par l'esprit de conspiration et de révolte;

---

[1] Viel-Castel, t. X, p. 288.

l'Espagne enfin était en pleine révolution. La Russie, qui apportait autant de zèle à réprimer la liberté politique chez les chrétiens d'Occident qu'à développer la liberté religieuse chez les chrétiens d'Orient, n'entendait point, en préparant une nouvelle des croisade contre les Turcs, s'écarter le moins du monde principes de la Sainte-Alliance. On ne pouvait être à la fois son allié en Turquie et son adversaire en Espagne et en Italie. Si l'on voulait bénéficier de sa politique orientale, il fallait servir sa politique européenne. C'était le premier point, et c'est pourquoi le Tsar pressait la France de faire en Espagne ce que l'Autriche accomplissait à Naples [1], c'est-à-dire intervenir par les armes pour étouffer la révolution et rétablir, au lieu du régime constitutionnel, la monarchie absolue. Il l'y provoquait à Troppau, à Laybach, à Vérone [2]. Il insinuait que si la France hésitait à s'engager, c'est qu'elle était incapable d'agir, que son système de gouvernement lui interdisait la grande politique, qu'enfin l'armée n'obéirait pas à ses nouveaux chefs et refuserait de combattre sous le drapeau blanc. Les conspirations militaires qui se succédaient en France ne soutenaient que trop ces soupçons, et Metternich, qui redoutait par-dessus toutes choses une alliance entre la France et la Russie, excitait sans cesse dans l'esprit du Tsar le doute et la méfiance. « Vous ne voulez donc absolument rien faire? disait M. de Nesselrode aux ambassadeurs français aux congrès de Vérone; eh bien, on vous laissera avec votre Angleterre; vous verrez si vous vous en trouverez bien [3]! »

---

[1] Viel-Castel, t. IX, p. 455.
[2] Chateaubriand, *Congrès*, t. I, p. 221.
[3] Viel Castel, t. XI, p. 514.

Nul langage n'était plus propre à émouvoir les diplomates français. Ils hésitaient cependant, et ils avaient raison. Tout le parti libéral en France était violemment opposé aux interventions armées en Italie et en Espagne. Au moment où l'on s'efforçait, — et c'était la tâche essentielle de la Restauration, — de rétablir la paix sociale en France et d'y fonder le gouvernement constitutionnel, pouvait-on combattre à l'étranger les principes de ce gouvernement? Cela semblait d'autant plus dangereux et impolitique que le parti que l'on voulait regagner par la gloire extérieure était celui qui attaquait avec le plus d'ardeur la politique de la Sainte-Alliance. On recherchait l'alliance russe pour reconquérir l'opinion, et l'état de l'opinion était tel que la chose qui lui répugnait le plus était justement la condition première de l'alliance russe. C'est ce que sentaient Louis XVIII et ses ministres, et c'est ce qui leur inspira la politique prudente et digne qu'ils suivirent aux congrès de 1821 et de 1822. Cette prudence était d'autant plus nécessaire que, quand on pressait quelque peu le tsar Alexandre et que l'on essayait de le faire sortir des brillantes spéculations dans lesquelles il se complaisait, il se montrait tout à coup aussi réservé qu'il paraissait ouvert et aventureux l'instant d'auparavant. « Réunissons-nous, *mais sans traités,* sans rien de spécial », disait-il en 1822 à M. de la Ferronnays [1]. « La France et la Russie réunies feront la loi à l'Europe », ajoutait-il. La Ferronnays n'en doutait pas; mais le premier point à ses yeux était le traité, et il mettait son gouvernement en garde contre les illusions que le langage du Tsar pouvait suggérer. « Le Tsar, écrivait-il, sait parfaitement ce qui convien-

---

[1] Viel-Castel, t. XII, p. 21.

drait à la France, s'il a besoin d'elle; c'est à lui de le proposer; mais il ne faut pas prendre l'initiative à son égard : ce serait un moyen certain de le mettre en défiance et de le faire reculer [1]. »

Ce n'était point l'avis des impétueux et des spéculatifs. Chateaubriand pensait qu'avant tout la France devait faire ses preuves; montrer qu'elle avait un gouvernement capable d'énergie et qu'elle possédait une armée capable de combattre. Il n'y avait qu'un moyen de convaincre Alexandre et de réfuter les calomnies de Metternich, c'était de faire la guerre en Espagne. Chateaubriand la fit. « Cette guerre, disait-il à M. de Marcellus [2], doit être le signal et le premier acte de notre résurrection. Après, il nous faudra la rive gauche du Rhin aussi loin qu'elle peut s'étendre. » La preuve fut faite : l'armée demeura fidèle à ses chefs et fidèle au drapeau. La Russie ne ménagea point les éloges, mais elle ne se montra pas plus disposée à prendre des engagements.

Les années passèrent. Nicolas succéda à son frère Alexandre. Le conflit s'aigrit entre la Russie et la Turquie, et aux antiques querelles des deux voisins se mêla la question désormais européenne de l'indépendance de la Grèce. Dans toutes ces négociations, la France soutint la politique russe; la Russie en profita, mais préférant avec raison la négociation à la guerre, elle sut, en excitant habilement les rivalités, entraîner à la fois dans son jeu la France et l'Angleterre. Habilement exploitée à Londres et à Vienne, la bonne volonté de la France inspira aux adversaires de la Russie une crainte et une

---

[1] Viel-Castel, t. XII, p. 22.
[2] Marcellus, *Chateaubriand*, p. 246.

jalousie profitables. Metternich fut paralysé, et l'on vit, le 20 octobre 1827, une flotte anglaise, unie aux flottes de Russie et de France, détruire à Navarin les forces navales de la Turquie. La guerre éclata le 22 avril 1828 entre les Russes et les Turcs, et la France, d'accord avec l'Angleterre, occupa la Morée.

Ce fut le chef-d'œuvre de la diplomatie russe; mais, si adroite que fût cette diplomatie, elle ne pouvait pas faire l'impossible, et lorsque l'Angleterre et l'Autriche virent les armées du Tsar entrer en Turquie, elles comprirent que l'intérêt européen n'avait été que le prétexte dont se couvraient les ambitions séculaires de la Russie.

L'inévitable crise des affaires d'Orient menaça de nouveau l'Europe d'une guerre générale. Les coquetteries russes redoublèrent alors avec la France. Le moment depuis si longtemps attendu semblait arrivé. Chateaubriand le crut, et, consulté par son ami M. de la Ferronnays, qui, dans le ministère Martignac, avait le portefeuille des affaires étrangères, il lui envoya de Rome, au mois de novembre 1828, tout un plan de politique destiné, selon lui, à relever définitivement l'honneur de la France et à rendre la monarchie glorieuse et populaire [1]:

« L'alliance de la France avec l'Angleterre et l'Autriche est une alliance de dupe, disait-il, où nous ne trouverions que la perte de notre sang et de nos trésors. L'alliance de la Russie, au contraire, nous mettrait à même d'obtenir des établissements dans l'Archipel et de reculer nos frontières jusqu'aux bords du Rhin. » Sans doute,

---

[1] CHATEAUBRIAND, *Mémoires*, t. VIII, p. 377, et MARCELLUS, *Chateaubriand*, p. 327.

ces provinces rhénanes appartenaient en grande partie à la Prusse, et jamais l'intimité n'avait été plus grande entre les cours de Pétersbourg et de Berlin ; Chateaubriand le savait. Il y a, disait-il, à Berlin un parti hostile à la Russie, mais il a pour obstacle « le parti anti-autrichien et surtout les affections domestiques ». Il en concluait que la Russie pouvait en tout cas compter sur la Prusse, et qu'il suffirait d'assurer des avantages aux Prussiens pour les amener à céder le Rhin à la France. Il proposait donc de dire à Nicolas : « Vos ennemis nous sollicitent, nous préférons la paix à la guerre ; nous désirons garder la neutralité ; mais enfin, si vous voulez aller à Constantinople, entrez avec les puissances chrétiennes dans un équitable partage de la Turquie européenne. Celles de ces puissances qui ne sont pas placées de manière à s'agrandir du côté de l'Orient recevront ailleurs des dédommagements. Nous, nous voulons avoir la ligne du Rhin depuis Strasbourg jusqu'à Cologne. »

M. de la Ferronnays jugeait que ce discours serait inutile et peut-être dangereux : il s'en abstint. La France, selon lui, devait attendre la question, et non la poser. Il pensait sur ce point comme le duc de Richelieu ; c'est que, comme lui, il connaissait la Russie. « Pourquoi ne pas chercher à vous rapprocher de nous ? » lui disait en 1825 M. de Nesselrode. « Parce que, répondit-il, l'expérience nous a appris les soupçons que nous vous inspirerions à vous-mêmes si nous allions plus loin avec vous.¹ » C'était à la fois la conduite la plus digne et la diplomatie la plus habile. Le ministère qui, en 1829, remplaça le cabinet Martignac, crut expédient de s'en écarter.

---

¹ Viel-Castel, t. XIV, p. 596.

III

M. de Polignac était arrivé au ministère avec des préférences très-marquées pour l'alliance anglaise; il les rapportait de l'ambassade de Londres. L'air de Paris modifia entièrement ses dispositions. C'est que l'alliance russe n'était pas seulement pour lui, comme pour ses prédécesseurs, une combinaison d'avenir; c'était une nécessité, et une nécessité urgente.

M. de Richelieu et M. de la Ferronnays avaient cru devoir attendre les avances de la Russie et l'avaient pu : leur politique générale était prudente; celle de M. de Polignac était violente, et les aventures au dehors comme au dedans en étaient forcément la conséquence. Il préparait un coup d'État qui devait être suivi d'une réaction complète. Il comprit qu'il devait à la France une compensation, et que, pour l'aveugler, il fallait commencer par l'éblouir. Il n'hésita donc pas à tenter la fortune.

Les précédents ministres de la Restauration avaient, avec plus ou moins de complaisance, écouté les oracles de Tsarskoë-Sélo; tous avaient hésité à frapper à la porte du temple et à demander l'initiation aux grands mystères. M. de Polignac avait toutes les illusions du néophyte, toutes les impatiences et toute l'imperturbable confiance des illuminés.

Les circonstances, d'ailleurs, semblaient favorables, et les conjonctures auraient déçu des politiques moins convaincus de leur mission et moins infatués de leur génie. Les Russes, qui n'avaient point été heureux dans la campagne de 1828, avaient fait de grands préparatifs pour celle de 1829; à défaut de troupes nombreuses, ils avaient beaucoup d'audace, et cette audace leur réussit. Diebitch battit les Turcs devant Silistrie le 11 juin 1829, et, les poussant devant lui, marcha sur les Balkans. Les Russes étaient décidément lancés sur Constantinople; s'ils y arrivaient, et rien ne paraissait plus les en empêcher, l'heure de la crise était proche. L'Autriche était hostile, l'Angleterre irritée, la guerre menaçait de toutes parts. Le langage du Tsar et de ses diplomates annonçait que la Russie se préparait à ce vaste conflit, et qu'elle ferait tout pour entraîner la France à l'y soutenir.

C'étaient des remercîments enthousiastes pour les *bons procédés* dont la France avait comblé la Russie, l'expression chaleureuse du désir « que les circonstances la missent en mesure de prouver par des actes combien ce sentiment était sincère ». Metternich, fidèle aux traditions de son maître, Kaunitz, et toujours prêt à se faire en secret le complice des actes qu'il condamnait publiquement, avait proposé un partage de la Turquie dont la France serait exclue. Le Tsar en instruisit l'ambassadeur de France, M. de Mortemart, et protesta qu'il n'entrerait jamais dans une combinaison de ce genre avec son « loyal et fidèle allié ». Peu de jours après, il invitait la France à réfléchir à l'éventualité d'une chute de la Turquie, ajoutant qu'il croyait pouvoir compter sur la coopération de la Prusse aux projets qu'il concerterait d'avance avec le cabinet des Tuileries.

Ces propos étaient-ils plus sincères que ceux qu'Alexandre tenait en 1821 à M. de la Ferronnays, que ceux que Nicolas tint en 1853 à sir Hamilton Seymour? Le Tsar songeait-il réellement au partage de la Turquie, ou bien, méditant simplement de lui imposer un traité qui la mettrait dans sa dépendance, ne cherchait-il pas uniquement, par l'appât de grands bénéfices, à gagner le concours de la France dans une négociation où la Russie trouverait son avantage sans recourir à l'expédient toujours dangereux d'un remaniement de la carte de l'Europe?

Il est permis de le croire : tandis qu'il sollicitait la France à méditer sur le partage de la Turquie, il demandait à la Prusse de lui préparer un nouveau traité de Kaïnardji. Le Tsar était venu à Berlin au mois de juin, il avait vu son beau-père Frédéric-Guillaume. Il lui avait exposé l'embarras où la guerre de prestige qu'il faisait aux Turcs menaçait de le placer, et la nécessité où il était de précipiter par un coup de partie la conclusion d'une guerre qui épuisait ses ressources. « Sa Majesté, écrivait le 5 juillet le ministre prussien des affaires étrangères, a recueilli de ses entretiens avec S. M. l'empereur de Russie les témoignages les moins équivoques et les plus satisfaisants des dispositions éminemment pacifiques et modérées qui animent ce souverain... Les succès les plus brillants et les avantages les plus réels qu'obtiendraient ses armées, ne l'entraîneront à s'écarter en rien des intentions généreuses et désintéressées qu'elle a hautement énoncées au moment où elle s'est vue obligée de prendre les armes. » Le général prussien de Müffling fut chargé d'exposer aux Turcs les sentiments du Tsar et de les assurer que, s'ils faisaient les premières démarches, ils obtiendraient la paix à des conditions relativement peu onéreuses. Müffling se mit en route; il arriva le 4 août à Constantinople. Le 20, Diebitch entrait à Andrinople. Ainsi, au moment même où le Tsar se montrait si empressé de témoigner dans les combinaisons incertaines de l'avenir sa gratitude envers la France, il invitait la Prusse à lui rendre dans le présent un service signalé. C'est que l'alliance française, si jamais elle devenait nécessaire, coûterait fort cher au Tsar et l'engagerait dans de grandes difficultés, tandis que l'alliance prussienne, dont il était sûr avait le grand avantage de ne l'obliger à rien d'embarrassant pour lui.

Cependant M. de Polignac préparait la reconstruction de l'Europe. M. de Bois-le-Comte, qui venait d'être nommé directeur politique, fut chargé de rédiger le projet. Si chimériques que fussent le ministre et son conseiller, il y avait certaines réalités avec lesquelles ils étaient obligés de compter. L'alliance de la Prusse et de la Russie en était une : ils ne songèrent pas un instant à la dissoudre, et, comme il fallait avant tout pour entraîner la Russie trouver moyen de satisfaire la Prusse, la Prusse devint en quelque sorte le centre et le pivot de leur combinaison : « *La Prusse,* disait le Mémoire de M. Bois-le-Comte, *est le nœud de ce plan, et il faut la contenter.* » On lui donnait la Saxe, en échange des provinces rhénanes, qui passeraient au roi de Saxe, et la Hollande à titre de bénéfice. Le roi de Hollande était transporté à Constantinople et régnait sur les pays placés au sud des Balkans ; les colonies hollandaises passaient à l'Angleterre ; l'Autriche prenait la Bosnie, la Croatie, la Dalmatie turque, l'Herzégovine et la Serbie ; la Russie acquérait la Moldavie, la Valachie et l'Arménie ; la France, enfin, reprenait Landau, la frontière de 1814 du côté de l'Allemagne, le Luxembourg, la Belgique et le Brabant hollandais. « Cette organisation nouvelle de l'Europe, concluait le mémoire, serait dominée par l'idée de l'intérêt de la France, comme celle qui a été faite au Congrès de Vienne l'a été par le désir de nous abaisser et de fortifier les autres puissances contre la France. » A ce point de vue même, le « grand dessein » de M. de Polignac était très-discutable. Sans doute, la France était débarrassée du dangereux voisinage de la Prusse sur sa frontière de l'est, mais elle la retrouvait sur sa nouvelle frontière du nord; l'annexion de la Saxe donnait à la Prusse en Allemagne une consistance et une cohésion qui lui manquaient; l'annexion de la Hollande faisait d'elle une puissance maritime. Enfin, — et cette considération ne pouvait pas et ne devait pas demeurer étrangère au gouvernement de la Restauration, — le plan de M. de Polignac, qui était aussi bien un partage de la Hollande qu'un partage de la Turquie, froissait et violait aussi complétement les principes du droit des gens, que l'avait fait un siècle auparavant le partage de la Pologne. Que l'on admît le principe proclamé à Vienne, la légitimité, ou le principe contre lequel le Congrès de Vienne avait prétendu réagir, la souveraineté nationale, on se plaçait en dehors du droit, et l'on restait purement et simplement dans le système de la force mise au service de la convenance

Ces considérations arrêtèrent-elles le Roi et son conseil? Le fait est qu'ils délibérèrent huit jours sur le projet; mais les discussions paraissent avoir porté beaucoup plus sur l'application que sur le principe. « Le Dauphin, dit M. de Viel-Castel, dominé par le parti militaire dont il aimait à se considérer comme le représentant, et aussi par un certain courant d'opinion qui penchait vers le système des frontières naturelles, demandait les provinces rhénanes au lieu de la Belgique. M. de Polignac lui opposa des raisons péremptoires. L'acquisition des provinces rhénanes nous donnerait une position toute menaçante et agressive envers l'Allemagne : l'Allemagne sentirait sa liberté et son indépendance menacées et nous réunirions de nouveau contre nous et la Prusse, et l'Autriche, et toutes les puissances secondaires... Nous rencontrerions une opposition invincible dans la Russie elle-même, qui ne se trouverait plus intéressée à soutenir nos prétentions, *car ce n'est que contre l'Angleterre que la Russie désire nous renforcer.* » Le conseil fut convaincu ; il adopta le plan de M. de Polignac, et le 4 septembre ce ministre invita M. de Mortemart par une dépêche confidentielle à pressentir, le cas échéant, les intentions du Tsar sur ce sujet [1].

L'occasion ne se présenta pas. Tandis que le conseil de Charles X délibérait sérieusement sur ce projet, monument de déraison chimérique, comme le qualifiait si bien un diplomate français du temps, l'intervention des Prussiens à Constantinople modifiait toutes les conditions du problème. Diebitch était à Constantinople, mais son armée, rongée par la peste et le typhus, s'évanouissait entre ses mains : depuis le mois de mars, on avait reçu dans les hôpitaux quatre-vingt-un mille deux cent quatorze malades; Diebitch disposait tout au plus de trente mille hommes. « Sa position, dit un juge très-compétent, le maréchal de Moltke, si elle se fût prolongée peut-être de quelques jours seulement, aurait suffi pour le précipiter des hauteurs de la victoire dans l'abîme de la ruine. » Mais le prestige était grand, et le général Müffling était là pour en éblouir les Turcs. Ils étaient atterrés : Müffling put à la fois grossir les forces des Russes aux yeux des Turcs et les forces des Turcs

---

[1] MULLER, *Nos frontières du Rhin*, 1867.

aux yeux des Russes. De part et d'autre, on se fit illusion, et comme de part et d'autre on avait un égal besoin et un égal désir de la paix, on la conclut le 15 septembre à Andrinople, aux conditions fort avantageuses d'ailleurs et très-politiques que le Tsar avait indiquées lors de son passage à Berlin.

Lorsque M. de Mortemart reçut les instructions confidentielles du 4 septembre, les circonstances en vue desquelles elles avaient été rédigées n'existaient plus. La Russie avait atteint son but; elle avait franchi une nouvelle étape, et avant de songer à en franchir une autre, elle devait refaire ses forces que les campagnes de 1828 et de 1829 avaient singulièrement ébranlées. La Prusse avait gratuitement rendu à son alliée héréditaire le service auquel la France mettait un si haut prix. Le roi Frédéric-Guillaume reçut, en témoignage de la reconnaissance de son gendre, six des plus belles pièces de campagne conquises sur les Turcs; quant au gouvernement français, il est à croire qu'il reçut de bonnes paroles et de nouveaux encouragements qui amenèrent M. de Mortemart à découvrir, au moins en partie, les plans du cabinet. La Prusse, qui, selon le mot de M. de Bois-le-Comte, était « le nœud de ce plan », fut pressentie, et répondit qu'elle se refuserait à toute combinaison de ce genre. M. de Bernstorff le déclara officiellement par deux dépêches adressées, le 3 janvier 1820, aux ministres de Prusse à Pétersbourg et à Paris : « Le devoir et l'inclination du Roi, dit-il, ne lui permettraient jamais de consentir à séparer de ses États des provinces pour la prospérité desquelles il a fait des sacrifices dont on voit déjà si abondamment les heureux effets. Le cabinet de Prusse profitera de chaque occasion qui se présentera, sans qu'on la recherche, pour convaincre la cour de Russie et celle de France que, sur ce point, la résolution du Roi est irrévocable. »

Ainsi tombèrent les vastes projets rêvés par Chateaubriand et tentés par M. de Polignac. La vérité est qu'en 1830, comme le dit très-bien M. de Viel-Castel, la situation extérieure de la France était aussi satisfaisante qu'on pouvait le désirer. « Assurée de l'amitié de la Russie qui, elle-même était étroitement liée avec la Prusse, la France n'avait rien à craindre de ses ennemies, ou, si l'on veut, de ses rivales naturelles, l'Angleterre et l'Autriche. » La conquête d'Alger, si brillamment accomplie, malgré l'opposition presque menaçante de l'Angleterre, en fournit bientôt la preuve.

La Russie montra en cette occasion autant de bonne volonté que la France en avait montré lors de la guerre de Turquie. C'était beaucoup; en réalité il n'y eut jamais autre chose. Il n'y eut point de traité d'alliance; les Russes firent miroiter souvent de séduisantes promesses; ils ne s'engagèrent à rien, et le jour où la France voulut passer de la spéculation à la politique, l'affaire n'aboutit pas.

La combinaison présentée, non par la Russie, mais par la France, avait pour objet la Belgique, et non le Rhin; loin de tendre à séparer la Prusse de la Russie, elle tendait à transformer en triple alliance l'alliance de ces deux cours; loin de tendre à affaiblir la Prusse, elle tendait à la fortifier; loin d'arrêter les ambitions prussiennes, elle les satisfaisait dans le présent et les encourageait dans l'avenir : elle livrait la Hollande aux Hohenzollern. Enfin, le consentement du roi de Prusse à dépouiller son beau-frère le roi de Hollande, et à céder le Rhin aux Saxons, était le point de départ et la condition nécessaire de l'exécution du projet : le roi de Prusse refusa formellement de s'y prêter.

LES MIRABEAU

« Ciel brûlant, climat excessif, aspect sauvage, promenoirs arides, rochers, oiseaux de proie, rivières dévorantes, torrents ou nuls ou débordés, des hommes forts, durs, francs et inquiets : » ce croquis puissant de l'*Ami des hommes* forme le vrai frontispice de l'histoire des Mirabeau. Les voilà tout entiers, tels qu'ils étaient et dans le cadre qui leur convient. C'est ainsi qu'on se les figure après avoir lu les deux volumes que M. de Loménie a consacrés à leurs origines, et qui devaient être le début d'un grand ouvrage malheureusement interrompu par la mort [1]. L'auteur s'arrête au moment où le plus illustre des Mirabeau, l'orateur et le tribun, apparaît sur la scène. Ce n'est en quelque sorte que le prologue du drame; mais ce prologue en est la clef; bien qu'annoncé seulement et n'apparaissant que dans les épisodes, le Mirabeau de la Révolution remplit déjà tout le théâtre de sa personne et de son nom. Le principal intérêt de ces vastes prolégomènes est de nous expliquer ce personnage prodigieux. — Séparé de sa

[1] *Les Mirabeau, nouvelles études sur la société française au dix-huitième siècle*, par M. DE LOMÉNIE.

race et isolé de son groupe social, il apparaît comme un monstre en bien et en mal. Il faut, pour le comprendre et le juger, le rattacher à ses origines, considérer les instincts qu'il reçut en naissant, les passions qui lui furent léguées et les exemples dont fut entourée sa jeunesse. Le courant qui l'emporte n'en est ni moins trouble, ni moins désordonné; mais on en connaît le cours, on en mesure l'impulsion et l'on aperçoit, au milieu du tourbillon, l'homme qui lutte et qui surnage.

I

« Il y a bien du physique dans ses écarts », disait le marquis de Mirabeau, en parlant de son fils; le marquis aurait pu ajouter : Il y a bien de l'hérédité dans ce physique. Les documents produits par M. de Loménie sont décisifs sur ce point. C'est une terrible et furieuse race. Ils sont tous superbes, emportés, dominateurs, et, lorsque l'amour enflamme ce sang, l'embrasement va jusqu'à la folie. Le hasard même des mariages, loin d'attiédir et de détourner cette ardeur, l'excite et la redouble au contraire. Il semble qu'une sorte de fatalité tragique pèse sur cette maison. Les anciens n'auraient pas manqué d'y voir la marque de la colère des dieux et de reconnaître à ces signes singuliers

........Vénus et ses feux redoutables,
   D'un sang qu'elle poursuit tourments inévitables.

La mère de l'*Ami des hommes*, la grand'mère du tribun, épouse à vingt-trois ans le marquis Jean-

Antoine, qui en avait plus de quarante, et était criblé de blessures. Le bras droit cassé et enveloppé dans une écharpe, il avait, pour soutenir sa tête, un collier d'argent caché dans sa cravate. C'était un guerrier rude, imposant et terrible. Après avoir donné dans ce mariage très-austère l'exemple de toutes les vertus domestiques, la marquise fut atteinte dans sa vieillesse de la plus répugnante démence. « *Fiat voluntas!* disait son fils; mais quel rabat-joie à l'orgueil humain! » N'était-ce qu'un accident et une anomalie? Faut-il voir au contraire dans ce mal mystérieux l'explosion déguisée et comme la revanche de passions longtemps contenues et refrénées? Ce qui est sûr, c'est que ces passions éclatent chez le fils dès sa jeunesse. Il avoue que cette jeunesse fut *fort orageuse* et qu'il fit des *excès étonnants*. « La volupté, écrivait-il à Vauvenargues, est devenue le bourreau de mon imagination, et je payerais bien cher mes folies et le dérangement de mœurs qui m'est devenu une seconde nature. » Il voyait sa faiblesse et il la condamnait, il essaya de la dominer. Le hasard le servit mal. Le mariage absurde et inconsidéré qu'il fit bouleversa sa vie et empoisonna sa race. Il n'y a point à insister sur mademoiselle de Vassan, qui devint la mère du grand Mirabeau. « Tu t'es allié à une femelle qui, sans avoir aucun des agréments de son sexe, en a tous les vices et ceux du nôtre », écrivait au marquis son frère le bailli. « Depuis la création du monde, ajoutait-il, on ne vit pas une femme de l'espèce de celle que Dieu t'a donnée, ni des enfants de l'espèce des tiens. » Le marquis, dans son vocabulaire rabelaisien, ne l'appelait que « le diable de Papefiguière », et il la définit: « un monstre de folie effrénée dans tous les genres. » Ils vécurent cependant quelques années à peu près unis.

Tout dès l'abord sembla se tourner en conjugalité », disait le marquis. Ils eurent onze enfants, puis ils se brouillèrent, et la querelle entre eux commença, bien que sur le ton du drame, par les fameux reproches de Cléanthis à Sosie [1]. « J'ai tout supporté, écrivait le marquis, jusqu'à ce que j'ai appris le *fumier* qu'un honnête homme ne doit pas couvrir de son manteau », et ils se séparèrent.

Ni chez le mari ni chez la femme, ces tempéraments emportés ne trouvaient de frein dans le caractère. « Nature lui avait refusé toute pudeur naturelle. » Elle était joueuse, dépensière ; elle n'avait pas même la pruderie de l'élégance. « Tout en désordre dans sa chambre, enseigne distinctive des filles de joie. » Avec cela, rapace, procédurière et violente au dernier point. « Ma mère, écrivait Mirabeau le tribun, a déchargé sur moi un pistolet, de fureur d'un mot de conciliation que je lui lâchai. » Par-dessus tout cynique : elle ne se contentait pas d'avoir des amants et de les prendre très-bas ; elle tenait à leur laisser un témoignage écrit de ses faveurs. C'était le *fumier* dont parlait le marquis. Quand elle plaida contre son mari, tous les scandales lui furent bons, et elle eut recours à tous les arguments, même les plus avilissants pour elle. Ayant besoin d'attirer ses enfants pour les liguer et les lancer contre leur père, elle s'abaissait à des complaisances indignes et se faisait la complice de leurs adultères. Son libertinage s'accommode sur ce point à merveille avec ses intérêts, et la perversion du goût complète chez elle la perversité de l'esprit. « Elle entre en correspondance avec madame

---

[2] Voir t. II, pages 453 et 458, les lettres du marquis à sa fille et à sa femme.

de Monnier (la maîtresse de son fils), qui lui envoie son portrait et à qui elle permet de l'appeler *ma chère maman*, de même qu'elle nomme *mon gendre* l'aventurier Brianson, amant de sa fille, madame de Cabris [1]. »

Le marquis avait une intelligence forte, des visées très-hautes ; la « folie effrénée » ne l'avait pas atteint, et, tout colère et despotique qu'il fût, il gardait au moins les apparences de la dignité. Il supporta les injures de sa femme, après avoir supporté sa compagnie. « Les vingt ans que j'ai passés avec elle ont été vingt ans de colique néphrétique », écrivait-il. Mais s'il sut se contenir davantage, sa fougue, pour se tourner en autorité, n'en fut pas moins excessive et n'en exerça pas une influence moins fatale sur ses enfants. Il avait la plus haute idée de sa puissance paternelle et de la grandeur de sa maison. Sous ce rapport, c'était un baron du moyen âge, égaré en plein dix-huitième siècle, et tel qu'on en avait revu quelques-uns sous Louis XIV, lors des *grands jours d'Auvergne*. Il écrivit un *Testament politique;* il disait : *mon règne,* en parlant de l'administration de ses biens et de son gouvernement domestique. Ce fut un règne tourmenté, et auquel ne manqua aucun des abus qui perdaient, dans ce même temps, la royauté des vrais souverains. Toute volonté devait plier devant la sienne, et sa volonté ne connaissait d'autre loi que ses emportements, d'autre moyen de conviction que la force. Contre sa femme en démence et son fils en révolte, il ne trouva rien de plus légitime et de plus efficace que la prison sans juges : la lettre de cachet. Il aurait volontiers traité son fils comme Louvois traitait les complices malheureux de ses intrigues:

---

[1] LOMÉNIE, t. II, p. 589.

l'éternelle oubliette du *Masque de fer* ne lui semblait pas un châtiment trop fort pour un homme qui, né de son sang, avait commis le crime de retourner contre lui les indomptables passions qu'il lui avait léguées. « Quant à celui-là, écrivait-il un jour à propos de son fils, mon plan est que l'autorité seule et moi nous sachions où il sera, et qu'à ma mort un billet cacheté l'apprenne à mon substitut. » Il avait d'ailleurs sa pointe de libertinage (voir, par exemple, le portrait qu'il a tracé du duc de Gesvres), et sa plume cynique ne respectait même pas ses enfants. C'est à sa fille, la meilleure, la plus sage, la préférée, madame du Saillant, qu'il adresse, sous forme de lettre et pour la moraliser, cet effronté portrait de la marquise, qu'une lectrice endurcie de Diderot aurait considéré peut-être sans rougir, mais où une fille ne pouvait sans honte reconnaître sa mère. Il vivait publiquement avec madame de Pailly; il l'avait installée en son château, en compagnie de la vieille marquise sa mère; il en fit l'amie de sa fille, et c'est par elle que le fils prodigue cherchait à rentrer en grâce. « Reproche, je t'en prie, à madame de Pailly, très-vivement, écrivait Mirabeau à sa sœur, que dans la lettre de sa meilleure amie il ne se trouve pas un mot d'elle pour le frère de cette amie. Présente-lui mon tendre respect. »

Issu de cette race, élevé dans ce milieu, portant en lui, exaltées par leur combinaison même, la frénésie maternelle et la fougue de son père, nature énorme et prodigue en tous genres, il aurait fallu que Mirabeau fût un prodige plus surprenant encore qu'il ne l'est, pour avoir résisté à l'effort de tant de passions et à la contagion de tels exemples. M. de Loménie, qui a pris le parti du marquis et l'a relevé autant qu'il pouvait l'être, a bien analysé l'influence de ces drames de famille : « Le marquis et la marquise de Mirabeau... travaillent en réalité à enlever à leurs enfants tout sentiment de respect, en se déchirant réciproquement dans leurs confidences avec chacun d'eux, et tout sens moral, en excitant chez eux l'esprit de rivalité, de duplicité, de convoitise, par des promesses d'héritage et des menaces d'exhérédation... C'est ainsi que Mirabeau s'était habitué, sous l'influence des divisions de sa famille, à mélanger une forte dose de fourberie à la fougue naturelle de son caractère et à justifier cette phrase de son père : Faut-il être singe, loup ou renard, tout lui est égal, rien ne lui coûte. » Ainsi s'expliquent et se rattachent à leurs origines les terribles défaillances de caractère qui révoltent chez Mirabeau. On ne peut cependant pas plus les effacer de son histoire que l'on ne peut effacer de sa figure les cicatrices de la maladie qui avait, dès l'enfance et pour jamais, gâté l'étrange et superbe beauté de ses traits. Les aventures scandaleuses, les turpitudes du donjon de Vincennes, les pamphlets et le « fumier » littéraire, tout ce vilain côté de l'intrigue, du besoin et des affaires d'argent, ce fut chez lui le stigmate héréditaire et comme le péché d'origine. La gloire, hélas! n'a pas tout effacé. Le génie était merveilleux cependant. Ce génie, pour la réhabilitation du marquis et de son sang, était aussi de race, et pour l'avoir élevé au degré de puissance où il le porta, Mirabeau n'en tenait pas moins le germe de son père. La filiation entre eux, sous ce rapport, est tout aussi intime, et c'est la belle et essentielle partie de l'œuvre de M. de Loménie d'avoir contribué à la mettre en lumière.

II

Il y a un premier trait qui frappe, parce qu'il est très-marqué et marqué chez tous, c'est l'éloquence, l'ouverture d'esprit, la fécondité, l'aptitude à s'assimiler, à saisir et à présenter les choses par les grandes surfaces, à se répandre à la fois dans tous les sens. Le premier, le grand-père, Jean-Antoine, se distinguait déjà par « son éloquence rapide, son humeur dominante... une audace constante, une hauteur impérieuse adaptée à toutes les manières d'être quelconques ». « Il était, disait de lui son fils, de ces hommes qui, à la guerre, ont le *ressort et l'appétit de l'impossible*. » La mère même de Mirabeau, mademoiselle de Vassan, qui avait si peu de qualités, avait au moins celle-là : « elle avait du trait. » Mais c'est surtout le marquis, l'*Ami des hommes*, qui, avec sa prodigalité de pensées et d'écrits, l'originalité de son style et les singularités de sa carrière, mérite d'être étudié de près et mis en son temps à sa véritable place. « Vous êtes ardent, bilieux, plus agité, plus superbe, plus inégal que la mer, et souverainement avide de plaisirs, de science et d'honneurs », lui écrivait Vauvenargues. Il rêvait de fonder une maison puissante, glorieuse et riche, « de faire, comme il disait, d'une maison en Provence une maison en France ». Il s'y épuisa et s'y ruina. Il pensa un moment à tâter de la politique et à entrer dans la diplomatie. Il y renonça bientôt; le courant de son siècle le saisit; toutes ses ambitions se concentrèrent et s'évaporèrent en utopies. Il se fit réformateur des sociétés et prophète d'avenir. Tocqueville a donné de son œuvre une définition parfaite : « l'invasion des idées démocratiques dans un esprit féodal. » Il y a en lui du haut baron et du révolutionnaire, et il forme, en rassemblant leurs traits, une bien curieuse transition entre deux hommes qui portent le même nom et qui sont si dissemblables, les deux Saint-Simon.

Il a du premier, l'immortel chroniqueur, la fécondité et la séve littéraire, le besoin de parler de tout et d'en parler en toute franchise gauloise de forme et de pensée. Sa correspondance, qui est immense, serait pour la société du dix-huitième siècle ce que les *Mémoires* du duc sont pour la cour de Louis XIV. C'est un style de même famille, abrupt, heurté, indiscipliné, fantasque, mais expressif, neuf et d'un coloris constamment renouvelé aux sources mêmes de la langue, un style à l'eau-forte et à l'emporte-pièce. Il a du second Saint-Simon, le fondateur de la secte, les grandes visées théoriques, les mêmes poussées audacieuses au sein d'une intelligence agitée et encombrée, le même mélange enfin, — et c'est le trait le plus caractéristique, — du spéculatif et du spéculateur, du révélateur social et de l'entrepreneur d'affaires. « Les impulsions de mon esprit et de mon caractère, écrivait-il, sont si rapides que l'une couvre l'autre et semble l'anéantir, mais ce roulis des vagues les ramène, et l'équilibre même n'est chez moi que l'ébranlement des chocs opposés. » C'est ainsi qu'il pensa, qu'il écrivit et qu'il vécut.

« J'ai gâté bien des choses par vivacité et précipitation, disait-il, n'ayant ni talent ni habitude de tout ce que j'ai été obligé de faire comme bâtiment, agriculture... » Son mariage fut sa première spéculation et la pire de toutes. Elle le jeta dans une interminable et inextricable série de procès. Pour les entretenir, il empruntait ; il empruntait pour doter ses enfants, payer ses dettes et lancer les magnifiques opérations dont il attendait la fortune. On le voit successivement entreprendre un canal, acheter un duché en Bretagne pour le défricher, fonder une société par actions pour l'exploitation d'une mine de plomb, affaires toutes plus mal engagées et plus mal conduites les unes que les autres. Il s'entend mieux à l'administration de ses terres ; c'est par là, et par les héritages surtout, qu'il se relève à la fin. Il avait commencé avec 28,000 livres de rente, qui, déduction faite des charges, se réduisaient à 12,000 livres. En 1779, après la mort de son *éternelle* belle-mère, il jouit de 80,500 livres de rente, mais il a une dette de 678,740 livres ; c'est chaque année 51,648 livres à prélever sur le revenu, et voilà la fortune réduite à 29,000 livres de rente. Pour en arriver là, il lui a fallu *un travail surnaturel*. Il est exténué : « Toute ma vie n'a été qu'un tissu de soucis poignants pour l'avenir... et le résultat a été de me forcer à vivre au jour le jour, méthode qui n'est pas meilleure pour vivre que pour régner, et qui, à la fin, met en péril la nef en annihilant le pilote. »

Cet administrateur chimérique prit dans la théorie sa revanche des déceptions de la pratique. N'ayant pu parvenir ni à trouver le repos ni à ordonner sa fortune, malheureux en ménage, désespéré par ses enfants, en guerre avec sa famille et faisant par ses procès le scandale de son monde, il cherche la panacée universelle qui doit « rendre les sociétés paisibles et les hommes raisonnables et vertueux ». Cette panacée, c'est la théorie du *produit net*. Quesnay devient son dieu ; il se fait le prophète de la doctrine physiocratique. Il rêve, avec son maître et ses disciples, d'organiser le monde « d'après les lois physiques nécessaires et invariables qui forment l'ordre naturel évidemment le plus avantageux au genre humain ». Il n'est pas libéral au sens moderne du mot; mais il est libre échangiste. Son idéal est le despotisme éclairé par les principes physiocratiques et gouvernant par les physiocrates. Il écrit sur tout, partout et toujours. Il entasse les mémoires, les livres, les brochures; il laisse plus de manuscrits que de volumes imprimés, et le surplus de sa pensée déborde dans une correspondance où les lettres se comptent par milliers. « Si ma main était de bronze, il y a longtemps qu'elle serait usée. » Et dans cette incohérente et incessante production, les traits saillants et les rayons de lumière surgissent à chaque instant dans le chaos des paradoxes lourds et entassés.

L'étude serait incomplète, et l'un des points essentiels dans la filiation de Mirabeau demeurerait obscur, si à côté du marquis on ne plaçait son frère, le bailli, qu'il aima si tendrement, qui fut son conseil, sa raison, sa consolation, l'honneur du nom, la vertu de la famille, et qui permet de comprendre l'explosion subite d'un génie si large et si humain que celui de Mirabeau au milieu de cette tribu fantasque et tourmentée. Le bailli, tout aussi curieux d'idées, tout aussi spontané dans son style que le marquis, avait de plus l'empire sur lui-même, l'égalité d'âme, l'*æquanimité*, comme il disait, le sentiment et la volonté du respect, la capacité du travail prolongé, enfin surtout le caractère et le bon sens. « C'est un Alceste féodal, dit M. de Loménie; mais il ne se contenta pas de déclamer contre les vices de l'humanité, et, en remplissant tous les devoirs d'une carrière laborieuse, il fut plus occupé encore de faire le bien que de critiquer le mal. » Il était nécessaire de le rappeler, car, pour être moins marquée, sa ressemblance se reconnaît à certains traits et aux plus beaux, dans le tribun.

III

Mirabeau eut de sa mère l'obsession désordonnée des passions, mais à côté des écarts avilissants, le sens populaire et « le don de la familiarité ». Il a de son père l'expression colorée, le mot qui saisit et frappe, la faculté de se disperser, l'emportement du caractère, l'*appétit de l'impossible*. Tout cela chez lui se fond et s'amalgame, grâce à une nature assez féconde pour unir et organiser des éléments aussi incohérents que la frénésie de mademoiselle de Vassan, la fougue intellectuelle du marquis et le bon sens du bailli. Il outre tout, qualités, défauts et vices; mais en les outrant il en tire une harmonie étrange et puissante. Pour en venir là, il lui fallut la révolution française. Sans cette crise violente d'une société tout entière, il se serait consumé dans les luttes misérables et les aventures inférieures où s'était égarée sa jeunesse. « Mirabeau, disait la grande Catherine, était l'être colossal et monstrueux de notre temps; car dans un autre, il aurait été fui, détesté, enfermé, pendu, roué. » Il aurait été en effet condamné à continuer et à finir comme il avait commencé, à reprendre la carrière orageuse du marquis et à reproduire en les grossissant et en excédant toujours, les scandales au milieu desquels il avait grandi. Couvert de dettes, en révolte contre l'autorité de la famille et celle de l'État, en procès avec sa femme, remplissant la France du bruit de ses amours, spéculant, ne reculant pour vivre devant aucune besogne, acceptant pour parvenir et se lancer dans la politique une mission secrète en Prusse, écrivant à tort et à travers, dépensant ses idées et sa verve dans le fatras des productions hâtives, il fût, malgré tant d'efforts, tant d'études et des œuvres aussi pleines de promesses que sa *Monarchie prussienne,* il fût resté un aventurier puissant, un libelliste extraordinaire, mais rien qu'un *fantôme,* comme disait le marquis, et il n'eût laissé à son siècle qu'un original de plus, un grand déclassé, dont l'histoire eût oublié le nom et que le roman seul aurait repris à *son compte.*

Mais donnez-lui la tribune, l'auditoire et les grandes occasions, et vous trouverez en lui l'homme le mieux préparé à ce rôle de gouverneur d'assemblées et de meneur de foules qui lui est réservé. Tout en lui a contribué à former l'orateur et le tribun. Il trouve dans ses études vagabondes des ressources inépuisables d'improvisation. Il sait rassembler les idées répandues dans l'air et les vulgariser. Sa vie orageuse, les intrigues mêmes dans lesquelles il a trempé, lui ont appris l'art de diriger les partis et les hommes au milieu d'une révolution qui met en effervescence une société avide de se régénérer, mais que ces origines condamnent à réformer le monde avec des mœurs corrompues et à fonder la liberté avec les habitudes du despotisme. Sa destinée reste trouble jusqu'à la fin, et il paye chèrement, à l'apogée même de sa gloire, les égarements de sa jeunesse; mais il faut mesurer ses chutes, pour juger de la hauteur jusqu'à laquelle il se relève. Il faut considérer surtout le fond d'humanité, le sens généreux qui se développe chez lui en même temps que la fougue du tribun et l'habileté du politique. C'est sa marque supérieure : le cœur était resté grand. Tandis que Rousseau, ulcéré d'hypocondrie et rongé par sa mélancolie soupçonneuse, rétrécit le monde à sa mesure, cherche dans une révolution sociale le remède au mal dont la source n'est qu'en lui-même, rêve d'imposer aux hommes la perfection qui lui manque, et pousse jusqu'au paradoxe sanglant de la terreur son utopie de liberté abstraite, Mirabeau, qui a tant souffert par les hommes et a fait sur son âme même l'expérience des misères humaines, ne cherche point à rendre les hommes meilleurs; mais les prenant tels qu'ils sont, il veut seulement les affranchir des entraves qui l'ont meurtri; il est et demeure, — autant qu'on pouvait l'être, — un réaliste enthousiaste; il n'aspire qu'à la liberté possible. La révolution lui fournit son élément et le révéla à lui-même. Il étouffait auparavant, et faute de pouvoir se répandre dans sa plénitude et son exubérance, il s'éparpillait, se heurtait aux obstacles et jetait son écume à tous les écueils de la côte. Le tremblement de terre lui rendit l'équilibre.

BERNIS

ET L'ALLIANCE AUTRICHIENNE DE 1756

Il était question depuis longtemps des Mémoires de Bernis. On en attendait une sorte de coup de théâtre et comme une petite révolution rétrospective dans l'histoire de Louis XV. Les deux volumes[1] que nous avons entre les mains renferment, outre le texte des Mémoires, la correspondance intime de Bernis avec Choiseul, et de nombreux extraits de sa correspondance ministérielle. C'est un ensemble de documents d'une lecture très-agréable et d'un grand intérêt historique; mais l'histoire du dix-huitième siècle n'en est pas bouleversée. Les historiens sauront infiniment de gré à M. Frédéric Masson du soin qu'il a apporté à cette édition, de l'érudition qu'il y a déployée, de l'art avec lequel il a mis à leur disposition des matériaux très-précieux. La science tirera profit de cette source nouvelle; les curieux et les amateurs de *révélations* y trouveront peu de chose à glaner. Certains détails et

---

[1] *Mémoires et lettres du cardinal de Bernis*, publiés par M. Frédéric Masson, Paris, 1878, 2 vol.

certains groupes de second plan, certaines nuances assez importantes sont corrigés et rétablis; l'ensemble du tableau reste ce qu'il était, et, si l'image de Bernis prend un peu plus de relief et reçoit un peu plus de lumière, Louis XV, sa favorite et son gouvernement ne sortent de là ni réhabilités, ni même excusés le moins du monde. Sainte-Beuve, qui avait eu entre les mains une copie de la correspondance de Bernis et de Choiseul, en avait tiré un portrait accompli du cardinal[1]. On n'a rien à y ajouter : le lecteur en voyant poser l'original, n'appréciera que mieux la fidélité du peintre. C'est bien « le gentilhomme d'église..., d'un esprit doux, d'une culture rare et d'un art social infini ». Mais toute l'urbanité et toute la politesse du monde ne font point un homme d'État ; Bernis, qui fut un parfait ambassadeur près du Saint-Siége, n'avait ni la tenue d'esprit, ni la trempe, ni le caractère qu'il faut aux meneurs d'hommes et à ceux qui négocient les grandes affaires dans les crises des États. L'homme de douceur et de bon sens aux prises avec l'adversité nous touche par la sincérité de ses larmes et la violence de son effarement; mais son désespoir gêne et embarrasse plutôt qu'il ne pénètre : on sent que le personnage n'est pas à sa place. Philinte n'est pas fait pour les tempêtes, et on le plaint surtout de s'être embarqué. Il gémit, il ne crie pas ; si émues que soient ses doléances, il n'est point pathétique. De là le mélange d'étonnement et de sympathie avec lequel on suit à travers les interminables lamentations de Bernis les épreuves auxquelles furent condamnés sa clairvoyance et son patriotisme.

La partie la plus neuve des Mémoires est celle qui

---

[1] *Causeries du lundi*, t. VIII.

traite de la conclusion de l'alliance de 1756, de ses déviations et de l'origine du *système autrichien*. Duclos en avait fait la chronique plutôt que l'histoire. Il n'est pas douteux qu'il avait reçu les confidences de Bernis, s'il n'avait pas eu communication de ses notes ou même d'une première esquisse des Mémoires. Son récit, qui côtoie celui de Bernis et même dans certains passages en paraît une variante, contenait beaucoup de lacunes ; il péchait surtout par une trop grande complaisance à accepter les allégations du roi de Prusse. Cette prédilection était du siècle et du monde de Duclos ; mais on en peut dire ce que Duclos disait de l'irréligion de Frédéric : « qu'il la professait pour le moins avec indiscrétion. » Bernis remet les objets dans leur véritable perspective et leur rend leur couleur.

I

On s'est, au siècle dernier, mépris sur le traité de 1756, parce qu'on le jugeait avec les idées du dix-septième siècle et d'après le *Testament politique* de Richelieu ; on se tromperait plus gravement en ce siècle si on le jugeait d'après nos expériences récentes et l'histoire de l'Europe contemporaine. Toutes les combinaisons de Richelieu étaient dirigées contre l'Autriche. Les liaisons politiques de la France étaient subordonnées à sa lutte déjà séculaire contre cette maison, dont l'affaiblissement avait été le seul et réel objet du *grand dessein* de Henri IV. L'Angleterre n'entrait alors dans la balance que comme un appoint. C'était un appoint essentiel, à la vérité, et qui peu à peu renversa l'équilibre. Sous Louis XV, les rôles étaient entièrement changés. La France avait tourné son activité vers le commerce et vers les colonies ; la rivalité des nations anglaise et française s'était réveillée, par delà les océans, aussi ardente et aussi implacable qu'aux temps héroïques de la guerre de Cent ans. C'était, en réalité, la souveraineté des mers et l'empire des Indes que l'on se disputait en Europe. Dès lors, toutes les combinaisons de la politique continentale de la France devaient se plier aux exigences de sa politique coloniale. Le roi d'Angleterre avait un pied sur le continent : il était électeur de Hanovre ; le Hanovre était son patrimoine, et il y tenait beaucoup. Ce pays offrait à la France un point d'attaque, un gage à saisir en cas de conflit, et, par suite, un moyen de balancer par la force des armées françaises la supériorité des flottes britanniques. Il fallait à l'Angleterre un appui sur le continent. L'Autriche avait autrefois demandé à la marine anglaise d'occuper les vaisseaux français ; l'Angleterre demanda aux troupes autrichiennes de contenir les armées de Louis XV. L'alliance qui s'était établie entre l'Angleterre et l'Autriche subsista, mais les rôles furent intervertis. La rivalité se perpétua entre les maisons de Bourbon et de Habsbourg ; mais, en cessant d'être directe, elle devint moins âpre. L'Autriche était assez affaiblie pour n'être plus redoutable par elle-même, et l'hostilité des deux États n'étant plus la conséquence de combinaisons plus générales, on put prévoir le moment où des conjonctures nouvelles, des accidents imprévus, ou même simplement le jeu des passions humaines, les amèneraient à se rapprocher et à s'entendre.

L'Angleterre ayant l'Autriche, il fallait que la France eût la Prusse; mais dans cette alliance comme dans l'autre les rapports des alliés s'étaient singulièrement modifiés. La Prusse avait été longtemps une cliente politique de la France. Frédéric l'avait émancipée. Il n'était pas né disciple, et, pour être nouveau venu dans le ciel européen, son astre n'était pas de ceux dont on fait les satellites. Il possédait la meilleure armée de l'Europe; il était son propre général en chef et son propre ministre des affaires étrangères; il savait comment on réussit dans les négociations et comment on triomphe à la guerre; enfin il était le plus libre des penseurs en morale politique dans un siècle qui se piquait en toute chose d'une absolue liberté de pensée. Un souverain de ce caractère n'était pas fait pour soumettre aux intérêts d'autrui ses ambitions et ses calculs. La France s'en était aperçue pendant la guerre de succession d'Autriche[1]. On jugeait à Versailles que Frédéric était un ami peu fidèle et un allié compromettant. On trouvait la Prusse ingrate pour le passé et inquiétante pour l'avenir. On se disait qu'il ne valait pas la peine d'avoir sacrifié tant d'hommes et tant de millions à l'abaissement de la maison d'Autriche, pour élever à côté d'elle, dans l'Empire, une maison plus ambitieuse encore et plus redoutable, sinon par ses forces matérielles, au moins par le génie de son chef. De là, entre Versailles et Berlin, de l'aigreur, des soupçons, de la lassitude, de l'impatience, tout le manége de coquetteries et de petites infidélités qui précède les grandes ruptures. La confiance s'en allait, et les intérêts

[1] Voir dans la *Revue des Deux Mondes*, 1881-1882, les belles études de M. le duc DE BROGLIE.

commençaient à se contredire. « La cour de Versailles, dit Frédéric, comptait le roi de Prusse à l'égard de la France comme un despote de la Valachie à l'égard de la Porte. » — « En rendant trop puissants les rois de Sardaigne et de Prusse, écrivait Bernis, nous n'avons fait de ces deux princes que des ingrats et des rivaux : grande et importante leçon qui doit nous avertir qu'il sera toujours bien dangereux de faire dépendre notre système de leur reconnaissance. » C'étaient, à ne juger que par les impressions d'ensemble et en négligeant bien des nuances essentielles, des rapports assez analogues à ceux de la France avec le royaume d'Italie vers 1866 et 1870, alors que l'Italie voulait aller à Venise et à Rome, et que l'on déclarait pompeusement à la tribune française, tantôt qu'elle n'attaquerait point l'Autriche, tantôt qu'elle n'entrerait point dans la cité des papes.

Comme l'Italie, sous Napoléon III, la Prusse, sous Louis XV, avait dans l'opinion un soutien puissant parmi les partisans des idées nouvelles. Frédéric était le souverain selon l'esprit du dix-huitième siècle, et la « philosophie » exerçait alors dans les combinaisons politiques l'influence que l'on a vu prendre de nos jours au « principe des nationalités ». Enfin l'alliance prussienne avait pour elle la grande tradition des alliances protestantes. Les politiques de la vieille école, qui ne se payaient point de mots et se souciaient peu des apparences, se consolaient des infidélités de Frédéric en considérant que la France avait besoin de lui et qu'il reviendrait quand il aurait besoin de nous, puisque, disait d'Argenson avec cette indifférence aux principes qui était alors le ton des hommes d'État, « les sentiments des princes sont à l'enchère de leurs intérêts ». Mais tout le monde n'était point de cet avis, et Frédéric avait contre lui quelqu'un qui avait, sinon plus d'esprit, au moins plus d'influence que tout le monde, madame de Pompadour. Le roi de Prusse s'était moqué d'elle, et le roi de France l'avait pris en très-mauvaise part. Louis XV avait d'ailleurs peu de goût pour Frédéric : le cynisme du philosophe de Sans-Souci offusquait la dévotion agitée du Roi Très-chrétien. Louis était simoniaque à sa manière, et cherchait à couvrir par son orthodoxie le crédit illimité qu'il demandait à la morale.

L'Autriche avait regagné de ce côté tout le terrain que perdait la Prusse. Marie-Thérèse, qui, toute vertueuse qu'elle fût de sa personne, était fort experte en casuistique, avait su en même temps flatter les goûts du Roi et caresser sa conscience. Kaunitz, pendant son ambassade à Paris, s'était insinué fort avant dans les bonnes grâces de madame de Pompadour. L'Autriche avait ses émissaires comme la Prusse avait les siens ; elle travaillait l'opinion, et elle opposait à la phalange assez indisciplinée des « philosophes » de Frédéric la coalition singulière de la favorite et des dévots. « Il y a à notre cour, disait d'Argenson, un gros parti pour la cour de Vienne ; l'Autriche a toujours eu chez nous des émissaires ; ce sont toutes manières jésuitiques que celles de cette cour, pour déguiser l'envie de nuire et d'absorber, en vertu, en bonne volonté et en souplesse. J'entends donc ces émissaires dire que la maison d'Autriche d'aujourd'hui n'est plus celle d'autrefois pour la force, qu'elle est faible, au contraire, qu'elle a besoin de nous et que nous devrions nous lier intimement avec elle. Je connais ces insinuations, et c'est à les avoir combattues que je dois ma disgrâce de 1747[1]. » Kaunitz

---

[1] *Journal et Mémoires*, édition RATHERY, t. IX, p. 85.

et l'Impératrice avaient atteint leur but ; Louis XV, qui « avait désiré toute sa vie avoir la cour de Vienne pour alliée », le désirait « passionnément [1] » en 1755. C'est que tout annonçait une nouvelle agression de la part des Anglais, et qu'une guerre longue et acharnée menaçait de nouveau de mettre aux prises les deux États.

Telle était la situation que trouvait Bernis lorsqu'il revint de son ambassade de Venise dans l'été de 1755. Il a, d'une touche très-discrète et très-fine, dépeint l'état d'esprit de Louis XV en ce moment : « Madame de Pompadour m'apprit que M. de Kaunitz, pendant son ambassade, l'avait souvent sollicitée d'engager le Roi à se rendre au désir que l'Impératrice avait de s'allier avec la France ; que le Roi avait toujours souhaité cette liaison par amitié et estime pour l'Impératrice, par un motif de religion, et aussi par le peu de confiance que lui inspirait le roi de Prusse, qui lui avait fait de nombreuses infidélités et pouvait lui en faire encore. Je compris, par ce qui me fut dit, que l'alliance du roi de Prusse pesait au Roi, tant à cause de la *différence des religions*, qu'à cause des propos peu mesurés que le roi de Prusse avait souvent tenus sur son gouvernement et *sur des objets relatifs au Roi*. Je vis qu'on était un peu choqué du ton léger que le marquis de Brandebourg prenait avec une couronne telle que celle de la France. »

[1] *Bernis*, t. I, p. 226-241.

II

Si l'on était choqué du ton, on devait l'être encore bien davantage des procédés. Louis XV souhaitait l'alliance autrichienne, Marie-Thérèse en avait préparé la conclusion, Frédéric la rendit nécessaire. Il était uni à la France par un traité d'alliance défensif signé en 1741 et qui expirait le 5 juillet 1756. Dans l'été de 1755, et la guerre existant de fait entre la France et l'Angleterre, les Anglais insinuèrent à Berlin l'idée d'un traité d'alliance et de garantie. Frédéric les écouta, et dès le mois d'août les deux cours étaient d'accord sur les principes. C'était la défection. En s'alliant avec l'Angleterre, en lui garantissant la possession du Hanovre, Frédéric interdisait à la France les diversions dans le nord de l'Allemagne, et ces diversions étaient justement pour la France l'objet principal de l'alliance prussienne. Il est vrai que Frédéric, tranquille désormais dans le nord de l'Allemagne, n'aurait pas été fâché de susciter entre la France et l'Autriche une guerre dont il aurait retiré tous les fruits. C'eût été un coup de maître. Il le tenta, et son ministre en France fut chargé de suggérer « qu'il fallait prévenir ses ennemis; que tandis que le Roi entrerait dans les Pays-Bas, son maître était prêt à entrer en Bohême à la tête de cent quarante mille hommes ». C'est pendant un séjour que la cour fit à Compiègne entre le 4 juillet et le 11 août 1755 que M. de Knyphausen soufflait ces propos à l'oreille de Bernis, et « prêchait ensuite sur les toits » ce qu'il confiait sous le plus grand secret au diplomate français.

C'est aussi pendant un séjour de la cour de France à Biarritz qu'un siècle plus tard, en 1865, un autre ministre prussien insinuait à son tour l'idée d'une alliance contre l'Autriche et d'une annexion de la Belgique. Les hommes changent en Prusse, les traditions subsistent, et mal en prend à ceux qui les ignorent ou qui n'en tiennent pas compte. Ce ne fut pas le cas de Bernis. « Si j'étais ministre des affaires étrangères, dit-il à Knyphausen, voici ce que je penserais de la véhémence avec laquelle vous prêchez la double invasion de la Bohême et des Pays-Bas : je croirais que votre maître veut nous engager pour ses intérêts dans une guerre avec la cour de Vienne, et que, si l'offre était refusée, il se croira quitte envers nous et prendra peut-être des arrangements avec nos ennemis sous prétexte de se mettre lui-même à couvert. »

Bernis n'attendit pas longtemps la confirmation de cette juste conjecture. Un mois après sa conversation avec l'envoyé prussien, il fut chargé par Louis XV d'entrer secrètement en conférences avec M. de Starhemberg, ministre d'Autriche. Il le vit à Bellevue, le 7 septembre. Starhemberg lui révéla les négociations du roi de Prusse avec l'Angleterre. Il offrit en même temps à Louis XV, « s'il voulait se séparer de la Prusse et contribuer aux frais de la guerre destinée à mettre des barrières à son ambition, de convenir de l'échange d'une partie des Pays-Bas autrichiens contre les trois duchés que l'infant don Philippe possédait en Italie; d'assurer la couronne de Pologne à un prince protégé par la France; de rétablir notre crédit en Espagne; de nous associer étroitement avec la Russie et d'agrandir les alliés respectifs de la France et de l'Autriche ». C'était, dit Bernis, « un plan fort étendu » et qui présentait à Louis XV « des avantages qui devaient intéresser son cœur ». L'infant don Philippe de Parme avait épousé madame Louise-Élisabeth, fille de Louis XV, et, sans parler des acquisitions directes que la France pourrait obtenir au cours de la négociation, il y avait tout intérêt à établir en Belgique un prince allié à la maison de France et placé dans sa dépendance immédiate.

L'offre était séduisante; mais Bernis trouvait le plan trop vaste et trop scabreux. La guerre avec la Prusse en serait la première conséquence; le renversement de tout le système de la France en Europe en serait l'inévitable résultat. Cependant il n'y avait point à hésiter sur le fond : en passant à l'Angleterre, Frédéric nous laissait isolés sur le continent, exposés à une attaque de l'Autriche. Si la France ne prévenait point cette attaque en se liant à la cour de Vienne, elle devait craindre de voir cette cour former avec l'Angleterre et la Prusse la plus redoutable des coalitions. Bernis crut qu'il y aurait moyen de tout concilier en concluant avec l'Autriche un traité de garantie. On amènerait le roi de Prusse à y accéder, et la France, tranquille sur le continent, pourrait consacrer toutes ses ressources à la guerre maritime et coloniale contre l'Angleterre. Ce coup de partie serait la meilleure et la plus adroite manière de paralyser les desseins hostiles de l'Angleterre et la défection du roi de Prusse.

Rien en effet n'était plus politique; mais, dans le temps même où l'on préparait la négociation de ce traité, on vit paraître les causes qui devaient promptement transformer en un système néfaste une des combinaisons les plus sages qui se pût concevoir. Il y avait un antagonisme à peu près absolu entre les intérêts de la France et ceux de l'Autriche; non-seulement il était impossible aux deux États de s'entendre sur le système général de l'Europe, mais, dans l'alliance même qu'ils essayaient de nouer, ils avaient en vue des objets trop opposés pour qu'une équitable transaction pût les concilier. La France ne poursuivait que l'Angleterre, et il lui fallait la paix sur le continent; l'Autriche ne poursuivait que la Prusse, et il lui fallait la guerre continentale. C'était une idée fixe chez Marie-Thérèse de reconquérir la Silésie, de prendre la revanche de la guerre de succession et de réduire à tout jamais la Prusse à l'impuissance. Si, malgré les objections de beaucoup de ses conseillers, elle se décidait à se rapprocher de la France, c'était uniquement pour armer contre Frédéric une coalition formidable dans laquelle elle espérait bien entraîner la Russie. La neutralité et le traité de garantie proposés par Bernis n'avaient donc aucune chance d'être accueillis à Vienne, et comme le roi de Prusse avait, le 16 janvier 1756, traité avec les Anglais et consommé sa défection, comme il fallait absolument s'assurer l'amitié de l'Autriche, il dut lui accorder davantage, et c'est ainsi que fut signé le Ier mai 1756 ce fameux traité de Versailles dont il a été tant parlé. C'était un traité d'alliance défensive et de garantie : tous les États, sauf l'Angleterre, pouvaient y accéder, et, grâce à cette clause, il restait quelque chance de revenir au plan de neutralité continentale qui était si favorable à la France. Il avait été établi de la façon la plus formelle que, malgré les torts et les infidélités du roi de Prusse, Louis XV n'entendait prendre aucun engagement offensif envers ce prince avant l'expiration de leur alliance, c'est-à-dire avant le mois de juillet 1756, et seulement dans le cas où Frédéric se rendrait « infracteur de la paix ». Le traité garantissait la paix de Westphalie, et, par suite, ne changeait point en principe les relations de la France avec le corps germanique. C'était une œuvre de prudence, et elle avait été sagement accomplie. « Le parlement d'Angleterre, dit Voltaire, appela cette union monstrueuse; mais étant nécessaire, elle était très-naturelle [1]. »

Bernis aurait bien voulu en rester là. « Si j'en avais été cru rapporte-t-il, on s'en serait tenu au simple traité de Versailles. » Mais il comptait sans les ambitions secrètes de Louis XV, sans les intrigues de madame de Pompadour, sans les passions de Marie-Thérèse et le diabolique génie de Frédéric. L'alliance défensive, c'était pour l'Autriche la portion congrue. Tandis que la France, en signant le traité de Versailles, avait la ferme intention d'engager le roi de Prusse à y accéder et d'éviter ainsi la guerre continentale, Marie-Thérèse comptait par la publication de ce même traité décider Frédéric à prendre l'offensive, à se donner les torts de l'agression et à forcer ainsi, bon gré, mal gré, la France à s'engager dans la guerre européenne. Une fois les troupes en campagne et l'amour-propre en jeu, elle espérait, par la promesse de quelques cessions en Belgique et l'établissement des infants de Parme dans les Pays-Bas, attirer entièrement la France dans son camp. Elle y parvint, et ce plan fut exécuté avec une habileté consommée.

Dans le temps où l'Autriche négociait l'alliance défensive à Versailles, au mois de mars 1756, elle offrait à Pétersbourg une alliance offensive, et demandait si la Russie « était prête à attaquer immédiatement le roi

---

[1] *Siècle de Louis XV*, chap. XXXII.

de Prusse, en déclarant que Marie-Thérèse avait une armée de 80,000 hommes tout préparés [1] ». C'était bien plus qu'il n'en fallait pour jeter hors des gonds un homme comme Frédéric. Bernis avait très-sagement prévu que la publication du traité déciderait ce prince à attaquer brusquement la Saxe et la Bohême, et qu'il n'attendrait pas, pour battre en détail ses adversaires, qu'ils eussent pris le temps de former leur coalition et de joindre leurs forces. Pénétrant le dessein de l'Impératrice et convaincu qu'elle parviendrait, si ce n'était fait déjà, à entraîner la France dans son parti, Frédéric éconduisit avec la dernière impertinence le ministre de France, et mit l'Autriche en demeure de s'expliquer sur ses intentions. La cour de Vienne trouva la question « indécente » et répondit qu'elle s'en tenait aux traités existants. C'était ce qu'attendait Frédéric. Comme il était prêt et que l'Autriche ne l'était pas, il se jeta sur la Saxe et marcha sur la Bohême. La cour de Vienne poussa les hauts cris; le fait est qu'elle avait désiré être attaquée, qu'elle avait tout fait pour cela, et qu'elle ne pouvait se plaindre que d'une chose, c'est que Frédéric ne lui eût point demandé son heure. « Elle était à peu près d'accord avec nous sur le fond des choses, dit Bernis; elle se hâta donc d'embarquer l'affaire, de crainte que quelque événement ou quelque circonstance ne nous empêchassent dans la suite de prendre ouvertement son parti : elle considéra qu'elle n'aurait jamais eu si belle occasion de réduire le roi de Prusse; que, la guerre commencée, les négociations seraient plus vives et les déterminations plus promptes; que la cour de Russie, qu'elle avait tâtée depuis longtemps, se déter-

---

[1] MARTENS, *Traités de l'Autriche et de la Russie*, t. I, p. 186.

minerait plus aisément après l'invasion de la Saxe et de la Bohême,.. et qu'enfin, si le roi de Prusse avait d'abord quelques succès, la scène changerait bientôt, par la réunion des forces des plus puissantes monarchies. »

III

Le raisonnement était juste, au moins en ce qui concerne la France. Nous touchons ici le point essentiel en cette étude, point demeuré jusqu'à présent assez obscur et sur lequel les Mémoires de Bernis jettent une pleine lumière. C'est le moment où les rôles se renversent, où la France modifie tout son système, et où l'alliance, en changeant d'objet, change de caractère. Jusque-là, les diplomates français n'avaient eu qu'un but : l'Angleterre, et c'était pour pousser à fond la guerre anglaise qu'ils avaient conclu l'alliance de 1756; désormais cette alliance dévie, et la France va se laisser aller peu à peu à mettre sa guerre maritime au second plan : elle oubliera l'Angleterre pour s'acharner contre la Prusse, et consacrera toutes ses forces à cette guerre continentale que l'alliance de 1756 avait justement pour objet d'éviter ou au moins de limiter.

Bernis lui-même, tout prudent et avisé qu'il fût, se laissa entraîner par la passion générale. « Je voulais, dit-il, assurer au Roi la place qui lui convient en Europe, à mes amis une considération stable, à moi une grande réputation. » Il se proposait « de couper par la racine tous les germes de guerre entre la cour de Vienne et la nôtre pour le présent et pour l'avenir; de détacher des Anglais leurs principaux alliés; de ménager ensuite à la France des ports, des places, des ressources, enfin des avantages et des positions maritimes capables d'inquiéter et même d'affaiblir le commerce et la marine de l'Angleterre ». Il crut y parvenir par le traité du 1ᵉʳ mai 1757. Ce traité, qui engageait définitivement la France dans la guerre d'Allemagne, l'obligeait à fournir à l'Autriche un corps auxiliaire de 100,000 Français et 6,000 Allemands, et à lui payer un subside annuel de 12 millions de florins; l'Autriche nous promettait, le jour où elle aurait repris la Silésie : la cession de Chimay, Beaumont, Ostende, Nieuport, Ypres, Furnes, Mons et Knocque; le reste de la Belgique serait accordé à l'infant don Philippe, en échange de son établissement en Italie, qui passerait à l'Autriche.

« J'ai été trompé, dit Bernis, sur l'espérance que tout serait fini en une campagne. » Il faut lui rendre cette justice qu'il fit son possible pour y réussir. Il rêva d'abord d'armer par des subsides tous les Allemands contre la Prusse. Il épargnait ainsi l'armée française et ramenait par ce détour l'alliance aux traditions de Richelieu. « L'Allemagne, dit-il, qui est la seule puissance par qui la France ait à craindre l'envahissement de ses frontières, se serait épuisée contre elle-même. » C'était un plan à la Pitt : Bernis n'avait point l'étoffe nécessaire pour l'exécuter, et Louis XV n'était capable ni de soutenir un dessein de ce genre, ni de supporter un ministre qui l'aurait conçu. L'Autriche enfin n'en voulait pas : l'affaiblissement de l'Empire n'entrait point dans ses vues; elle rêvait de le restaurer à son profit, et non d'y maintenir la prépondérance française. D'ailleurs, elle voulait, pour combattre, des Français et non des Allemands. Louis XV avait des moments d'exaltation royale, mais il n'y eut jamais en lui qu'un pâle et fugitif reflet de François Ier. Il sentait le point d'honneur, et le roman de chevalerie tentait son imagination. C'était tout, et il en restait aux velléités. Henri IV aurait dominé Marie-Thérèse dans les négociations et balancé sur le champ de bataille la fortune de Frédéric. Louis XV se fit exploiter par l'Autriche et battre par la Prusse.

La guerre fut désastreuse. Tout y fut sacrifié à reconquérir la Silésie. Bernis eut l'intelligence de voir le péril et le courage de le montrer. Dès le 13 décembre 1757, il parla de faire la paix, et ce fut son thème jusqu'à sa disgrâce en décembre 1758. Il jugeait la partie perdue, il discernait les causes de nos défaites et des victoires de Frédéric. « A tous les talents militaires, écrivait-il, il joint les ressources d'une administration éclairée, d'une décision prompte, et tous ces moyens que la vigilance, l'adresse, la ruse et la connaissance profonde des hommes et des cabinets lui fournissent. » En France, il n'y avait ni administration, ni gouvernement, ni armée. « Tout ceci se décompose; on a beau étayer le bâtiment d'un côté, il croule de l'autre. » « Nous touchons au dernier période de la décadence... » « Où est Colbert pour trouver les moyens? Où est Louis XIV pour inspirer cette âme qui est la première de toutes les ressources d'un État... » « *Nous n'avons ni généraux, ni ministres.* Je trouve cette phrase si bonne et si juste, que je veux bien qu'on me comprenne dans cette catégorie... »

Mais à quoi bon insister sur cette agonie de la France et ce désespoir, un peu mesquin parfois dans l'expression, mais sincère au fond et vraiment touchant, de Bernis? Le tableau a été peint de main de maître [1],

---

[1] SAINTE-BEUVE, *Causeries du lundi*, t. VIII. *De l'état de la*

et le public a maintenant les documents sous les yeux, y compris cette terrible lettre du 31 mars, qui sonne le glas de la monarchie, et dont Sainte-Beuve disait qu'après un siècle on ne pouvait encore la lire sans rougir. Bernis tomba, et comme l'expose son éditeur, M. Frédéric Masson, dans un excellent précis des négociations de 1758, « à l'extérieur, la cause principale de sa chute a été qu'il voulait la paix, comme à l'intérieur la cause de sa chute a été qu'il voulait remédier aux abus de dépense ». Ce fut, parmi trop de marques d'insuffisance, le grand mérite de Bernis, et ce sera désormais sa justification devant l'histoire, d'avoir, dès l'abord et dès la première entrevue avec l'envoyé d'Autriche, aperçu les dangers de l'alliance, d'avoir ensuite reconnu en quoi elle était nécessaire, comment elle pouvait devenir périlleuse, puis, après s'être fait illusion un moment sur les avantages qu'on en pourrait tirer, d'avoir proposé de faire la paix, d'abroger le traité de 1757, de renoncer à l'idée « de partager la peau d'un ours qui sait mieux se défendre qu'on n'a su l'attaquer », et de revenir aux arrangements prudents et défensifs de 1756.

En cela il était d'accord avec l'opinion publique. Sans connaître le secret des négociations, les contemporains avaient un sentiment très-juste de la réalité : « La nation, dit Bernis, avait applaudi au traité de Versailles parce qu'elle avait *follement* cru qu'il nous donnerait la paix. » Elle se crut trahie quand elle vit la guerre portée en Allemagne, les colonies en péril, la marine en désastre et les côtes exposées aux descentes des Anglais.

France sous Louis XV. — Voir aussi l'*Esprit public au dix-huitième siècle*, par M. AUBERTIN, troisième période, chap. I.

La nation détestait l'Angleterre et ne comprenait point qu'on compromît les résultats d'une guerre nationale pour soutenir une cause qui nous touchait si peu. « Notre nation est plus indignée que jamais de la guerre, disait Bernis en avril 1758. On aime ici le roi de Prusse à la folie, parce qu'on aime toujours ceux qui font bien leurs affaires; on déteste la cour de Vienne, parce qu'on la regarde comme la sangsue de l'État. » Ce dernier sentiment était juste, et l'expression n'est pas trop forte. Marie-Thérèse usait de tous les moyens et de tous les arguments pour arracher à la France son dernier homme et son dernier écu. « On nous gronde toujours, écrivait Bernis le 20 août 1758... Si l'on est sincère, on devrait s'intéresser à notre conservation; mais *on paraît vouloir tirer de nous la quintessence, sans s'embarrasser de ce que nous deviendrons.* »

C'était le jeu de l'Autriche : démembrer la Prusse et ruiner la France du même coup, on comprend qu'un tel succès la tentât; mais on ne saurait absoudre Louis XV d'avoir subordonné au point où il l'a fait les intérêts de la France à ceux d'un État étranger. « Le Roi, disait très-bien Bernis, peut-il sacrifier à l'héroïsme de la fidélité un royaume qui appartient à ses enfants autant qu'à lui?... Je croirais être coupable à jamais devant Dieu et devant les hommes, si je laissais le Roi s'abîmer pour toujours. » Il plut au Roi de se perdre, Bernis fut disgracié. « Surtout, écrivait-il à Choiseul, surtout faites *en sorte que le Roi ne reste pas dans la dépendance servile de ses alliés.* Cet état serait le pire de tous. » Cet état dura jusqu'en 1763, et l'on sait comment finit la guerre. La nation eut le sentiment profond de la décadence dans laquelle le gouvernement était tombé, de la politique insensée qui, détournant la guerre de son objet, avait sacrifié nos colonies à l'agrandissement de l'Autriche, l'intérêt capital pour nous de vaincre l'Angleterre à l'intérêt très-contestable alors de démembrer la Prusse, et dirigé enfin de façon à assurer le triomphe des Anglais une alliance dont la défaite de l'Angleterre était le seul objet pratique et la seule raison d'être.

Les pamphlétaires et les déclamateurs, ignorant les faits ou dénaturant ceux qu'ils n'ignoraient pas, ont sans doute faussé, sur les origines de l'alliance de 1756 et sur son véritable caractère, le jugement de l'opinion. Les faits sont rétablis : Bernis sort avec plus d'honneur de cette enquête; mais si sa responsabilité est en partie dégagée, celle de Louis XV et de ses conseillers n'en paraît que plus lourde. Le jugement d'ensemble et la conclusion générale demeurent les mêmes, et personne ne les a résumés avec plus de vigueur et de clairvoyance que Bernis lui-même, au chapitre XXXIX de ses Mémoires. C'est une des pages capitales de son œuvre, et nulle ne fait mieux connaître en lui le politique et l'écrivain : « Il es singulier, dit-il, que toutes les cours aient manqué leur but dans cette guerre : le roi de Prusse, qui l'avait commencée, prétendait opérer une grande révolution en Europe, rendre l'empire alternatif entre les protestants et les catholiques, échanger les États et prendre ceux qui seraient le plus à sa bienséance... Il a acquis beaucoup de gloire à résister aux grandes cours de l'Europe et souvent à les dominer; il s'est fait un nom immortel parmi les généraux d'armée et les politiques; mais il laissera à son héritier une puissance... dont les fondements ne sont rien moins que solides : il a ruiné ses peuples, épuisé ses trésors, dépeuplé ses États... L'Impératrice-Reine a augmenté l'idée que l'on avait de son courage, de sa puissance et de la bonté de ses troupes...; mais elle n'a rempli aucun des objets qu'elle s'était proposés. La Russie a montré à l'Europe la milice la plus invincible et la plus mal conduite. Les Suédois ont joué inutilement un rôle subalterne et obscur ; le nôtre a été extravagant et honteux. » Le dernier mot est dur, mais l'arrêt est juste, et l'histoire l'a confirmé.

LA DIPLOMATIE SECRÈTE DE LOUIS XV

Il y a infiniment d'esprit et de vivacité dans les deux volumes où M. le duc de Broglie nous décrit dans ses rouages enchevêtrés et dans son jeu incohérent cet étrange mécanisme politique que l'on appelait au temps de Louis XV le *Secret du Roi*. Certains chapitres semblent détachés d'une chronique du dix-huitième siècle, les aventures de d'Éon, par exemple, ses travestissements, ses algarades, la scabreuse intrigue où ce Figaro androgyne mystifie si plaisamment l'auteur de la *Folle Journée,* tout ce procès de la Bastille, enfin, qui sous la plume de M. le duc de Broglie forme un digne pendant au fameux procès de Beaumarchais. Mais s'arrêter à ces pages serait s'en tenir au décor et au divertissement; l'objet réel de l'ouvrage et son grands intérêt, c'est une étude pénétrante, subtile et profonde des causes qui désorganisèrent sous Louis XV notre diplomatie, comme elles désorganisaient notre gouvernement intérieur, et des efforts stériles des hommes qui tâchaient, sinon d'arrêter, au moins de détourner pour un temps dans ses effets cette fatale décadence.

« J'aurai à tout moment, dit l'auteur, à mettre en regard, à l'occasion des mêmes événements, les actes de la diplomatie ministérielle et les avis de la diplomatie confidentielle. D'un côté régneront presque sans partage la légèreté et l'imprévoyance; de l'autre, de sages inconnus feront entendre tout bas un langage sévère qui devance le jugement de la postérité. Une frivolité licencieuse s'étale sur le devant de la scène; le bon sens, la moralité et le patriotisme paraîtront souvent réfugiés dans les coulisses. »

Le jugement d'ensemble et l'impression totale que l'on garde de cette lecture sont accablants pour Louis XV; s'il restait à ce prince quelque chose à perdre dans l'estime de la postérité, la révélation de son secret le lui enlève. On connaissait son incapacité de faire le bien; on voit ici son impuissance à le vouloir. Je n'essayerai pas d'analyser une œuvre solide et brillante à la fois, qui sera lue avec un même intérêt et un égal profit par les lettrés et par les historiens. La trame en est d'ailleurs trop serrée et trop savante pour se prêter aux raccourcis d'un article. Mais, usant des documents et des aperçus nouveaux que renferment ces deux volumes, je tâcherai de compléter l'étude que j'ai commencée à propos de Bernis. Je me suis efforcé de montrer comment l'alliance autrichienne de 1756, faussée dans son objet et dénaturée dans ses applications, avait fait d'un expédient naturel et nécessaire à son origine et sous sa forme primitive, une combinaison ruineuse pour la France. L'histoire de la diplomatie secrète montre, mieux qu'aucun autre exemple, à quel funeste paradoxe on aboutit lorsqu'on voulut faire de cette combinaison le principe d'un nouveau système de politique.

I

Si jamais souverain appliqua la fameuse maxime que *le roi règne et ne gouverne pas*, c'est bien le roi Louis XV. Mais comme il n'y avait point de représentation nationale ni de ministre dirigeant, le Roi ne gouvernant pas, personne ne gouvernait. L'influence était partout, et l'autorité nulle part. D'Argenson nous a laissé une terrible peinture des comités ou conseils que les ministres tenaient en son temps : « Le maréchal de Noailles s'y prenait aux crins avec tout ce qui lui disputait quelque chose : il frappait des pieds, il faisait voler son chapeau dans la chambre, il changeait de principes à chaque séance... Le Roi y est plus haï et plus méprisé des assesseurs qu'il ne le serait des plus fanatiques républicains. » Ainsi jugé par ses ministres, le Roi se méfiait de leurs avis et soupçonnait leur dévouement. Cependant il n'osait pas leur tenir tête et ne savait que les disgracier. C'était en arrière, le plus souvent par surprise, sous forme de lettres de cachet et d'ordres d'exil, qu'il leur signifiait la fin de leurs pouvoirs. Ce monarque de droit divin conspira toute sa vie et ne gouverna que par des coups d'État. Avec des désirs violents qui l'obsédaient incessamment, et une âme timide qui s'embarrassait dans les irrésolutions et les scrupules, c'était un libertin inquiet qui n'eut que la velléité des grandes passions et se consuma dans les caprices inférieurs. Il avait, dès 1747, le sentiment que sa diplomatie ministérielle s'en allait à la dérive, et comme il était également incapable de résister à de mauvais ministres et d'en subir un bon, il chercha, en dehors de son conseil, à exercer sur les affaires de l'Europe l'influence qui lui échappait ou dont il laissait abuser en son nom. Ainsi naquit la diplomatie secrète. Cette diplomatie portait en elle-même un vice originel qui devait jusqu'à la fin en paralyser l'action : c'était le caractère même du Roi. Les motifs qui avaient poussé Louis XV à se cacher de ses ministres pour écouter le prince de Conti et employer le comte de Broglie, l'amenèrent à traiter promptement son ministère secret comme il avait traité son ministère officiel.

« Il lui faudrait absolument, disait d'Argenson en pensant à Sully, ce rébarbatif et refrogné pour guérir les grands maux de l'État. » D'Argenson avait un peu de ce caractère ; le comte de Broglie, qui devint bien vite l'âme de la diplomatie secrète, en avait davantage encore. Louis XV se servit longtemps de lui, mais il le supporta toujours avec impatience et ne se livra jamais. Il venait d'organiser le *secret* contre d'Argenson et Rouillé, il fit négocier par Bernis l'alliance autrichienne en arrière du comte de Broglie et du prince de Conti. Bernis nommé ministre, Louis XV revint à ses agents secrets et les jeta à travers les entreprises de ce confident, qui semblait avoir perdu sa confiance le jour où il lui en avait donné publiquement le témoignage. Il en fut ainsi jusqu'au jour où la diplomatie secrète s'enchevêtrant dans son propre réseau, Louis XV lui-même, qui tenait les fils, fut contraint d'avouer qu'il n'y comprenait plus rien. « Il avait réussi alors, en 1773, dit M. le duc de Broglie, à engager, à propos de la Suède, une affaire moitié diplomatique, moitié militaire ; il avait réussi à en cacher une partie au ministre de la guerre, l'autre au ministre des affaires étrangères, le tout enfin au confident attitré et ordinaire de sa politique secrète.

Trois mystères menés de front, sans rapport l'un avec l'autre, c'était le couronnement du système et le chef-d'œuvre du genre. » C'en fut aussi la chute ; arrivée à ce degré de tension et de dispersion, la toile d'araignée devait se rompre, et elle se rompit. On fait aujourd'hui, et avec grand succès, des pièces qui commencent en comédie d'intrigue et se terminent en drame. Ce fut le contraire ici. L'aventure qui se dénoua par le fantasmagorique procès de Dumouriez à la Bastille, en 1773, avait, vingt ans auparavant, commencé avec le prologue du plus tragique et du plus grave événement du siècle, le partage de la Pologne.

Arrêtant la Russie, contenant l'Autriche, séparant la Prusse en deux morceaux, observant l'Allemagne, en mesure de s'entendre avec le Suédois et toujours prête à s'allier au Turc, la Pologne était un élément essentiel dans l'équilibre européen tel qu'on devait le concevoir au milieu du dix-huitième siècle d'après les traditions et les intérêts de la France. Mais c'était un élément fragile, inconsistant et précaire. Les amis de la Pologne avaient à la défendre contre ses voisins et surtout contre elle-même. Louis XV en eut de très-bonne heure le sentiment, et en cela il se montra plus clairvoyant que ses ministres. Ceux-ci se renfermaient dans des considérations abstraites dont la logique spécieuse et la gravité ampoulée ont de tout temps été la ressource des hommes d'État dévoyés et des diplomaties en désarroi. Les aveugles n'ont jamais manqué d'arguments pour nier la lumière.

En 1763, l'élection d'un roi de Pologne était imminente ; la république, consumée d'anarchie, semblait ouverte aux partages. Quelques-uns s'en émurent en France ; le duc de Praslin rassura le conseil par un mémoire qui est un monument de béotisme officiel. Il ne fallait point, disait-il, redouter le démembrement de la Pologne, et cela justement parce qu'elle était environnée de puissances capables de la démembrer. « En effet, ce royaume étant également limitrophe de la maison d'Autriche, du roi de Prusse, de la Russie et de l'Empire ottoman, ces quatre puissances, qui se regardent réciproquement avec des yeux de jalousie et de rivalité, sont moins les ennemis de ce royaume que ses surveillants et ses défenseurs. Chacune d'elles a un intérêt direct et essentiel à le protéger, parce qu'elle aurait tout à craindre de celle qui serait agrandie à ses dépens. » Du reste, poursuivait le ministre, si, contre la raison et les prévisions, le démembrement avait lieu, il ne faudrait pas en prendre ombrage : « Le concert établi entre le roi de Prusse et la Russie pour leur agrandissement ne pourrait être de longue durée. Cet agrandissement même, en les rendant plus voisines, les rendrait aussi plus redoutables l'une à l'autre. Il sèmerait la jalousie entre elles, et la jalousie dégénère bientôt en inimitié... » A ces raisonnements qui sentaient si bien leur cuistre de chancellerie, le comte de Broglie répondit dans une note secrète, remise au Roi, avec l'expérience d'un homme qui, ayant observé les choses, ne perd pas à disserter le temps qu'il faut employer à réfléchir. « Ce qui est triste et chimérique, c'est de compter pour le maintien d'un État sur l'intérêt que ses voisins ont à le conserver... Une grande puissance qui a un grand dessein commence par l'exécuter malgré les clameurs. Elle compte ensuite avec ses voisins, et le solde du compte lui est toujours favorable. » Que l'une des puissances voisines de la Pologne commence le démembrement, les autres aimeront mieux prendre leur part du gâteau que de se battre pour le conserver aux Polonais. Sur ce point, elles s'entendront toujours, et « pendant que le concert durera, le mal se fera, qu'importe qu'elles se brouillent après? Mais ne peut-il pas se faire aussi que ces puissances restent unies pour se maintenir dans leurs usurpations, et se secourent mutuellement contre quiconque viendrait les troubler [1]? »

C'était voir clair, et les événements ne justifièrent que trop tôt et trop complétement ces conjectures. Cette critique faisait grand honneur au comte de Broglie; mais la critique est toujours le côté brillant des donneurs d'avis et des conseillers intimes. Il fallait présenter un plan d'action, et c'est ici que, malgré toute sa souplesse d'esprit et sa fécondité d'imagination, l'inspirateur de la diplomatie secrète demeurait impuissant à desserrer les mailles de l'inextricable réseau dont la diplomatie ministérielle avait enveloppé la France.

II

En 1755, à la veille de la guerre de Sept ans et alors qu'on ne savait rien encore ni de la défection de Frédéric ni des avances de Marie-Thérèse, le comte de Broglie avait conçu et exposé au prince de Conti un projet très-intéressant, et qui, pour être vaste, ne semblait pas moins pratique. Unir la Saxe fortifiée et la Pologne raffermie; former avec ces deux puissances une ligue qui, appuyée sur les Turcs et les Suédois, opposerait à

---

[1] *Le Secret du Roi*, par M. le duc DE BROGLIE. 2 vol. Calmann Lévy. T. II, p. 82-84.

la Russie une barrière infranchissable; s'attacher la Prusse et l'opposer à l'Angleterre en lui donnant le Hanovre; conserver l'amitié des petits États de l'Allemagne; menacer ainsi l'Autriche d'une coalition formidable qui la contraindrait à l'inaction, et demeurer enfin maître d'employer contre l'Angleterre toutes les ressources de la France : cela n'avait rien d'impossible, et il ne se pouvait rien concevoir de plus favorable à nos intérêts. La défection de Frédéric et son alliance avec les Anglais bouleversèrent toutes ces combinaisons.

Le comte de Broglie en fut décontenancé, mais il n'en éprouva point de déception : « C'était, dit son historien, un politique de la vieille roche, dont le patriotisme, un peu jaloux, n'avait rien de cosmopolite. » Le philosophe de Potsdam et la Sémiramis du Nord n'avaient point de séductions pour ce gentilhomme gallican. Il trouva que le ci-devant marquis de Brandebourg en usait avec trop d'impertinence avec l'héritier de Louis XIV, et il fut d'avis qu'il convenait de lui faire la leçon; mais s'il croyait opportun de donner un avertissement au grand Frédéric, il ne pensait pas qu'il fallût pour cela rompre dans un accès de mauvaise humeur toutes les traditions de la France, et se livrer aveuglément à l'Autriche. Il reconnut la nécessité de l'alliance autrichienne; il en discerna, dès le premier abord, tous les inconvénients et tous les périls.

Il proposa, pour y remédier, un plan sur lequel il revint à plusieurs reprises, dont il modifia, suivant les temps, certians détails secondaires, mais dont le fond resta le même, et qui fut à la fois l'idée maîtresse et la grande chimère de sa vie [1].

---

[1] Voir le *Secret du Roi*, t. I, p. 139, 141, 155, et t. II, p. 12, 15, 222, 395, 399.

Le danger du nouveau système, c'était de décourager et de détacher tous les anciens clients et alliés de la France : les États secondaires de l'Allemagne, le Danemark, la Suède, la Pologne, la Turquie. Tous avaient soutenu la France dans sa lutte séculaire contre la maison d'Autriche, parce que tous redoutaient également cette maison. Ils se jugeraient trahis et chercheraient ailleurs la protection dont ils avaient besoin. C'était là ce qu'il fallait empêcher. « C'est un objet principal, disait en 1756 le comte de Broglie, de s'opposer à l'agrandissement du roi de Prusse, de qui on peut juger par l'exemple d'aujourd'hui qu'on ne disposera jamais... » Mais, ajoutait-il, il serait à désirer que « nous restassions maîtres de ne porter la correction du roi de Prusse que jusqu'au point où cela nous conviendrait. Si les deux impératrices se chargent de cette correction, il est fort apparent qu'elle sera un peu trop sévère pour ce prince et pour nous. » Le comte de Broglie pensait qu'il suffisait de donner, s'il le fallait, la Silésie à l'Autriche : ce qu'on prendrait en outre au roi de Prusse servirait à l'agrandissement de la Saxe ; l'électeur renoncerait au trône de Pologne, qui passerait à un candidat de la France, et par l'opposition de la Prusse diminuée et de la Saxe agrandie, un nouvel équilibre s'établirait dans l'Empire. Enfin tous ces États qui, à commencer par l'Autriche, nous auraient de si grandes obligations, formeraient avec nous une ligue puissante qui soutiendrait les Turcs, les Polonais et les Suédois contre les entreprises des Moscovites. On ne devait, concluait-il, comprendre la Russie « au rang des puissances de l'Europe que pour l'en exclure en lui interdisant jusqu'à l'idée de s'occuper de ce qui s'y passe. Il ne faut donc jamais faire aucun traité avec cette cour, il faut la laisser tomber dans le sommeil le plus léthargique, et ne l'en tirer que par des convulsions, que des mouvements intérieurs, préparés de longue main, peuvent lui occasionner. »

Le comte de Broglie essayait ainsi de faire de la vieille politique avec des traités nouveaux. Le dessein était louable, mais il était contraire à la nature des choses, et il devait échouer. Pour se plier au système dans lequel le comte de Broglie rêvait de la faire entrer, il aurait fallu que l'Autriche cessât d'être l'Autriche, et ce n'était point précisément pour cela qu'elle avait recherché l'alliance de Louis XV. Le comte de Broglie méditait d'agrandir la Saxe; l'Autriche ne voulait pas même la défendre. Bernis, en négociant le traité de 1756, insistait pour qu'on aidât l'électeur de Saxe à s'armer. « La cour de Vienne, dit-il, par une jalousie et une inquiétude déplacée, ne fut pas favorable à cette vue : elle craignit que nous n'eussions une prédilection pour la cour de Saxe. » Il ne fallait pas espérer non plus regagner les États secondaires de l'Allemagne. « L'Allemagne, écrit Bernis, haïssait encore davantage la cour de Vienne qu'elle ne hait le roi de Prusse [1]. »

Mais c'était surtout par les grandes lignes que péchait le plan du comte de Broglie. Il se résumait en une ligue contre la Russie; or pour l'Autriche l'alliance russe était le corollaire nécessaire de l'alliance française : les deux traités se négociaient en même temps [2]. Loin de diriger le nouveau système contre les Russes, la France dut travailler à les y faire entrer. « Ce fut alors (au commencement de la guerre, à

---

[1] Bernis, *Mémoires*, t. I, p. 270, et t. II, p. 165.
[2] Voir Martens, *Traités de l'Autriche et de la Russie*, t. I.

l'automne de 1756), ce fut alors, dit Bernis, que nous mîmes en mouvement tous les ressorts qui ont déterminé la Russie à accéder au traité de Versailles. » On ne pouvait plus attendre que l'Autriche fît contre les Russes une diversion en faveur des Suédois ou des Turcs : la cour de Vienne se souciait fort peu de la Suède, et quant à la Turquie, l'événement prouva que, loin de songer à la défendre, elle ne pensait qu'à en disputer les morceaux à la Russie ou à les partager à l'amiable avec elle. Il en était de même, et à plus forte raison, de la Pologne. Il fallait la livrer aux Russes, car c'était leur chemin pour arriver en Allemagne, et l'exécution même des traités avait pour conséquence l'invasion et « la conquête anticipée » de la Pologne.

La guerre finie, le comte de Broglie se berçait de l'illusion que l'Autriche pourrait aider la France à reconstituer en Pologne un parti national et à réformer la Constitution en supprimant le *liberum veto*. « Il faudrait, avant tout, éviter la suppression du *liberum veto*, écrivait Kaunitz en 1764, car le roi de Pologne atteindrait par là une puissance formidable, qui est incompatible avec nos intérêts. » Le maintien de l'anarchie polonaise était un axiome à Vienne, comme à Pétersbourg et à Berlin [1], et l'alliance de 1756, dont le comte de Broglie espérait le salut de la Pologne, permit au contraire à l'Autriche de s'associer en toute sécurité au démembrement de cette république.

« Tant que je vivrai, écrivait Louis XV en 1763, je ne me départirai jamais de l'alliance avec l'Impératrice. »

---

[1] Arneth, *Marie-Thérèse*, t. VIII, p. 550. — Beer, *Partage de la Pologne*, t. I, p. 132.

L'alliance autrichienne était devenue un *système;* l'expérience montra à quel point ce système était désastreux pour la France.

III

On conçoit que ce renversement des anciens principes, et la déconsidération qui en avait été la conséquence, indignassent et désespérassent en même temps tous les vieux diplomates français. Ils faisaient sur ce point *chorus* avec l'opinion publique. « Quand, après vingt années d'épreuves, l'écart tenté par la France en dehors de toutes les traditions de sa politique passée eut abouti à une série de désastres et à un échec diplomatique sans précédent dans nos annales, ce fut un *tolle* universel et un déchaînement irrésistible [1]. » Sans partager ces opinions exclusives, sans partager surtout l'illusion de ceux qui croyaient possible de reprendre à la lettre les traditions de Richelieu et de corriger par un système d'alliance prussienne les inconvénients du système autrichien, le comte de Broglie était bien forcé d'employer dans son ministère secret des hommes dont il n'approuvait point toutes les idées et dont il était loin d'estimer le caractère. C'est ainsi qu'en 1773, espérant encore persuader Louis XV, il fut conduit à demander une série de mémoires à l'un des plus célèbres publicistes du temps, le plus implacable adversaire et le plus pénétrant critique de l'alliance avec l'Autriche, Favier.

Déclassé de la diplomatie, admiré pour son talent,

---

[1] *Le Secret du Roi*, t. II, p. 397.

méprisé pour son inconduite, ambitieux et couvert de dettes, mélange singulier de l'aventurier politique et du spéculatif, admirateur passionné du roi de Prusse, mais gardant au fond de l'âme un patriotisme ardent et un sentiment très-vif des humiliations de la France, Favier composa pour le comte de Broglie ces *Conjectures raisonnées sur l'état de l'Europe* qui sont, sans contredit, l'exposé le plus achevé et le plus instructif que nous possédions sur les relations extérieures de la France à la fin du règne de Louis XV. Favier était l'ami intime de Dumouriez, qui occupe aussi son rôle et a sa page romanesque dans l'histoire du *Secret* de Louis XV. Le grand théoricien de la diplomatie de la révolution et le ministre des relations extérieures de 1792, celui qui traça le plan de la politique anti-autrichienne et celui qui fit la déclaration de guerre à l'Autriche, se trouvèrent être ainsi un moment, l'un le cerveau, l'autre le bras du ministère secret. C'est à cette singulière école qu'ils formèrent leurs idées sur les choses et sur les hommes. Politiques de cabinet en même temps qu'agents occultes, formant en toute liberté des plans illimités et réduits dans l'action aux plus petits moyens, n'apercevant les grandes affaires que par la coulisse et n'opérant que dans les dessous, mêlant le goût des raisonnements abstraits et des vastes systèmes à la passion de l'intrigue et à la manie du mystère, utopistes et conspirateurs à la fois, ils furent les recruteurs et les précepteurs de cette nuée de diplomates irréguguliers que l'on vit dès les premiers jours de la révolution se produire dans les clubs et les gazettes en attendant qu'ils se répandissent en Europe. Comme les coups d'État de Louis XV et ses querelles avec les Parlements préparaient les futures journées de la révolution, la diplomatie secrète du Roi forma les idées et rassembla en partie le personnel de la diplomatie révolutionnaire.

Le comte de Broglie était tombé en disgrâce ; la disgrâce pour lui, c'était l'inaction : il en mourut. M. le duc de Broglie nous a tracé de cette fin solitaire et de l'exil en pleine France, où se consumait cette âme *de fer et de feu*, une peinture saisissante. Par un étrange contraste des choses, au moment où le comte de Broglie disparaissait brusquement de la scène, le rêve de sa vie s'était réalisé, et le grand dessein qui n'était qu'un paradoxe sous Louis XV semblait sur le point de devenir une vérité sous Louis XVI. Vergennes avait été appelé aux affaires étrangères ; c'était l'avénement au pouvoir et la revanche éclatante de la diplomatie secrète. Pendant ses ambassades, Vergennes avait été « admis au secret », et, devenu ministre, il essaya d'appliquer les idées du comte de Broglie dans ce qu'elles avaient de juste et de pratique. Sous un roi nouveau qui n'avait pas les entêtements de Louis XV, il tâcha de concilier le maintien de l'alliance de 1756 avec les traditions françaises. Il prit cette alliance comme il aurait toujours fallu la prendre, c'est-à-dire qu'il la subordonna aux intérêts de la France. Il contint la Russie, soutint le Turc, protégea les Suédois, arracha la Bavière à l'Autriche, rétablit les relations avec la Prusse et humilia l'Angleterre en assurant l'indépendance des États-Unis. Après cette réhabilitation de la France dans le monde, il ne restait plus rien du *système* autrichien ; il faut reconnaître qu'il restait fort peu de chose de l'alliance même de 1756.

En 1783, l'Autriche méditait de nouveau des annexions en Allemagne et une alliance avec la Russie pour le partage de l'Empire ottoman. Vergennes écrivait au marquis de Noailles, ambassadeur à Vienne : « Quelque attaché que le Roi soit à son alliance avec la maison d'Autriche, et quelque sincères que soient son amitié pour Joseph II et son désir de lui complaire, sa justice, sa dignité et l'intérêt de sa couronne doivent emporter la balance, et le Roi, entraîné par des motifs si impérieux, n'hésiterait pas, quoiqu'à regret, à renoncer à ses liens politiques avec la cour de Vienne, lorsqu'il aura perdu l'espoir d'en maintenir le principe, et lorsqu'il sera convaincu que son allié, sans égard à ses exhortations, est déterminé à se livrer à des entreprises auxquelles Sa Majesté ne saurait conniver sans perdre la considération qu'elle a acquise par dix années de sagesse, et sans faire un préjudice irréparable aux intérêts essentiels de son royaume. Le sieur marquis de Noailles jugera par ces détails que *rien n'est plus vacillant que l'alliance actuellement subsistante entre les deux cours de Versailles et de Vienne* »[1].

On ne pouvait tenir un langage plus noble et plus politique à la fois; on ne pouvait pas non plus faire une critique plus sévère de la diplomatie de Louis XV et du système autrichien. La France ne put d'ailleurs continuer longtemps à parler sur ce ton; les crises intérieures paralysèrent l'action au dehors, Vergennes mourut, et l'on retomba dans les oscillations et l'effacement. Quand la révolution éclata, le système de 1756 semblait, au moins pour le public et les observateurs du dehors, avoir repris de la consistance, et la France y rapportait les mécomptes de sa diplomatie et les échecs dont elle se voyait de nouveau menacée en Turquie et en Pologne. On attribuait à l'influence de la Reine ce

---

[1] Instructions du marquis de Noailles, 4 octobre 1783. **Archives des affaires étrangères.**

retour à une politique funeste. Le souvenir des humiliations de la guerre de Sept ans et du partage de la Pologne fut pour beaucoup dans le déchaînement de l'opinion contre la malheureuse princesse, que, pour l'outrager, on appelait l'*Autrichienne*. Louis XVI payait ici comme partout les fautes de son aïeul, et quelques efforts qu'il eût tentés pour relever, au dehors comme au dedans, la France de l'abaissement où Louis XV l'avait laissée, ces efforts, venant trop tard, demeuraient finalement sans effet. On vit, pour la politique extérieure comme pour les affaires intérieures du royaume, l'opposition, étouffée sous le règne précédent, se déchaîner avec la dernière violence. Les ouvrages de Favier devinrent l'évangile des diplomates nouveaux. « Toutes les prédictions de ce grand homme sont autant de prophéties et d'oracles que le temps a réalisés », écrivait, en 1789, un ancien agent français, Peyssonnel, disciple et imitateur de l'auteur des *Doutes et questions sur le traité de 1756*[1]. — « J'ai été nourri dès mon enfance par les papiers de Favier », disait Sémonville en 1793, au moment de partir pour l'ambassade de Constantinople, où il devait appliquer un système inspiré jusque dans le détail par les écrits du publiciste de la diplomatie secrète.

Système nouveau qui n'était que la contre-partie de l'ancien, et qui péchait par les mêmes vices, parce qu'il procédait de la même logique abstraite appliquée aux relations des États et de la même méconnaissance des nécessités politiques et du caractère des hommes. On attendait alors de la Prusse qu'elle rompît avec la Russie, s'alliât avec les Suédois et les Turcs pour défendre la République française, sauver la République

---

[1] *Situation politique de la France*, par M. DE PEYSSONEL.

de Pologne et maintenir en Allemagne l'équilibre des petits États. C'était demander à la Prusse, comme on le demandait naguère à l'Autriche, de cesser d'être elle-même. Au dehors comme au dedans, la révolution était fille de l'ancien régime, et lorsqu'elle croyait en répudier l'héritage, elle en subissait encore, sans le savoir, l'influence et la tradition.

Née d'une conspiration royale, la diplomatie confidentielle de Louis XV dépassa, comme il arrive souvent, la pensée de ses auteurs et les déconcerta. Les affiliations la firent promptement dévier, et ce chemin couvert, qui devait ramener la royauté à ses traditions, fut une des voies souterraines qui conduisirent à la révolution. Le comte de Broglie n'eut qu'un disciple direct, et la diplomatie occulte de Louis XV ne fut dans son véritable esprit représentée au pouvoir que par Vergennes. Les autres agents, éclaireurs ou irréguliers de cette petite phalange, se dérobèrent promptement à la direction de leur initiateur; ils l'effrayaient déjà par leurs pointes audacieuses, et il les eût certainement reniés et maudits de tout son cœur s'il avait pu les voir maîtres d'agir à leur guise et de tailler dans le grand. Cependant, pour n'être point direct et légitime comme entre *l'ami des hommes* et le grand Mirabeau, le lien entre eux et le chef de la diplomatie clandestine de Louis XV n'est pas moins manifeste. Ils ont enfanté toute une génération de publicistes et de diplomates; ils ont eu à leur tour, et jusque dans les bas-fonds, leurs enfants perdus et leurs déclassés; mais, tout compte fait, et pour ne s'en tenir qu'aux filiations générales, c'est dans la diplomatie de Dumouriez, de Sémonville, de Maret, de Barthélemy, de Talleyrand et même de Bonaparte qu'il faut chercher le dernier mot du *Secret du Roi*.

LA TSARINE ÉLISABETH

I

Pierre le Grand avait eu d'un premier mariage un fils, Alexis. Ce prince lui donna des sujets de mécontentement : il reçut plusieurs fois le knout et mourut en prison, après avoir été condamné à périr sur l'échafaud. Il laissait un enfant, Pierre Alexiévitch. Le Tsar avait encore deux filles, Anna et Élisabeth, nées de sa seconde femme, Catherine. Lorsqu'il mourut, ce ne furent ni son petit-fils, ni l'une de ses filles que l'on appela à lui succéder. Les mœurs politiques de la Russie à cette époque ressemblaient fort à celles de l'empire turc. Les conspirations militaires, les déchéances violentes, les « révolutions de palais », comme on aimait à dire dans ce siècle fertile en euphémismes, étaient, en matière dynastique, la constitution de l'État. Une bande de soldats ameutés et conduits par une troupe d'intrigants, gens de tête et gens de main, faisaient et défaisaient les tsars au gré de leurs convoitises. Ils appelèrent au pouvoir la veuve de Pierre Ier, la Livonienne Catherine, que l'Empereur, suivant le mot de Rulhière, avait prise dans les derniers rangs, ou pour mieux dire, hors des rangs de la société, pour l'élever de la tente où elle s'était jetée dans ses bras, jusqu'au trône impérial. Pierre II, le petit-fils de son mari, lui succéda, mais il vécut peu de temps. Au lieu d'attribuer ensuite la couronne aux filles de Pierre le Grand, ainsi que cela se fût pratiqué dans la plupart des États, on préféra, selon le rite musulman, s'adresser à la branche collatérale, et l'on acclama une cousine, Anna Ivanovna.

Elle régna jusqu'en 1740 et fut remplacée par son neveu, Ivan de Brunswick, qui n'avait alors que trois mois. L'impératrice Anna avait laissé la régence à son amant, Biren, un aventurier qu'elle avait fait duc de Courlande. Ils s'étaient entourés d'Allemands. Les Russes les chassèrent. Biren fut envoyé en Sibérie, et la mère du petit tsar, Anna Léopoldovna, prit la régence. Incapable et dissolue, elle ne songea qu'à ses plaisirs. Elle avait un mari, une favorite et un amant : elle fit du mari un généralissime des armées russes et maria la favorite avec l'amant. S'étant assuré ainsi une tranquillité relative, elle attendit dans une nonchalance traversée de terreurs et d'angoisses, qu'une révolution semblable à celle qui l'avait élevée au pouvoir l'en vînt précipiter.

Le règne des Allemands continuait. Les Russes, qui n'avaient rien gagné à changer de maîtres, ne virent de salut que dans un changement nouveau. Les éléments de révolution étaient toujours prêts : les troupes, toujours mécontentes, étaient toujours disposées à un coup d'État auquel elles ne pouvaient que gagner. Il y avait un chef naturellement désigné pour la conspiration, c'était la seconde fille de Pierre le Grand, Élisabeth.

Agée de vingt-huit ans, elle était grande et majestueuse ; elle avait un air de résolution et d'intelligence avec « un regard humide d'un charme singulier ». « On peut dire, écrivait un envoyé français, que c'est une beauté pour la taille, le teint, les yeux et les mains. Les défauts, s'il y en a, sont du côté des manières. » Elle savait le français et l'allemand, mais peu de chose en dehors de cela. « C'est, disait un diplomate, un esprit extrêmement enjoué qui se soucie peu de la pluie et du beau temps, d'une grande vivacité qui tire assez sur l'étourderie, toujours un pied en l'air et ne songeant à rien de solide. » Possédant d'ailleurs les qualités qui séduisent la foule, se plaisant à suivre les manœuvres des troupes, à courir à bride abattue à cheval ou en traîneau, aimant à se faire admirer de tous et partout, fière de sa beauté et généreuse de son cœur. « Je ne suis contente que quand je suis amoureuse », disait-elle à une de ses confidentes. S'il faut en croire la chronique, les occasions de contentement ne lui manquèrent pas. Selon l'envoyé polonais Lefort, elle semblait être née en France, — il parlait de la France de Louis XV, — et le fait est que, pour n'y être point née, Élisabeth aurait fort désiré d'y paraître et même d'y régner.

Il en fut question à plusieurs reprises. C'était la grande ambition de Pierre le Grand, ce fut aussi celle de Catherine Ire. L'alliance des familles aurait scellé l'alliance des États. La jeune princesse n'était, au moins avant son règne, préoccupée que de la première. Un diplomate français rapporte qu'en 1722 Élisabeth, âgée alors d'environ dix ans, lut dans les gazettes qu'un prince français, le duc de Chartres, fils du régent, pensait à épouser une princesse de Russie. Cette nouvelle la rendit rêveuse ; elle songeait avec une émotion mêlée de curiosité à ce pays de France qui semblait pour elle le pays des contes de fées. Ainsi qu'on le voit dans ces récits merveilleux, il y avait en France un jeune roi plus beau que le jour et que l'on disait infiniment aimable. Il avait seize ans en 1724; on pensait à le marier, et des ambassadeurs mystérieux parcouraient l'Europe à la recherche de la princesse la plus digne de la plus belle couronne du monde. On en trouva jusqu'à dix-sept, parmi lesquelles Élisabeth, qui fut placée au second rang. La politique fit manquer le mariage; l'alliance russe qui s'offrait échappa à la France; mais la princesse n'oublia jamais le roi dont elle avait failli devenir la compagne. Ce premier amour, le plus pur qu'elle ait jamais conçu, resta dans son imagination embelli de toutes les grâces de l'innocence et de la jeunesse. Ne fût-ce que par le contraste, elle y trouva toujours de l'attrait. Au milieu du brillant et tumultueux roman de son âge mûr, elle se reportait avec un plaisir singulier au conte de fées qui avait bercé son adolescence et n'avait peut-être, comme ceux d'Hamilton, tant de charme à ses yeux que parce qu'il n'avait point de dénoûment.

Elle n'était point cependant femme à se contenter d'une idylle. A défaut du roi, elle reporta ses sentiments sur l'ambassadeur. A défaut de la couronne de France, elle se mit en tête de ceindre celle de Russie. Il est de doctrine en diplomatie que l'ambassadeur représente la personne du souverain. Celui que la cour de France envoyait en 1739 à Pétersbourg possédait tout ce qu'il fallait pour faire illusion à une jeune princesse éprise du portrait de Louis XV.

Le marquis de La Chétardie était âgé de trente-quatre ans; il avait, dit un historien du dix-huitième siècle,

« de la taille, de la figure, de l'esprit, de la galanterie ». Téméraire, aventureux, frivole avec des bouffées de sentiment qui simulaient à merveille la passion, spirituel, arrogant avec les hommes, présomptueux auprès des femmes, rompu au manége des cours, fastueux avec grâce, il présentait ce mélange d'élégance, de libertinage et de sensibilité qui fait du gentilhomme français du dix-huitième siècle le héros par excellence du roman d'aventures et de la haute comédie d'intrigue. Celle qu'il joua en Russie est une des plus étranges qui se soient jamais déroulées sur la grande scène du monde.

II

La Chétardie ne se proposa rien moins que d'assurer à son roi l'alliance de la Russie au moyen d'une révolution. Il en démêla et rassembla merveilleusement tous les éléments, attira les mécontents autour de lui, noua tous les fils du complot et, ce qui était l'essentiel, gagna le cœur de la princesse, dont le couronnement devait être la fin de l'aventure. Aventure romanesque et complot d'opéra si jamais il y en eut. « La grande-duchesse, raconte M. Vandal[1], cherchait par tous les moyens à se rapprocher de lui. Les jardins de l'ambassadeur s'étendaient jusqu'au bord de l'eau; en s'y tenant après souper, il eût aperçu, à la faveur du crépuscule prolongé qui durant les nuits du Nord voile à peine la nature d'une ombre transparente, une gondole mystérieuse se glisser le long du rivage. Elle semblait porter

---

[1] *Louis XV et Élisabeth de Russie*, par M. Albert VANDAL. 1 vol.

quelques promeneurs attardés; parfois un homme se levant à la poupe sonnait du cor de chasse, comme pour provoquer une attention qui se dérobait. Élisabeth se tenait dans la gondole, cachée au milieu de quelques personnes de sa cour. » La Chétardie voulait se faire rechercher; il y réussit. Les rendez-vous se multiplièrent; la conspiration s'ourdit au milieu des fêtes, sous le couvert d'une aventure d'amour. L'amour n'y manqua point, mais ce n'était que l'intermède et le divertissement; on ne sut jamais s'il fut bien vif, bien sincère et bien exclusif de part et d'autre. La politique était le fond de l'affaire. Lorsqu'elle fut engagée, le gouvernement de Versailles en prit résolûment la direction. Le vieux cardinal Fleury avec ses quatre-vingt-huit ans, le secrétaire d'État Amelot avec sa gravité pédante, se firent, de leur cabinet, conspirateurs à Pétersbourg. Au dernier moment, ce fut La Chétardie qui ranima les courages et donna l'impulsion.

Un soir, dit l'aimable historien auquel j'emprunte la plupart des traits de cette étude, vers minuit, un traîneau s'arrêtait mystérieusement devant l'ambassade de France. Élisabeth y était assise, à demi cachée dans ses fourrures; Voronzof, le confident, et sept grenadiers formaient son escorte. Elle fit frapper à la porte de l'hôtel et fit annoncer à M. de La Chétardie *« qu'elle courait à la gloire.* Puis elle reprit son chemin vers les casernes. » Les casernes l'acclamèrent, la population réveillée imita les soldats; une assemblée de prélats et de nobles consacra l'acclamation populaire. La régente, son mari, sa favorite et son amant furent mis en prison. Le maréchal Münich, vainqueur des Turcs, fut condamné à l'écartellement; Ostermann, qui était le principal ministre, fut condamné à la roue. La Tsarine leur fit grâce de la vie : ils partirent pour l'exil, et l'ordre régna de nouveau à Pétersbourg.

Restait le petit tsar Ivan. Élisabeth en eut pitié, elle le prit dans ses bras et l'embrassa; puis, cette concession faite à la sensibilité du siècle, elle se demanda ce que conseillait la raison. Elle consulta La Chétardie; la réponse de ce roué sceptique et spirituel, qui représentait dans la Russie à demi barbare la civilisation raffinée de la France, mérite d'être citée : « On ne saurait opposer trop de moyens, écrivit-il, pour effacer jusqu'aux traces d'Ivan VI; c'est même par *ce seul expédient* qu'on garantira la Russie dans un temps ou dans un autre des malheurs que les circonstances pourraient occasionner, et que l'exemple des faux Démétrius doit encore faire plus appréhender dans ce pays-ci. » La chose est mise en termes fort galants; l'hypocrisie de la forme n'en fait que mieux ressortir la cruauté cynique de la pensée. Voilà donc où en était en 1742 la diplomatie de la cour la plus élégante, de la puissance la plus éclairée de l'Europe! Quel jour sur les bas-fonds des âmes!

Élisabeth recula et fit enfermer le malheureux enfant dans une forteresse où il languit vingt-trois ans et mourut. L'ambassadeur de Louis XV, à son insu sans aucun doute, posait, en écrivant ces lignes atroces, un précédent que, mieux instruit des mœurs des cours, les énergumènes de Paris auraient pu invoquer un demi-siècle plus tard lorsqu'ils prétendaient *effacer jusqu'aux traces du règne* des rois de France.

Élisabeth acclamée et couronnée, La Chétardie abusa de son crédit et se posa en protecteur. Quand il venait au palais, et il y venait à toute heure, « les officiers de service lui baisaient la main et l'appelaient leur père ».

« Il accompagnait la souveraine au bal, à la chasse, à la promenade; associé à tous ses plaisirs, assis à table à ses côtés, il lui témoignait un galant empressement et ne se hâtait point de démentir des bruits qui plaisaient à sa vanité. » Il se rendit promptement insupportable aux Russes, qui n'avaient point secoué le joug pesant des Allemands d'Anna pour subir la domination hautaine du Français d'Élisabeth. Ostermann et Münich se contentaient de les rudoyer; La Chétardie les malmenait en les persiflant. Est-il vrai, comme le prétend la chronique, qu'à la jalousie des grands, la Tsarine lui fit l'honneur d'ajouter la sienne, et que ses assiduités auprès d'une madame Testof, femme du capitaine des gardes, lui furent aussi nuisibles que la haine du chancelier Bestouchef et les intrigues du ministre d'Angleterre? M. Albert Vandal, qui est très-galant et très-discret, ne nous en dit rien. Toujours est-il qu'en 1742, La Chétardie demanda son rappel, que l'approche des adieux ranima la flamme expirante, que l'astre au déclin jeta un dernier éclat, qu'il y eut un voyage à Moscou qui fut pour l'ambassadeur de Louis XV un dernier triomphe. La Chétardie partit dans une voiture dont l'Impératrice avait elle-même dessiné le modèle. Elle y avait fait placer quelques bouteilles de vieux vins de Hongrie et des présents qui valaient un million. A quelques verstes de Moscou, un page rejoignit le carrosse et porta un dernier adieu au frivole héros du grand drame historique dont le prologue venait de finir. « Jamais, disait Élisabeth, on n'arrachera la France de mon cœur. »

Pour La Chétardie, « ce départ n'était qu'une fausse sortie destinée à préparer une rentrée triomphale ». Dans sa pensée, la révolution n'était qu'un moyen; l'alliance était le but, et l'alliance n'était pas conclue.

La France cependant en aurait eu grand besoin. Engagée dans la guerre de succession d'Autriche, abandonnée par Frédéric qui avait acquis ce qu'il voulait, c'est-à-dire la Silésie, la France se trouvait avec des armées en retraite au milieu de la Bohême.

Après avoir manqué à ses traités pour obtenir des avantages qui lui échappaient, elle recevait cette dure leçon qu'entre gens qui s'associent pour enfreindre leur parole et dépouiller le voisin, la bonne foi n'est pas précisément la règle des conventions. Il ne manquait plus, pour compléter la déception et le désarroi, qu'Élisabeth passât à l'Autriche. Heureusement, un ancien ambassadeur de Marie-Thérèse en Russie s'avisa de conspirer contre la Tsarine. Élisabeth en conçut beaucoup de colère. Le ministère français eut l'idée d'en profiter, et l'on renvoya La Chétardie à Pétersbourg. C'était une nouvelle partie à tenter; elle était toute diplomatique; mais La Chétardie avait dans l'esprit et le caractère des habitudes d'aventurier dont il ne pouvait plus se départir. Il transforma en scénario d'opéra les prudentes instructions du ministre Amelot.

Il résolut d'arriver en Russie en simple gentilhomme et sans autres lettres de créance que celles que des souvenirs encore récents pouvaient lui donner sur le cœur de la Tsarine. Il comptait qu'elle ne résisterait point au désir de le revoir, et qu'il lui suffirait d'être reçu par elle pour reprendre son empire. Assuré de sa faveur, il ruinerait dans son esprit ses conseillers et ses ministres; après les avoir renversés, il déploierait son caractère d'ambassadeur et entrerait en vainqueur dans la place qu'il aurait ainsi surprise. Le plan conçu, il l'exécuta. La mise en scène fait honneur à son imagination. Il était en route, il venait de Stockholm et traversait la

Finlande. Il se rappelle que le 6 décembre est l'anniversaire de l'avénement de la Tsarine; il veut arriver à cette date glorieuse; il compte sur les émotions de la journée pour réveiller les sentiments anciens. Il abandonne sa suite, part en traîneau avec trois personnes et s'élance « sur la mer de boue et de neige qui le sépare de Pétersbourg ». Il verse sept fois; il laisse sur le chemin son secrétaire avec un bras cassé et arrive enfin au bord de la Néva dans la nuit du 5 au 6 décembre. Le fleuve charrie, il y a péril de mort à traverser, il y parvient cependant. Vers midi il paraissait, à pied, transi, couvert de boue, aux portes de la ville, où il trouva trois carrosses que la Tsarine, informée de son approche, envoyait à sa rencontre. Elle le reçut à merveille et le combla de compliments; mais ce fut tout. La confiance avait disparu, les sentiments étaient ailleurs, il ne restait du passé que d'aimables réminiscences : c'était trop peu pour renverser des ministres très-puissants et des favoris en possession d'état. La Chétardie ne s'en agita que davantage. Bestoujef le faisait surveiller de près. Il surprit sa correspondance. La Chétardie y parlait de la Tsarine avec impertinence et de sa cour avec mépris. Élisabeth en souffrit; mais elle ne put se refuser à l'évidence, et comme La Chétradie n'avait point découvert sa qualité d'ambassadeur, on l'expulsa.

III

Les relations devinrent de plus en plus difficiles entre la cour de Paris et celle de Pétersbourg. Le 2 juin 1746, Élisabeth signait un traité d'alliance avec Marie-Thérèse et prenait décidément parti contre la France. M. Albert Vandal assure qu'elle le regretta, que, dès qu'on put renouer, elle s'y montra empressée et qu'elle caressa toujours l'idée de l'alliance française. Il y avait chez elle un fond de sympathie pour la France et je ne sais quel tendre penchant pour le Roi. C'est ainsi que, plusieurs années plus tard, apprenant la déroute de Rosbach, elle en témoignait à l'ambassadeur français, l'Hôpital, toute sa douleur. « Je vous prie, lui disait-elle en mettant la main sur son cœur, je vous prie, monsieur, de mander au Roi qu'il m'est toujours présent; je l'éprouve dans toutes les occasions qui l'intéressent. Il y a entre le Roi et moi une ancienne sympathie depuis notre enfance, et vous pouvez l'assurer que je serai toujours la même, que je lui donnerai des preuves bien sincères de mon amitié, et que je compte également sur la sienne. » La meilleure preuve qu'elle pût donner, et elle la donna, ce fut d'envoyer une armée pour soutenir le parti de la France et de l'Autriche contre Frédéric dans cette désastreuse guerre de Sept ans.

Élisabeth se consolait peut-être de n'être point mariée; elle était inconsolable de n'avoir point épousé le roi de France. Mais les amours d'imagination et les amours à distance n'étaient point dans les goûts de Louis le Bien-Aimé. Il demeura toujours médiocrement sensible à l'attachement de la Tsarine. Au lieu de cette Russe majestueuse et passionnée, on lui avait fait épouser une petite Polonaise froide, dévote et sans beauté. Il reporta sur la Pologne la fidélité qu'il observait si peu envers sa femme. Cette constance d'un esprit si indécis et d'un cœur si volage est assez singulière. Elle eut de graves conséquences pour l'État. Après avoir été longtemps un obstacle à l'alliance russe, elle la paralysa quand une haine commune envers Frédéric eut, pour un temps très-court d'ailleurs, rapproché les deux États.

C'est là ce qui ressort, avec une entière évidence et une grande force de preuves nouvelles, de l'attrayant et sérieux ouvrage de M. Albert Vandal. Il a résumé le résultat de ses études en un jugement précis :

« Avec ce défaut de décision et de franchise qui est le vice irrémédiable de son caractère, Louis XV détruit en cachette le système qu'il suit ouvertement. S'il admet l'alliance russe comme un expédient temporaire et consent à se servir des armées d'Élisabeth pour châtier Frédéric, il n'a pas renoncé à combattre la Russie à Varsovie, et ne se résigne pas à abdiquer le droit de haute protection qu'il s'est attribué sur la république. L'un des principaux reproches qui lui aient été adressés par la postérité, est d'avoir assisté avec une indifférence coupable à la ruine de la Pologne : en fait, l'une de ses fautes les plus graves fut d'avoir sacrifié pendant toute la durée de la guerre de Sept ans les intérêts essentiels de la France à une tendresse exclusive, passionnée et inconséquente pour les Polonais. »

En ce qui concerne la guerre de Sept ans, au moins dans sa dernière période, le document inédit que produit M. Vandal, l'instruction secrète au baron de Breteuil du 1er avril 1760, est une pièce capitale et péremptoire. Mais je crains que M. Vandal ne s'en exagère la portée et n'en étende trop loin les conséquences. Il ne faut pas oublier que la guerre de Sept ans était une guerre contre l'Angleterre; que la défection de la Prusse força la France à accepter l'alliance autrichienne; que l'alliance russe en était le corollaire; mais que l'une et l'autre n'étaient qu'un expédient. En faire, comme le fit Louis XV pour l'alliance autrichienne, le principe de la politique française, c'était fausser toute cette politique et subordonner les intérêts de la France, qui étaient aux colonies, aux prétentions de l'Autriche et de la Russie sur l'empire turc. M. Vandal, comme beaucoup de nos contemporains, me paraît avoir quelque peine à se représenter la carte politique de l'Europe et les rapports réels des puissances du Nord avant les démembrements de la Pologne. Il faut se figurer la Prusse séparée en deux morceaux, la Russie bloquée dans ses neiges, l'Autriche contenue par la tumultueuse cavalerie polonaise qui menaçait sans cesse ses flancs, soit qu'elle voulût agir en Allemagne, soit qu'elle voulût marcher contre les Turcs; les trois puissances enfin se surveillant l'une et l'autre et se disputant la domination des Polonais. Jusqu'au jour où ces trois cours s'entendirent pour démembrer la Pologne, la Pologne fut entre elles une cause de rivalité et un obstacle à l'entente. C'est l'immense service qu'elle rendait à la France, et c'est pourquoi la France avait intérêt à la conserver. Je sais bien que l'assujettissement de la Pologne à la Russie était la condition de l'alliance russe, mais l'alliance russe compensait-elle le désavantage de la suppression de la Pologne? En portant ainsi les armées russes au cœur de l'Europe, la France n'avait-elle pas à craindre que la puissance formidable qu'elle aurait contribué à créer ne se retournât contre elle?

« La Pologne ne pouvant être sauvée, n'eût-il pas mieux valu la laisser tout entière tomber sous la suzeraineté de la Russie? » dit M. Vandal, et il regrette que, dès le temps de Pierre Ier, l'alliance n'ait pas été conclue à ce prix. Je ne discute pas ici l'arrêt; je me borne à dire que, sous cette forme absolue, je ne saurais l'admettre. Il y a mainte nation que tous les docteurs politiques ont mainte fois condamnée et qui se porte fort bien encore à l'heure présente. Il est des moribonds auxquels on a fait maintes opérations mortelles, et qui n'ont point encore succombé. On a le droit de demander pour la vie des nations le genre de respect que les médecins ont pour la vie des hommes : lors même qu'ils les condamnent, ils ne croient pas devoir les exécuter, et il y a plus d'un malade qui s'en est trouvé bien.

Mais passons ; en admettant que le mal fût sans remède et le patient sans vitalité, je dis que tout mourant qu'il était, il pouvait encore servir la France, et que la France avait un intérêt capital à le soutenir en vie. On en a eu la preuve, et une preuve péremptoire, en 1792. Les contemporains ont dit et les historiens ont prouvé que si la coalition contre la France fut si lente à se former et si prompte à se dissoudre, si ses mouvements furent si gauches, si incertains et si mous, c'est parce que la Russie envahissait la Pologne au moment où la Prusse et l'Autriche se préparaient à envahir la France. La Prusse n'engagea sur le Rhin que la moitié de ses forces, les ménagea toujours et finit par les retirer ; l'Autriche ne fournit point toutes les troupes dont elle pouvait disposer, et la Russie ne fit rien, parce qu'elle combattait en Pologne, que la Prusse voulait l'y rejoindre, et que l'Autriche était forcée de les surveiller. Supprimez la Pologne, et du coup, au lieu des quarante-deux mille Prussiens de Brunswick, vous en avez cent mille ; l'Autriche, au lieu de soixante-dix mille hommes, en porte cent cinquante mille sur notre frontière ; les cent mille Russes de l'armée du Danube, au lieu de marcher sur Varsovie et de s'y arrêter à batailler contre les Polonais, se précipitent à travers l'Allemagne et apportent aux Allemands leur formidable contingent. Ajoutez que, n'ayant plus de Pologne à se partager pour se payer des frais de leur campagne, les alliés prétendent se dédommager aux dépens de la France. Au lieu de 1792, vous avez 1814, et ce que n'a pu faire le génie de Napoléon soutenu par l'héroïsme de la vieille garde, le talent de Dumouriez, malgré l'élan de ses troupes et l'enthousiasme de la nation, aurait-il pu le faire à Valmy?

Ces réserves posées à ce qu'il y a d'un peu excessif dans le jugement d'ensemble de M. Vandal, on ne peut que souscrire à l'appréciation sévère qu'il fait de la politique de Louis XV. Cet auguste libertin avait décidément la trahison dans l'âme. Il trahissait ses maîtresses, ses ministres, ses alliés; il finit par se trahir lui-même, et c'est là tout le fond de son fameux *secret*. On ne lui connaît que deux attachements tenaces, des entêtements, à vrai dire, plutôt que des affections : l'Autriche, à laquelle il sacrifia la France, et la Pologne, qu'il finit à son tour par sacrifier à l'Autriche. Car la Pologne n'y échappa point. S'il est vrai de dire avec M. Vandal qu'il l'aima trop lorsque la France avait besoin de la Russie contre la Prusse, il ne faut pas oublier qu'il ne l'aima pas assez pour la défendre lorsque la Prusse et la Russie s'entendirent avec l'Autriche pour la démembrer.

IV

M. Vandal indique très-bien les circonstances où l'alliance russe aurait pu se conclure, de Piere Ier à Élisabeth; il en fait ressortir les conditions, il en déduit les avantages; je crois qu'il va trop loin lorsqu'il regrette que la France n'en ait point fait le principe de son système politique. Sans entrer dans une discussion historique qui m'entraînerait beaucoup trop loin, je me borne à constater que la Russie est de toutes les puissances celle qui a eu le plus de suite dans sa politique; que cette politique lui était imposée par la nature des choses, et qu'elle l'amena sous l'ancien régime à s'entendre plus souvent avec nos ennemis qu'avec nous. M. Vandal a écrit dans sa préface une phrase qui est le meilleur correctif à ce qu'il y a d'exagéré, à mon sens, dans son opinion. « Pour conclure cette alliance, dit-il à propos de la guerre de Sept ans, Élisabeth avait dû vaincre l'opposition presque universelle de sa cour; elle eût pu dire à l'envoyé de Louis XV les paroles par lesquelles son successeur Alexandre abordait notre ambassadeur après Tilsitt : — Il n'y a guère que vous et moi ici qui aimions la France. » On le savait à Versailles. M. Vandal cite quelques paroles du premier commis du Theil en 1743, et les trouve singulières dans la bouche d'un des chefs de la diplomatie française : « La plus sûre voie pour tirer parti de la Russie, disait du Theil, c'est de paraître ne point penser à elle. » M. Vandal se trompe : ces paroles ne sont point singulières, elles sont régulières. C'était là une maxime d'État de la vieille diplomatie. Les deux hommes de notre siècle qui ont le mieux connu la Russie, qui ont sincèrement désiré son alliance, les seuls qui aient été sérieusement sur le point de la conclure, le duc de Richelieu et M. de Laferronays, ne pensaient point autrement; ils s'exprimaient presque dans les mêmes termes. « Pourquoi ne pas chercher à vous rapprocher de nous? disait en 1825 Nesselrode à Laferronays. — Parce que, répondit l'ambassadeur, l'expérience nous a appris les soupçons que nous vous inspirerions à vous-mêmes, si nous allions plus loin avec vous. »

Cette expérience, La Chétardie l'avait faite à ses dépens, et personne ne l'a mieux montré que M. Albert Vandal. Toute cette partie du récit, et c'est la principale, est charmante, pleine de couleur et d'entrain. Peut-être le portrait d'Élisabeth est-il un peu trop traité à la manière flatteuse et légèrement fardée des contemporains, de Nattier par exemple. L'original demandait des lignes un peu plus fermes, des tons plus énergiques, plus crus, pour dire le mot. La draperie du fond est un peu molle, et la lumière trop adoucie. Les divertissements étaient lourds, les plaisanteries féroces à cette cour. Un jour, un prince Galitzin se marie et se mésallie; la tsarine Anna se charge de la noce, fait élever un palais de glace sur la Néva; on le meuble avec des glaçons, on y enferme les époux, ils y demeurent plusieurs jours, et, quand ils sortent, on les promène dans les rues au milieu d'un cortége d'Esquimaux. Il ne faut point séparer Élisabeth du monde à peine dégrossi au milieu duquel elle a vécu. M. Vandal nous la montre en son déclin, luttant contre l'âge et la maladie : « Elle a gardé la légèreté de la jeunesse sans en conserver l'élan; à ses qualités naturelles, intelligence, sensibilité du cœur, elle ne joindra jamais l'application au travail, ni le goût des occupations sérieuses... Plus femme que souveraine, malgré ses quarante-huit ans, elle songe moins à gouverner qu'à plaire, et la découverte d'une ride l'afflige autant qu'une défaite de ses armées. » Voilà un pastel tout à fait gracieux; on y pourrait opposer de terribles repoussoirs. En 1743, par exemple, on dénonce un complot destiné à rétablir sur le trône le petit tsar captif. Parmi les accusés se trouvaient plusieurs femmes de la cour : madame Bestouchef, belle-sœur du chancelier, et sa fille aînée; une des beautés de Pétersbourg, madame Lapoukin, que l'on arrêta avec son jeune fils; deux dames d'honneur, mesdames de Lilienfeld et Gagarin. Comme leurs aveux manquaient de précision, on donna, devant la Tsarine, le knout au jeune Lapoukin pour le forcer à dénoncer sa mère. Les conjurés furent condamnés à mort. Élisabeth leur fit grâce de la vie; mais madame Lapoukin, son mari, son fils et madame Bestouchef reçurent le knout, après quoi le bourreau leur arracha la langue. « En résumant ce règne, dit un biographe d'Élisabeth, on trouve qu'il fut glorieux pour la Russie, et que la douceur en fut le caractère dominant. » La douceur était relative; en réalité, Élisabeth ne voulait point que l'on tuât, mais elle laissait torturer. C'est dans cette mesure et par comparaison que ses sujets vantaient sa clémence. « Chaque soir, disait un Russe, je bénis ma souveraine de ce que ma tête est encore sur mes épaules. »

Au milieu de ce peuple à genoux et terrifié, les souverains tremblaient dans leur palais. C'est la destinée des usurpateurs. Au moment où Élisabeth complote le coup d'État qui doit lui donner la couronne, la régente Anna, qui la soupçonne, vit au milieu des angoisses. « Elle se lève au milieu de la nuit, sort du palais, va trouver le vieil Ostermann et le supplie de ne la point abandonner. » M. Vandal nous peint, dix-sept ans après, Élisabeth tourmentée à son tour par les mêmes épouvantes. « Chaque nuit, elle veille jusqu'au matin, craignant, dit-elle, d'éprouver le sort qu'elle a fait subir à la duchesse de Brunswick. Parfois, se reprenant à l'amour des plaisirs, elle ordonne des fêtes et y prend part avec passion, jusqu'à ce que ses forces la trahissent : alors des évanouissements prolongés et des crises violentes mettent en péril sa vie ou sa raison. Revenue à elle, elle se livre aux pratiques d'une dévotion puérile, et on la voit, pendant de longues heures, s'agenouiller devant l'image de la sainte préférée, l'interroger, lui demander des consolations. »

Elle mourra dans son lit de souveraine. Mais considérez à ses côtés ses héritiers qu'elle soupçonne et qu'elle hait, la grande-duchesse, Catherine la Grande, sa rivale en amour et en beauté, qui conspirera plus tard contre son propre mari et le fera tuer dans sa prison après l'avoir précipité du trône. Au-dessous d'eux, à la troisième génération, le tsar futur, le grand-duc Paul, qui, « s'il faut en croire les propos que les courtisans se répètent à l'oreille, serait le fils d'Élisabeth substitué à l'instant de sa naissance au fruit des amours de Catherine et de Soltikof ». Celui-là non plus n'échappera point à la tragique destinée de sa race, et, quelques années après, lorsqu'il sera devenu grand-duc héritier, un agent français écrira, prévoyant trop clairement l'avenir : « Le prince suit en tout point les traces de son malheureux père, et à moins que le cœur de la grande-duchesse ne soit le temple de toutes les vertus, il éprouvera un jour le même sort que Pierre III. Il s'y attend, et le lui dit à elle-même[1]. » Un tsar détrôné au berceau et destiné à mourir de langueur dans sa prison, une impératrice épouvantée, deux générations de souverains condamnés à périr par la conspiration et l'assassinat; au-dessous d'eux, autour d'eux, une nation puissante inconnue encore à elle-même comme aux autres, igno-

---

[1] *Rapport de Genet,* Pétersbourg, 16 septembre 1791.

rante et insoucieuse des révolutions de son gouvernement, l'entraînant, le soulevant à son insu et poursuivant sous ses agitations passagères le cours mystérieux et grandiose de sa destinée, c'est le spectacle imposant et tragique que nous présente la Russie du dix-huitième siècle. En pleine civilisation moderne, il nous ramène aux éléments primitifs de l'histoire et des terribles épopées du Nord.

M. Albert Vandal en retrace un des plus intéressants épisodes. Son livre, plein de renseignements nouveaux et d'aperçus ingénieux, a été puisé aux bonnes sources. Il est sérieusement étudié, composé avec soin, écrit avec grâce. Il se recommande aux historiens et aux curieux.

CATHERINE II

ET LA RÉVOLUTION FRANÇAISE

I

Catherine de Russie aimait les philosophes français comme François I*er* les artistes d'Italie et Louis XIV les poëtes de Paris. Peut-être s'y mêlait-il un peu du caprice et de la curiosité d'un Louis XI et d'une Catherine de Médicis pour les astrologues. Les grands praticiens de la politique ont toujours aimé à jouer avec les prophètes. Le goût de la Tsarine pour les lettrés et pour les écrivains avait d'ailleurs sa part d'intérêt; il y entrait une bonne dose de diplomatie et de calcul. Ils étaient les grands dispensateurs de renommée et propagateurs d'idées. Catherine affectait de mépriser les gazetiers : « Ils sont tous à gages, et de ma vie je n'ai dépensé un seul sou à cette besogne. » Elle en parlait fort à son aise. Elle avait, pour semer ses idées dans le monde, Voltaire, Grimm et Diderot; quelles gazettes ont jamais valu celles-là? Portées par eux, ses « paroles ailées » faisaient le tour de l'Europe, et sa « presse officieuse »

entre leurs mains travaillait pour l'immortalité. Elle
s'assurait ainsi que l'on parlerait d'elle aussi longtemps
qu'on parlerait français et qu'il y aurait des gens de
goût. D'ailleurs, tout ce cliquetis d'idées la divertissait;
cette musique formait pour elle le plus délicieux des
concerts, et les dissonances mêmes y donnaient du ragoût.
Mais il ne fallait pas que le « maître de chapelle »
s'avisât de descendre de son pupitre et de confondre sa
musique avec celle des anciens Grecs qui régénérait les
mœurs et réglait la pensée des législateurs. Un Michel-
Ange ne serait pas resté trois semaines à la cour de
Catherine. Elle rappelait les penseurs à l'ordre avec
une verve hautaine et rudement caustique, à l'allemande. Diderot, qui n'était guère diplomate, s'étonnait
un jour du peu d'effet que produisaient ses discours, que
la Tsarine écoutait avec tant d'enthousiasme. « Avec
tous vos grands principes, lui répondit-elle, on ferait
de beaux livres et de mauvaises besogne. Vous oubliez
la différence de nos deux positions. Vous ne travaillez
que sur le papier, qui souffre tout, tandis que moi,
pauvre impératrice, je travaille sur la peau humaine,
qui est bien autrement irritable et chatouilleuse [1]. »

Voltaire seul trouva toujours grâce devant elle : il
faut dire qu'il s'abaissa beaucoup et ne parut jamais
que prosterné devant l'idole ou dansant devant l'arche.
Elle lui en sut gré; elle le caressa toute sa vie, et quand
il fut mort, elle encensa sa tombe. C'est qu'elle ne le
confondait pas avec les autres, les encyclopédistes et les
philosophes proprement dits, qui méditaient, elle le
savait et le répétait, le bouleversement du monde et la

---

[1] *Mémoires, ou Souvenirs et Anecdotes,* par le comte DE SÉGUR,
t. III.

chute des trônes. « On vient me dire que c'est Voltaire qui prêchait cela, écrivait-elle en 1792 ; voilà comme on ose calomnier les gens ; je crois que Voltaire aimerait mieux de rester là où on l'avait enterré que de se trouver en compagnie de Mirabeau à Sainte-Geneviève. » Elle détestait les « ministres littérateurs », les hommes d'État qui se piquaient de réflexion et de principes, Necker en France, Hertzberg en Prusse, Manfredini en Toscane, Bernstorff en Danemark. Elle ne voyait en eux que des brouillons solennels et des pédants boursouflés. Leur *sensibilité* la faisait rire, et leurs *vertus* lui donnaient la nausée. « Rousseau les a mis à quatre pattes ! » C'était son dernier mot sur les philosophes, leurs principes et la révolution qui en était sortie.

Ces jugements d'une élève de Voltaire sur la révolution française sont intéressants à recueillir, et c'est le grand attrait de la correspondance de Catherine avec Grimm [1]. Cette correspondance, très-désirée depuis longtemps, répond, et très-largement, à l'attente de la critique, et, de tant de documents que nous devons déjà à l'intelligente activité de la Société d'histoire de Russie, il n'en est pas de plus précieux et de plus curieux que celui-là. A part le jargon que les étrangers confondaient trop volontiers avec la pointe d'allusion voltairienne, à part surtout le ton de persiflage que Frédéric avait mis à la mode et que la Tsarine copie un peu lourdement, cette correspondance fait grand honneur à son esprit, et son caractère s'y peint avec un singulier relief.

Elle eut très-peu des charmes et des vertus de la

---

[1] *Correspondance de Catherine II avec Grimm*, publiée par la Société d'histoire de Russie. Pétersbourg, 1878.

femme; mais elle possédait, et au suprême degré, la vertu souveraine des grands politiques : la constance. Comme son maître et son ami Frédéric de Prusse pendant la guerre de Sept ans, Catherine eut, en 1790 et 1791, sa période d'épreuves, et elle en triompha. En guerre avec le Turc, attaquée par le Suédois, menacée par l'Anglais et le Prussien, sentant à ses côtés la Pologne en révolte, elle fit face de toutes parts. « Morgué! nous ne plierons pas devant le diable même! » Il faut l'entendre expliquer à Grimm comment elle passait son temps et soutenait son âme alors que Gustave III la menaçait dans sa capitale : « Les anciens mettaient la plus grande valeur à supporter, à réparer les malheurs; c'est là qu'ils déployaient la vraie grandeur d'âme et la trempe vigoureuse de leur esprit et de leur courage. Les héros modernes devraient les imiter, ils devraient se nourrir l'âme de la lecture des anciens; cela les fortifierait et soutiendrait les qualités nécessaires pour faire les grandes choses. Voulez-vous savoir ce que le général Zoubof et moi faisions cet été au bruit des canons, à Tsarskoë-Sélo, dans les heures de loisir? Eh bien, voici notre secret livré : nous traduisions un tome de Plutarque en russe. Cela nous a rendus heureux et tranquilles au milieu du brouhaha; il lisait encore outre cela Polybe. » Voilà comment on entendait l'*esprit classique* à Pétersbourg et comment on s'en trouvait bien. Catherine ne voyait pas l'antiquité dans le mirage sophistique de Rousseau; elle lisait les anciens comme Richelieu et comme Corneille, et elle retrouvait une partie de leur âme.

II

Dès qu'elle fut avertie de la révolution française, elle la condamna sans appel : la révolution heurtait ses idées, blessait ses passions et contrariait sa politique. Quand les États généraux se réunirent, elle essayait de former avec l'Autriche, la France et l'Espagne une quadruple alliance, destinée à écraser les Turcs et à contenir la Prusse et l'Angleterre. Elle poussait la France à des mesures vigoureuses : la France refusa. Le trésor royal était vide, et la nation était enivrée de liberté, de réformes et de paix. Ce fut le point de départ de la mauvaise humeur de Catherine. Elle crut que si la révolution réussissait, la France serait entraînée à se rapprocher des deux États qui passaient, l'un pour le plus libre, et l'autre pour le plus « philosophe » du continent, l'Angleterre et la Prusse. Elle augura, avec toute l'Europe, du reste, que la révolution affaiblirait la puissance française en détendant le ressort de l'autorité royale. Un roi constitutionnel n'était pour elle qu'un « allié en peinture ». Elle n'attendit plus rien de la monarchie française, et elle redouta tout de l'Assemblée. Cette Assemblée exaspérait en elle l'orgueil du despote et l'infaillibilité de l'autocrate. Elle ne tarit point en injures et en expressions de mépris pour ce roi qui se laisse dicter des lois, pour cette noblesse qui abandonne ses privilèges, pour ce tiers qui se mêle de vouloir gouverner les États. « Je ne saurais croire aux talents de savetiers et de cordonniers pour le gouvernement et la législation ; faites écrire une seule lettre par mille personnes, donnez-leur à mâcher chaque terme, et vous verrez ce qui en arrivera... » — « Le joli amusement qu'on vous a donné en rentrant dans ce repaire de brigands était le spectacle du saccage de l'hôtel de Castres ; voilà ce que produit le gouvernement des avocats, des procureurs et des écervelés, qu'autrefois on ridiculisait au théâtre ; on dirait qu'ils se vengent présentement des risées du public. Tout pays a des lois contre la chicane et les chicaneurs, et chez vous on les met à la tête du gouvernement. »

A cette irritation, qui ne saurait étonner chez un souverain russe, se mêlait un sentiment plus complexe qui n'est avoué nulle part, mais qui revient et s'insinue sous trop de formes différentes pour qu'on en puisse méconnaître le caractère. C'était la revanche de la petite princesse allemande parvenue au trône despotique d'un empire barbare, et ayant subi, malgré elle et avec une jalousie sourde, le prestige du plus glorieux établissement monarchique et de la plus vieille civilisation de l'Europe. Que ces éloges et que ces flagorneries à la France, à ses rois et à ses penseurs ont dû coûter à son orgueil ! On s'en aperçoit à la complaisance avec laquelle elle note et souligne les symptômes d'affaissement, les signes de décadence et tout ce qui peut trahir, sous l'éclat et la fleur de la civilisation, le réveil du sauvage et l'effervescence du sang barbare. Elle oppose constamment les splendeurs de Louis XIV aux troubles du présent. « Il faudra que l'Assemblée nationale fasse jeter au feu tous les meilleurs auteurs français et tout ce qui a répandu leur langue en Europe, car tout cela dépose contre l'abominable grabuge qu'ils font. » Voilà donc ce dix-huitième siècle tant vanté ! Le retour à la bête, l'*homme à quatre pattes,* des incendies, des pillages, des assassinats, et un débordement effroyable de sottise. Elle ne voit pas autre chose, et comme elle s'en relève! « Le ton plaintif va très-bien à un habitant de la capitale d'un royaume qui prétend se régénérer, qui est en mal d'enfant depuis deux ans sans accoucher, et qui pour sûr est menacé d'une fausse couche, dont l'avorton est mort, ou qui n'a mis au monde qu'un monstre pourri et puant. Mais détournons les yeux d'un objet aussi odieux et détestable que les crimes de cette hydre à douze cents têtes... » Elle reporte avec satisfaction ses regards sur son empire : l'ordre y règne. « La principale raison est que les avocats et les procureurs ne sont pas législateurs chez moi, et qu'ils ne le seront jamais aussi longtemps que je serai et qu'après moi on suivra mes principes. »

Elle méconnaît absolument les causes et la portée de la révolution. Elle s'imagine que tout le mal vient de la mauvaise éducation, et qu'il suffirait de rappeler les Jésuites pour tout guérir et tout réparer. « On a beau dire, ces coquins-là veillaient aux mœurs et au goût des jeunes gens, et tout ce que la France a eu de meilleur est sorti de leurs écoles. Je lis et relis la *Henriade* pendant ces troubles de la France; conseillez aux Français de la lire, afin que les gredins ci-dessus nommés (les constituants et surtout les nobles) apprennent à penser. » Les Jésuites pour précepteurs, la *Henriade* pour évangile, voilà bien une vue d'étranger, dira-t-on, une vue par trop tudesque, ou slave, comme on voudra. Qu'on y prenne garde cependant, il y a là un aperçu moins paradoxal qu'il n'en a l'air, et le rapprochement n'est pas si arbitraire qu'on pourrait le croire. Catherine prend les effets pour la cause, et propose purement et simplement de l'homœopathie; elle y ajoute, du reste, une bonne dose de knout. Mais c'est là surtout que l'on voit combien elle se méprend. Elle imagine qu'avec un peu d'énergie on mettra tous les turbulents à la porte, et que l'on ramènera tout le monde à la raison. Un régiment de Cosaques y suffirait; il est vrai qu'il faudrait qu'il fût commandé par Henri IV.

Cette pensée qu'un grand roi de cette sorte rétablirait les choses par son énergie et sa sagesse revient très-souvent sous sa plume. C'est ce qui l'attache tant au parti des princes et des émigrés; c'est l'œuvre qu'elle attend d'eux, et elle en éprouve de rudes désillusions. Elle ne se rend du reste aucun compte de ce que devrait dire et faire cet Henri IV, et le peu d'idées qu'elle expose à ce sujet est singulièrement arbitraire et superficiel. Mais si elle se trompe sur les moyens d'exécution, elle ne se trompe pas sur le but vers lequel la révolution est entraînée. C'est, au milieu de ces diatribes de libelliste de l'émigration, le trait de l'homme d'État et le coup d'œil historique. « Ma visière à la minute passe comme une fusée, et s'enfuit dans l'avenir quelquefois, ne voyant qu'un seul trait caractéristique », écrivait-elle avec un de ces ressauts de style qui lui étaient familiers et qui lui venaient de la fréquente lecture de Montaigne. La « visière » en effet passe et saute sur le présent, elle va droit aux conséquences. C'est que la Tsarine part d'une notion très-simple et très-juste du passé de la France, et ce point d'appui lui suffit pour franchir par la pensée l'abîme dont elle s'écarte avec horreur. « Vous dites, écrit-elle à Grimm, vous dites sur les États généraux ce que j'ai dit bien des fois dans d'autres termes; ceux de 1359 ressemblent, de même que la Ligue, comme deux gouttes d'eau à tout ce qui se fait présentement; seulement les motifs étaient différents, et la fin de ce siècle a prouvé que ce dix-huitième siècle tant vanté ne vaut pas un liard de plus que ceux qui l'ont précédé. » C'est une maladie chronique des nations; elle paraît prendre aux Français « tous les deux cents ans »; elle finira cette fois comme elle a toujours fini. « Il faudrait feuilleter l'histoire et voir si jamais pays ait été sauvé par autre qu'un réellement grand homme, et d'après cette découverte je prédirais ce qu'il en sera de la France. » La révolution l'a ramenée à l'état de la Gaule au temps de César. « César les réduisit. Quand viendra ce César? Oh! il viendra, gardez-vous d'en douter... » Si la révolution prend en Europe, « il viendra un autre Gengis ou Tamerlan pour la mettre à la raison ». Se doute-t-elle que ce Gengis sera justement fils de la révolution, et que ce seront les Gaulois eux-mêmes qui acclameront César? Elle n'ose le croire, mais elle s'en doute : « Si la France sort de ceci, elle aura plus de vigueur que jamais; elle sera obéissante et douce comme un agneau; mais il lui faut un homme supérieur, habile, courageux, au-dessus de ses contemporains et peut-être du siècle même; est-il né? ne l'est-il pas? viendra-t-il? Tout dépend de cela; s'il s'en trouve, il mettra le pied devant la chute ultérieure, et elle s'arrêtera là où il se trouvera : en France ou ailleurs [1]. »

[1] *Lettres à Grimm*, 10 mai, 30 avril, 13 juin, 1er septembre 1791, 10 février 1794.

III

Elle n'invectivait, du reste, et ne prophétisait ainsi qu'à ses moments perdus; au fond, dans cette grande crise de continent, elle songea surtout à ses propres affaires. Sur ce point, elle vit constamment juste et opéra avec une supériorité d'esprit et une fermeté d'action incontestables. Dès que la chute de la royauté en France devint probable, elle chercha quel profit elle en pourrait retirer. Ce profit, qui fut très-grand, pouvait être immense. La guerre éclatant sur le Rhin, l'Autriche et la Prusse aux prises avec la révolution de France, la Russie, qui n'avait point à craindre la propagande, se trouvait les mains libres : elle était maîtresse de conquérir la Turquie et d'assujettir la Pologne. Ce fut le grand dessein de Catherine, et c'est pourquoi on la vit mettre à la fois tant d'ardeur à prêcher la croisade des rois et si peu d'empressement à l'entreprendre. Elle se montre ultra-royaliste, elle reconnaît Louis XVII, puis Louis XVIII, elle ne veut pas de demi-mesures, il lui faut la contre-révolution totale. C'est que plus la coalition sera violente et menaçante, plus la guerre sera longue, et plus l'Europe s'y absorbera. Si la coalition réussit et rétablit l'ancienne monarchie, Catherine trouvera dans le roi restauré le plus reconnaissant des alliés; si la coalition échoue, la Russie aura eu le temps d'agir à sa guise et d'assurer son bénéfice. « S'il trompe, je l'en félicite; s'il ne trompe pas, je le plains », disait-elle de Léopold. Elle dut se féliciter et ne put se trouver à plaindre.

Elle gourmandait avec sa verve caustique, et raillait sans relâche la faiblesse et l'incapacité des alliés, le « salmigondis de politique et de ruses contradictoires de la coalition », les princes allemands « neutres dans leur propre cause », la paix « infâme » de la Prusse avec la France, les retraites savantes des Autrichiens qui fournissaient tant de données « au traité sur les moyens de perdre les empires ». Elle dénonçait à la haine du monde les « brigands » et les « démons qui savent marcher où ils veulent aller, malgré les pluies, les boues et le manque de vivres et de fourrage, tandis que nos compassés ne parviennent nulle part où ils devraient aller ». Le secours d'une armée russe aurait, bien mieux que tous ces discours, fait les affaires de la coalition. Les Autrichiens et les Prussiens n'auraient pas craint de voir la Pologne envahie sur leurs derrières pendant qu'ils étaient retenus sur le Rhin; et les Cosaques auraient, sans aucun doute, fourni aux alliés un puissant renfort. Catherine le savait, et elle n'avait garde d'égarer ses troupes si loin de son empire. « Si je dois être de la partie, ce ne sera pas dans le chemin des sottises que je m'embarquerai », écrivait-elle à Grimm en juin 1793. Grimm n'en doutait pas, il l'avait vue lancer en avant Gustave III, traiter avec lui, promettre des chevaux, des vaisseaux et des canons. Le traité avait été signé en novembre 1791. Tandis qu'elle le négociait, elle écrivait à Grimm : « Comment voulez-vous que je lui confie des troupes? il ne sait pas les mener. » Le fait est que les troupes russes allèrent en Pologne et qu'elles y restèrent. « Et vous voulez, disait-elle en mai 1792, que je plante là mes intérêts... pour ne m'occuper que de la jacobinière de Paris? Non, je la battrai et combattrai en Pologne, mais pour cela je ne m'en occuperai pas moins des affaires de France et j'aiderai à battre le ramas des sans-culottes comme feront les autres. » Elle y aida si peu que ce fut justement son intervention en Pologne qui, jetant la méfiance entre la Prusse et l'Autriche, paralysa leurs mouvements en 1793 et permit à la France de rassembler ses forces, de faire face à l'ennemi et de prendre à son tour l'offensive. Personne ne contribua plus que Catherine à former la coalition, mais personne ne contribua plus à la dissoudre, et c'est ainsi que, sans le vouloir et sans le savoir, elle rendit un immense service à cette révolution qu'elle exécrait et dont elle souhaitait la ruine. La Pologne paya pour la France.

C'est là qu'il faut chercher l'explication de la politique de Catherine II; c'est là que se concilient les contradictions apparentes de sa pensée et de son langage. On est surpris au premier abord de la voir confondre les jacobins de Paris et les jacobins de Varsovie, et se déchaîner avec la même fureur de mépris contre les États généraux, qu'elle accuse de détruire l'autorité royale, et la Diète de Pologne, à laquelle elle reproche d'anéantir les libertés polonaises. Il y a telle de ces lettres, celle du 10 mai 1791 par exemple, où elle exprime tour à tour sans transition les mêmes sentiments : « Par métier et par devoir, dit-elle, je suis royaliste et n'ai vu encore faire à aucune Assemblée nationale ou Diète rien autre chose que des bévues. » Voilà pour la France et pour Louis XVI; quand il s'agit de la Pologne, c'est le même ton, mais le motif change : « Eh bien! cette Diète de Pologne, que vous mettez au-dessus de l'Assemblée nationale, vient de renchérir en folie, car par amour de la liberté et pour être plus sûre d'icelle, elle vient de se livrer pieds et poings liés au roi de

Pologne en abolissant le *liberum veto*, le *palladium* de leur liberté polonaise, et elle s'est choisi une hérédité de rois. Ne faut-il pas avoir le diable au corps depuis la tête jusqu'aux pieds que de manquer ainsi à son premier principe?... »

Les principes, en réalité, n'avaient rien à voir en cette affaire, et Catherine ne s'en souciait en aucune façon. Elle détestait partout et toujours les assemblées et méprisait la multitude. États généraux et Diète lui étaient, sous ce rapport, odieux au même degré. Mais il convenait à sa politique d'avoir en France une monarchie absolue et centralisée, tandis que la Pologne resterait une république incohérente et anarchique. Comme elle ne suivait que sa pensée, et que sa pensée était parfaitement nette et ferme, elle ne voyait aucune contradiction entre des jugements en apparence si opposés. Ceux qui, d'après les lettres de Voltaire et les adulations des courtisans posthumes de la Tsarine, cherchent en elle un philosophe, un esprit vraiment supérieur et dégagé, auront grand'peine à s'expliquer ces écarts; ils seront bien forcés d'y découvrir une trace de faiblesse et une sorte d'infériorité. Ce serait se tromper, et de beaucoup. Il faut prendre Catherine pour ce qu'elle était: une Allemande par la race et le caractère, devenue un grand souverain russe. C'est le fond, et ce fut justement sa force de savoir faire concourir des éléments si divers et si opposés à l'exécution d'un dessein aussi bien déterminé. Elle avait à la fois la simplicité d'idées et la souplesse d'esprit qui sont le propre des natures prime-sautières; ses rares aptitudes d'assimilation, qui n'étaient peut-être qu'un instinct d'imitation développé jusqu'au génie, n'ébranlèrent jamais chez elle le puissant équilibre de ses facultés.

Elle avait appris le langage du temps, mais elle avait gardé ses passions primitives, et les idées du siècle passaient sur son âme comme le rayon qui étincelle à la surface des eaux sans en échauffer les profondeurs. Pour la coquetterie intellectuelle et le marivaudage politique, elle avait ses courtisans philosophes; mais pour l'amour, elle s'en tenait aux grenadiers russes. Les contemporains s'y trompèrent, et Catherine profita de leur erreur. L'histoire ne peut la partager. Les Sémiramis ne sont philosophes que dans les tragédies de second ordre, et ces héros de convention n'ont jamais la force et la vie des vrais héros de l'histoire. En tout cas, la méprise aujourd'hui ne serait plus possible, et Catherine, dans une de ses lettres à Grimm, a pris soin de la dissiper. « Vous êtes un grand politique, lui écrivait-elle; vous parcourez toute l'Europe en deux pages; mais comme cela s'est fait pour me dire que je n'ai à faire que ce que mon intérêt me dictera, je vous en suis bien obligée, et je vous assure que je n'y manquerai pas. »

L'ANGLETERRE ET L'ÉMIGRATION [1]

I

Dans l'été de 1795, l'Angleterre était aussi lasse que la France de la guerre acharnée que les deux nations se faisaient depuis 1793. La misère y était grande, les impôts écrasants. On y souffrait de la disette presque autant qu'en France. A Paris, en germinal et en prairial, il y avait eu des émeutes. La foule réclamait la Constitution de 1793, elle réclamait surtout du pain. A Londres, elle criait : « Point de guerre, point de famine, point de Pitt! » On demandait la reconnaissance de la « brave République française » comme le seul remède aux maux de l'État. Lorsque le Parlement se réunit, au mois d'octobre, le Roi, entouré par une foule menaçante, fut accueilli par des huées. Un forcené tenta de l'assassiner. Le Parlement vota les crédits pour continuer la guerre, mais le Roi dut déclarer son désir de faire la paix dès qu'il pourrait la conclure à des conditions

[1] *L'Angleterre et l'émigration de 1794 à 1801*, par M. André LEBON, 1 vol.

« justes et raisonnables [1] ». Pitt en était très-sérieusement préoccupé. Il n'aimait point la guerre pour elle-même. Il ne la poursuivait que pour en retirer une paix durable. Sur les conditions de la paix entre la France et l'Angleterre, il avait des idées fermes et arrêtées. Le jour où ces conditions lui avaient paru incompatibles avec la politique du gouvernement français, il avait commencé la guerre. L'Angleterre la poursuivit avec acharnement, sauf la courte trêve d'Amiens, jusqu'au jour où les conditions qu'elle s'était assignées purent être non-seulement subies, mais acceptées et respectées par le gouvernement français. Pour s'indemniser de ses dépenses, elle comptait garder les colonies françaises qu'elle avait prises. Elle ne prétendait point conquérir sur le continent; mais elle entendait que la France renonçât à ses conquêtes. Elle ne se croyait point en sûreté, elle ne considérait point la paix de l'Europe comme solide tant que la France demeurerait maîtresse de la Belgique et suzeraine de la Hollande. « Une des nombreuses raisons qui nous font continuer la guerre contre la Convention, écrivait à la fin de 1795 un diplomate anglais [2], c'est une résolution inébranlable de ne jamais tolérer la moindre mention de leur sauvage projet de prendre le Rhin pour frontière... Nous sommes sur nos gardes contre une idée aussi monstrueuse, et nous ne pourrions jamais en entendre parler sans la désapprouver formellement. Si l'équilibre européen devait être ainsi détruit, peu importe que cela se fît

---

[1] Lord STANHOPE, *William Pitt et son temps,* traduction de M. GUIZOT, t. II, chap. xx. — ERSKINE MAY, *histoire constitutionnelle de l'Angleterre,* traduction de M. Cornélis DE WITT, t. II, ch. ix.
[2] Rapport de lord Macartney, 15 novembre 1795.

sous une république ou sous une monarchie. »

Les conditions de la paix étaient donc indépendantes de la forme du gouvernement de la France; mais la forme de ce gouvernement n'était indifférente ni pour la conclusion ni pour le maintien de la paix. « Il y a, écrivait Burke à Pitt [1], une chose que je demande pour vous à Dieu (car vous êtes notre dernier espoir terrestre), c'est que vous ne tombiez pas dans la grande erreur dont on ne revient pas. » L'erreur fatale, c'était de croire que « ce qu'on appelle la paix avec les brigands de la France » pût, en vertu d'une politique quelconque, se concilier avec le repos intérieur, la force extérieure, le pouvoir ou l'influence de l'Angleterre. C'était bien au fond la pensée de Pitt. Il estimait que les républicains seraient forcés de continuer la guerre pour se maintenir au pouvoir; que la continuation de la guerre amènerait là le gouvernement d'un chef d'armée, c'est-à-dire la guerre en permanence; que, par suite, il n'y avait de paix possible qu'avec la monarchie. Dans la division des partis, il considérait qu'il n'y avait de monarchie possible que la légitime. Il croyait que si la France se réconciliait avec ses anciens rois, elle serait assez heureuse de retrouver le repos pour y sacrifier son ambition, et que les rois seraient assez heureux de retrouver leur couronne pour faire à l'Europe le sacrifice des conquêtes de la révolution [2]. Mais cette restauration devait être l'œuvre commune de la maison royale et des Français : autrement elle ne présenterait point de garanties de stabilité. L'Angleterre ne songeait

---

[1] 28 octobre 1795.
[2] Voir dans l'ouvrage de M. Lebon les instructions de lord Grenville à Wickham, 15 octobre 1794.

point à s'ingérer dans le gouvernement intérieur de la France; elle savait qu'une restauration imposée par les étrangers serait odieuse à la nation. C'était donc aux royalistes de rétablir la royauté; toutefois la royauté n'était pas l'ancien régime. Une contre-révolution semblait aux Anglais une œuvre aussi chimérique que dangereuse. « On a toujours pensé ici, écrivait lord Grenville [1], qu'en conséquence de la confusion générale et du désordre qui règnent en France, la main d'un gouvernement très-fort, peut-être celle d'un gouvernement tout militaire, serait nécessaire comme moyen temporaire de rétablir l'ordre convenable et de préparer le pays à recevoir les bienfaits d'un régime plus doux et plus modéré. Mais on y a songé comme moyen temporaire seulement, et l'on ne croit pas ici que la tranquillité puisse être rétablie en France d'une façon durable sur la base d'une monarchie absolue et arbitraire. »

Cela posé, Pitt voulait savoir quelles chances il y avait d'atteindre ce résultat. Si le succès était possible, il était décidé à y contribuer par tous les moyens d'action dont pouvait disposer l'Angleterre. Se renseigner sur l'état des partis en France, sur les dispositions des royalistes du dedans et celles des royalistes du dehors, rapprocher les uns et les autres, les réunir pour une action commune, les éclairer sur leurs intérêts, les soutenir par des conseils et par de l'argent, former dans l'Est un centre d'action analogue à celui qu'on avait formé dans l'Ouest, préparer enfin les éléments d'une restauration qui s'accomplirait sous les auspices de l'Angleterre et lui assurerait une paix conforme à ses désirs,

---

[1] A lord Macartney, 8 septembre 1795.

tel fut l'objet de la mission confiée à Wickham. On l'envoya en Suisse.

La Suisse était l'asile, le rendez-vous et le laboratoire des intrigants, des conspirateurs et des diplomates. La paix entre la France et la Prusse s'y nouait à Bâle. Les émigrés y tramaient leurs complots. C'était l'officine centrale des pamphlets et des faux assignats. Les espions du comité y coudoyaient ceux de la coalition. Tous les faiseurs de l'Europe s'y rassemblaient. Les royalistes du droit divin, qui attendaient le salut d'un miracle, y rencontraient les royalistes constitutionnels, qui continuaient de discuter sur la séparation des pouvoirs et le problème des deux Chambres. C'est là que Barthélemy concentrait dans son ambassade, qui était un vrai ministère *in partibus,* les renseignements destinés à faire connaître l'Europe aux gouvernants de Paris. C'est là que Mallet du Pan, qui avait monté une merveilleuse agence d'informations, rédigeait sur la situation de la France ces admirables rapports que les hommes d'État de l'Europe lurent peut-être, mais ne comprirent jamais. Il a peint « cette nuée d'émissaires, de ministres ambulants, de cerveaux timbrés, de légats qui affluaient en Suisse..., bavardant, intriguant, entassant sottises sur sottises, éloignant tous les gens sensés [1] ». Ils pullulaient surtout dans l'émigration. C'est au milieu d'eux que tomba Wickham.

Ce monde n'était pas fait pour l'effaroucher. Il ne s'y trouva même que trop à l'aise. Son caractère se prêtait à une mission où le diplomate devait se doubler d'un conspirateur. Le conspirateur entraîna, grisa et dérouta presque toujours le diplomate. Il n'eut pas de peine à

---

[1] Note pour Louis XVIII, 1795, t. II, p. 160.

s'entendre avec les émigrés : il y avait entre eux et lui une affinité de tempérament. Wickham était émigré de naissance. Ce n'est pas un agent de Pitt, travaillant pour le compte de l'Angleterre à une restauration des Bourbons en France; c'est un jacobite préparant pour son propre compte et par conviction le rétablissement des Stuarts. Il se passionne pour son œuvre; sa passion l'aveugle sur les moyens aussi bien que sur les hommes. Il lui suffit de payer un agent pour le croire. Tout rapport qu'il reçoit passe pour document; le commérage se transforme en fait. Il croit tenir la France, son gouvernement, ses armées, parce qu'il a des « courtiers » prêts à les lui vendre, et qu'il paye d'avance la commission. Persévérant d'ailleurs, plein de ressources, d'expédients, de ressort, invulnérable aux déceptions, inépuisable en espérances, il s'en va à la dérive, comme un nageur qui croirait diriger le fleuve parce qu'il se débat intrépidement dans le courant qui l'entraîne.

Diplomatie secrète et polique d'émigré, la mission de Wickham rappelle le ministère secret du comte de Broglie. La France échappe à l'agent de Pitt, comme la Pologne échappait naguère au confident de Louis XV. Deux fois, au 13 vendémiaire et au 18 fructidor, il croit toucher le but : le résultat tourne contre lui. Il attribue l'échec à des défections, à des fausses démarches, à des contre-mines. La vérité est que son édifice reposait sur le sable mouvant, et qu'il suffit de vouloir le couronner pour qu'il s'effondrât.

La lutte dura trois ans. En 1797, le gouvernement anglais y renonça. Le Directoire avait fait expulser Wickham de la Suisse. Les conspirations contre l'État dégénéraient en complots contre les personnes. Le gouvernement anglais, il faut lui en faire honneur, en ce temps-là surtout et dans l'effroyable désordre des mœurs politiques de l'Europe, refusa d'y tremper. Un agent qui était demeuré en Suisse après le départ de Wickham s'étant laissé compromettre dans une de ces conspirations qui furent la préface de celles de Georges, lord Grenville le désavoua [1] :

« Je ne puis vous cacher que le plan qui a été formé à Paris en vue de frapper un coup, qui, si j'entends bien les phrases dont on se sert pour le décrire, ne serait rien moins qu'un attentat contre la vie des membres du Directoire, ne serait aucunement approuvé ici ; il doit être rejeté immédiatement et absolument comme une mesure que Sa Majesté condamne entièrement, parce qu'elle répugne aux sentiments d'honneur et d'humanité qui, quels que soient le caractère et la conduite de l'ennemi, conviennent à une nation civilisée et sont nécessaires pour conserver à la guerre les lois et les droits que la civilisation lui a reconnus. Vous devez donc sans retard mettre clairement un terme à la négociation... en faisant entendre que vous ne pourrez jamais être autorisé à la renouer pour un tel objet. »

Le gouvernement anglais ne croyait plus au succès du plan dont il avait confié l'exécution à Wickham. Il ne mit plus désormais les royalistes et les princes qu'en seconde ligne. Il chercha la paix par d'autres moyens, gardant toutefois ses préférences pour la monarchie, et se réservant de contribuer à la rétablir, lorsque la coalition aurait triomphé et imposé la paix à la France. C'est un changement de rôles, et il est tout au détriment de la cause royaliste. En 1794, l'Angleterre comptait que la restauration de la monarchie en France

---

[1] A Talbot, **25 janvier 1799**.

donnerait la paix à l'Europe; en 1799, elle ne compte plus que sur la paix de l'Europe pour amener la restauration de la monarchie en France.

Wickham échoua, et il devait échouer, parce que le terrain même sur lequel il opérait se dérobait sous ses pas. Ni la France, ni les royalistes, ni le prétendant, ni les alliés, n'étaient d'accord sur les conditions d'une restauration. Toute l'activité de Wickham ne parvint qu'à déclarer plus nettement et à mieux déterminer les contradictions qui les divisaient.

Il dépensa beaucoup de zèle, d'efforts et d'argent pour créer à l'intérieur de la France un parti royaliste, grouper ce parti, y rallier des généraux, y rattacher des membres influents dans les conseils et dans le gouvernement de la République. Il se crut plusieurs fois sur le point de réussir, et le fait est qu'il trouva des gens disposés à seconder ses desseins. Il en trouva surtout de disposés à recevoir son argent. La vénalité est la plaie et la souillure principale de ce temps. Sans doute, elle est plus scandaleuse et plus affichée à Paris qu'ailleurs; cependant, tout compte fait, les étrangers auraient eu mauvaise grâce à s'en offusquer. Ils n'affectent point une pruderie déplacée, mais ils ne se font aucun scrupule d'encourager le vice, de le nourrir et de l'exploiter. Les témoignages de Wickham sont accablants, et la correspondance des agents prussiens à Paris ne les corrobore que trop crûment[1]. Wickham use largement de ces moyens d'influence; ses agents en abusent à son détriment. La réputation des contemporains est telle que Wickham est prêt à acheter tout le monde, parfaitement

---

[1] Voir BAILLEU, *Preussen und Frankreich*, I. Correspondances de Gervinus et de Sandoz.

convaincu que tout le monde est à vendre. Quel que soit le prix et quel que soit le marché, il paye sans se demander même si l'on refusera la somme, et sans soupçonner que l'intermédiaire pourrait se dispenser de l'offrir [1].

Les plans les plus incohérents, les desseins les plus imprévus, se mêlent et s'enchevêtrent en cette époque troublée. L'invraisemblance n'y peut être un moyen de critique. La combinaison de Wickham est encore une des plus sensées parmi toutes celles que l'on présenta alors pour le gouvernement de la France, je ne dis pas seulement dans les officines de conspiration, où l'on nage en plein roman d'aventure, mais dans les chancelleries mêmes et dans le cabinet des hommes d'État. Le comte de Provence soupçonne la cour de Vienne de vouloir marier Madame, fille de Louis XVI, avec un archiduc, et d'attacher ainsi à la maison d'Autriche tous les droits que la princesse peut éventuellement tirer de sa qualité de seule fille de Louis XVI [2]. Peut-être ferait-on de l'archiduc un roi de France ? On en est fort agité à Vérone. On assure que Sieyès y a songé et en a négocié avec Thugut [3]. On parle aussi du prince Henri de Prusse, frère du grand Frédéric, qui a hérité auprès des élèves de toutes les faveurs dont le roi-philosophe jouissait auprès des maîtres. Le nom de Sieyès et celui de Pichegru sont mêlés à ces tripotages. Talleyrand, paraît-il, a aussi sa combinaison prussienne; mais ce n'est plus le frère, c'est un neveu de Frédéric qu'il songerait à placer sur le trône de Henri IV. Le ministre

---

[1] Cf. THUREAU-DANGIN, *Royalistes et républicains*, p. 55.
[2] Rapport de Macartney, 27 septembre 1795.
[3] THUREAU-DANGIN, *Op. cit.*, p. 128.

de Prusse à Paris, Sandoz, écrit le 28 août 1799 [1] : « Saint-Foy, le confident de Talleyrand, est venu me trouver et m'a tenu le discours suivant : — Le retour de la paix pourrait dépendre uniquement du rétablissement d'une monarchie constitutionnelle et héréditaire. Si cela arrivait, les suffrages des autorités et de la saine partie de la nation ne se décideraient pas pour un Bourbon. Les suffrages se déclareraient plutôt pour un prince allemand et protestant. C'est le frère du Roi notre maître, c'est le prince Louis de Prusse, fils du prince Ferdinand. » Enfin ces incorrigibles intrigants, impatients d'un maître, en reviennent, faute de mieux, à l'étrange candidature qu'ils avaient déjà produite en 1792, celle du duc de Brunswick, l'auteur du manifeste, le vaincu de Valmy. Narbonne voulait faire de lui un généralissime, et Carra le déclarait digne de régénérer la France. Talleyrand et Sieyès avaient trempé dans l'affaire. Ils sont prêts à la renouer, et plus sérieusement, en 1799 [2]. D'autres auraient préféré un Bourbon d'Espagne : son usurpation lui aurait fait un ennemi implacable des princes de sa maison. C'était sans doute l'opinion de Tallien, s'il est vrai, comme le rapporte Mallet du Pan, qu'il songeait en 1796 à donner la couronne à un infant [3]. On s'étonnera moins de voir un Anglais travailler avec tant d'ardeur à ramener les Bourbons, lorsque des projets aussi insensés traversaient l'esprit des meneurs de la politique directoriale.

---

[1] Bailleu, *Op. cit.*, p. 330.
[2] Voir dans la *Revue historique*, I, p. 154, l'étude intitulée : *la Mission de Custine à Brunswick.* — Roederer, *OEuvres*, III, p. 449.
[3] Mallet du Pan, II, 213.

Les uns et les autres se trompaient grossièrement. Sans doute on marche très-vite, par la faute même des gouvernants, à la constitution d'un pouvoir despotique, et très-vraisemblablement d'un pouvoir militaire. Ceux qui le redoutent le plus sont ceux qui s'emploient mieux à le rendre nécessaire. Les autres en attendent et en préparent la venue. Mais pour s'établir et durer, ce pouvoir doit sortir de la révolution, en garantir les résultats civils et en réaliser pratiquement les bienfaits sociaux. La nation est excédée d'anarchie, avide d'ordre, de travail, de paix. Après avoir si vaillamment lutté pour défendre la révolution, on a hâte de la voir finir. Cependant ce qui domine dans les esprits de l'immense majorité des Français, c'est toujours l'horreur de l'ancien régime, la haine de l'émigration et des étrangers, la passion de l'indépendance nationale, la crainte du démembrement de la patrie. Les Anglais le constatent; c'est pour cela qu'ils ne songent point à un prince étranger, et qu'ils voudraient réconcilier les Bourbons avec la France. Mais les Bourbons ont confondu leur cause avec celle de l'émigration, et les royalistes de l'intérieur ne veulent ni de près ni de loin pactiser avec les émigrés [1]. « On craint les émigrés presque autant que les terroristes », écrit Wickham à propos des provinces de l'Est et des sections de Paris sur lesquelles il compte [2]. Lord Grenville et son agent reviennent constamment sur cette idée qu'il faut rassurer la France contre le retour de l'ancien régime et la possibilité d'un démembrement des anciennes frontières; « sinon, dit Wickham, il faut absolument renoncer

---

[1] Voir Thureau-Dangin, *Op. cit.*, p. 42.
[2] 26 août 1795.

à tout espoir de coopération avec l'intérieur de la France [1] ».

C'est ce que ne comprennent pas les alliés de l'Angleterre, et en particulier l'Autriche. Elle ne vise qu'à des indemnités, des compensations, des échanges et des conquêtes. C'est la différence capitale entre la politique de Pitt et celle de Thugut. Mais ce n'est pas dans la coalition que la politique de Pitt rencontre les plus insurmontables obstacles, c'est dans l'émigration, à la cour même du prétendant. C'est là que se donne le « grand refus », et que les agents anglais éprouvent la déception la plus amère.

II

Au moment où Puisaye préparait l'expédition de Quiberon, où les royalistes de l'intérieur s'agitaient en vue des élections prochaines, Pitt envoya un agent au prétendant et fit choix pour cette mission délicate de lord Macartney [2]. Ce diplomate arriva à Vérone le 6 août 1795, quelques jours après l'apparition du fameux manifeste par lequel Louis XVIII notifiait à la France et à l'Europe ses volontés souveraines. Repoussant toute idée de pacte avec la nation, il tenait pour nulle et non avenue l'œuvre civile de la révolution ; il n'offrait à la France,

---

[1] 27 février 1795.
[2] Sur l'état des esprits à la cour de Vérone et dans l'émigration, je ne puis mieux faire que de renvoyer le lecteur aux fermes et pénétrantes études de M. Thureau-Dangin, *Royalistes et républicains*, I. *La Question de monarchie et de république du 9 thermidor au 18 brumaire*, ch. i, p. 15 et 42 ; ch. ii, p. 114.

comme don de joyeux avénement, que la suppression de quelques abus et le rétablissement de ce qu'on appelait à Vérone « l'ancienne constitution du royaume ». Cette déclaration, qui, selon le témoignage de Mallet du Pan, ne servit qu'à « aigrir, irriter, indigner, refroidir » les royalistes, était faite pour déconcerter l'agent anglais. A vrai dire, elle avait d'avance enlevé toute raison d'être à sa mission : elle opposait un insurmontable obstacle au rétablissement de la monarchie.

Lord Macartney trouva au comte de Provence « cette dignité calme, ce coup d'œil caressant », cette manière de causer « de haut », dont parle Beugnot, et qui charmaient tous ceux qui approchaient le prince proscrit. L'envoyé anglais n'y est point insensible. Le prétendant lui paraît « certainement intelligent », instruit, d'un tour d'esprit affable, aisé, communicatif; il a du jugement quand il n'est pas influencé par les préjugés de son éducation et de son entourage. Il est très-régulier dans ses pratiques religieuses. La Reine est à Turin : il lui écrit une fois par semaine. Madame de Balbi est à Vérone : il la voit tous les jours; mais honni soit qui mal y pense. « On affirme, dit notre Anglais, que le Roi n'a jamais montré de dispositions pour la galanterie pratique, et que son attachement pour madame de Balbi n'est qu'un lien de longue amitié. »

La peinture que fait Macartney de la cour de Vérone est singulièrement sombre et attristante. Je ne parle pas des misères matérielles : la table, « si importante pour un Français, servie sans élégance, les domestiques rares et mal vêtus », la maison à peine meublée, l'absence de confort, la privation mal dissimulée, l'indigence enfin : c'est le cadre de l'exil, et il a sa grandeur. La vraie misère, c'est le mal moral, le péché contre l'esprit, l'inintelligence des choses. C'est par là qu'avait péri la monarchie, c'est par là que la vieille France achève de se dissoudre à l'étranger. L'émigration, c'est l'ancien régime se survivant et se condamnant lui-même. Ce sont les causes de la révolution qui continuent de se développer à côté de la révolution, comme pour l'expliquer à ceux qui, dégoûtés par ses excès et trompés par ses déviations, ne la comprendraient plus ou en méconnaîtraient la raison d'être et la puissance.

Les émigrés ont été impitoyables pour Louis XVI, pour son incapacité, pour ses faiblesses. Tout le mal, selon eux, est venu de la réunion des États généraux : il n'y avait pas à prévenir ou à diriger la révolution naissante, il n'y avait qu'à la réprimer par la force. En 1795, ils en sont au même point : il ne s'agit pas de transiger avec la révolution triomphante, il ne s'agit que de l'anéantir. Le succès de la révolution ne les a pas éclairés. A cette France victorieuse dont les armées menacent l'Europe, ils n'ont qu'une proposition à faire : capituler entre leurs mains, se livrer à merci à un parti qui lui fait tant d'horreur que, pour en éviter la domination, elle a lutté contre toute l'Europe et supporté la tyrannie dégradante de la Terreur. Toute leur politique se borne à recommencer l'ancien régime, c'est-à-dire à recommencer la révolution. Quand on leur dit, comme le fait Portalis, que « le gouvernement ancien s'est plutôt écroulé qu'il n'a été détruit » ; qu'il faut compter avec le temps, reconnaître la « dépendance des choses », ils ne comprennent pas.

Les Anglais sont portés à croire que la monarchie constitutionnelle est une plante exotique qui ne saurait s'acclimater sur le continent : il lui faut les brouillards de la Tamise et la ceinture d'océans de l'Angleterre. Ils s'en font un honneur passablement mêlé de mépris pour les autres. Cependant ils sont gens pratiques, et s'ils veulent pour la France un gouvernement fort, ils ne croient pas que « la force », qui est, selon les émigrés, la dernière raison des rois, soit une abstraction indépendante de la nature des choses; ils n'y voient point un talisman, une pierre philosophale que l'on obtient au moyen d'une recette mystérieuse dans les laboratoires d'alchimie politique. Un gouvernement fort est celui qui s'appuie sur l'opinion; il puise dans la nécessité même qui l'a formé la puissance dont il use pour se soutenir et se défendre. En somme, il faut, pour être fort, que le gouvernement réponde aux aspirations essentielles de la grande masse des Français; qu'il trouve sa raison d'être dans les besoins du pays; qu'il satisfasse les paysans, les bourgeois, les propriétaires, les « conservateurs », comme on dira plus tard, lesquels en 1795 veulent par-dessus tout conserver les droits qu'ils ont acquis, les franchises qu'ils se sont données, les biens qu'ils ont achetés, c'est-à-dire la révolution, qui s'est faite par eux et pour eux. De la liberté politique, ils n'ont connu que les paradoxes et les excès; ils y renonceront trop facilement. Mais sur la liberté civile, ils ne transigeront pas; il leur faut la sécurité des personnes et des propriétés, la certitude que l'on ne rétablira point les droits féodaux et qu'on ne troublera point les acquéreurs des biens confisqués. Les Anglais s'en rendent compte; mais sur ce point justement les émigrés, loin de se prêter à rassurer les Français, ne négligent aucune occasion de les inquiéter. « Il n'est pas peu divertissant, écrit Macartney, de les entendre discourir sur le bonheur passé de *toutes* les classes sociales en France; ils ne conçoivent pas que les classes inférieures aient pu aspirer à s'élever, ni que des talents quelconques, sans d'autres avantages fortuits, puissent donner à un homme le droit de prétendre aux distinctions. » « C'est une calamité publique, écrit de son côté Wickham, que, dans un moment comme celui-ci, il n'y ait auprès du roi de France personne qui connaisse l'état réel de l'intérieur et de l'opinion, et les causes secrètes qui ont produit la révolution et lui ont assuré des partisans, personne qui ait une notion exacte de ce qu'est une assemblée populaire ni du gouvernement mixte. Il est inutile de parler de ces questions avec ceux qui entourent le roi : ils ne les comprennent pas et ne peuvent pas les comprendre. »

C'est ce qui creuse un abîme chaque jour plus profond entre l'émigration et les royalistes de l'intérieur. Cette résistance irrite les émigrés. Leur colère, comme naguère celle des terroristes, s'exaspère par l'effet même de leur impuissance. De là les menaces, les cris de vengeance, ce que Mallet appelle « le délire des mesures », carmagnoles retournées de ces « Marat à cocardes blanches ». Le comte de Provence montrait plus de modération et de sens politique que ses compagnons d'exil ; il avait des notions « moins confuses en matière de constitution ». L'envoyé anglais estimait que « s'il arrivait au pouvoir, ses dispositions naturelles ne le porteraient pas à en abuser ». Le prétendant n'en concluait pas moins, avec son frère le comte d'Artois, que « ce n'était qu'en rentrant dans ses droits par la force des armes que le Roi pourrait gouverner un grand peuple [1] ». Or, cette force, le prétendant ne la possède point ; il ne la trouve pas dans la nation française ; il faut donc qu'il

---

[1] Le comte d'Artois à Mallet du Pan, 25 juillet 1798. MALLET, II, p. 505.

l'emprunte aux étrangers. Il le fait, et l'on voit alors se poser entre la royauté exilée et ses alliés de l'Europe des conflits tout aussi insolubles, des contradictions tout aussi irréductibles que ceux qui se sont déclarés entre la cour de Vérone et les royalistes de l'intérieur de la France.

Les étrangers, sur lesquels compte le prétendant, ne le soutiennent ni par attachement à sa personne ni par fidélité à ses principes. Il y a longtemps qu'ils ont renoncé à la « croisade », si tant est qu'ils l'aient jamais sincèrement entreprise. La Russie, la plus ardente à la prêcher, n'y a point pris de part; la Prusse, la plus ardente à l'entreprendre, a fait défection. L'Autriche n'a cure des principes : elle subordonne la restauration à la paix, et la paix à ses ambitions. Elle entend se faire payer en territoire le concours qu'elle prêterait à la monarchie; pourvu qu'elle s'agrandisse, la forme du gouvernement lui est assez indifférente[1]. L'Angleterre, plus attachée à la cause royaliste, ne l'est pourtant que dans la mesure où la royauté restaurée pourrait lui garantir la paix, c'est-à-dire dans la mesure où la royauté a des chances de se rétablir par un mouvement de l'opinion et de se maintenir en France par ses propres forces. Ainsi le prétendant n'a rien de ce qu'il faut pour obtenir ce qu'il sollicite de l'Angleterre et ce que l'Angleterre seule est disposée à lui donner. Bien plus, tout en le réclamant, il le redoute; au fond de l'âme il conserve une rancune sourde, une méfiance invétérée contre cette alliée qui est son unique espoir. C'est ici un des traits les plus curieux de la mission de lord Macartney.

L'histoire de l'émigration est très-sévère pour les émi-

---

[1] Voir précédemment la lettre de Trevor du 26 mai 1795.

grés. Les documents publiés par M. André Lebon ne sont pas faits pour atténuer la rigueur du jugement. Il n'est que juste d'y relever ce qui leur peut faire honneur et de dégager les liens qui, au milieu même de leurs complots, de leurs alliances étrangères, de leurs aberrations, les rattachent encore de loin à cette France avec laquelle ils sont engagés dans une guerre sans merci.

La haute idée que « le Roi » se fait de son droit et qui l'empêche de transiger avec la nation, tout en prétendant se faire rappeler par elle, l'empêche aussi de transiger avec les étrangers dans le moment même où il reçoit leurs subsides et réclame leur appui. Il entend demeurer « rey netto » de ce côté comme de l'autre. Il ne veut point prendre d'engagements avec eux ; il est ombrageux et susceptible avec leurs agents ; leurs conseils lui semblent des ordres, il les repousse et les récuse. Le grand différend entre l'Angleterre et lui, c'est que l'Angleterre veut se servir de lui pour obtenir une paix conforme à l'intérêt anglais, tandis qu'il veut se servir de l'Angleterre pour restaurer la monarchie dans l'intérêt de la dynastie, qu'il confond avec celui de la France. Il partage contre la diplomatie anglaise les soupçons des révolutionnaires. Il l'accuse d'avoir, par son argent et ses émissaires, encouragé, même provoqué les premiers troubles. Il est convaincu que, toujours jalouse de la France, elle craint par-dessus tout que la monarchie n'hérite des forces de la République[1]. Cette arrière-pensée, qu'il attribue, non sans raison d'ailleurs, aux ministres anglais, est à ses yeux le vice caché de tous les projets d'entente qu'ils lui présentent. S'il se livre à eux, ils abuseront de leur

---

[1] *Lettres au comte de Saint-Priest.*

protection pour paralyser la France, la tenir sous leur férule et entraver le relèvement de « cette seule et ancienne rivale, dont l'Angleterre connaît trop bien les inépuisables ressources pour ne pas la redouter, même au milieu de ses ruines [1] ».

S'il se méfie de l'Angleterre, qui prétend conquérir les colonies, qu'est-ce de l'Autriche, qui prétend se faire payer par l'Alsace, la Lorraine et peut-être la Flandre? Nous retrouvons ici toute vivante dans l'émigration cette haine traditionnelle de la maison d'Autriche que l'ancienne cour avait léguée à la révolution. Le comte de Provence, avant 1789, était connu pour son hostilité contre l'alliance de 1756. On la partageait autour de lui, à Paris. On la conserva dans l'émigration. Le comité autrichien de Brissot était aussi vivement dénoncé à Coblentz qu'à la tribune de l'Assemblée législative. En 1795, à Vérone, on parlait de la « faction autrichienne » avec autant d'âpreté qu'au Comité de salut public. Comme à Paris, on préférait à l'Autriche la Prusse et l'Espagne. « Quant aux Espagnols et aux Prussiens, écrit lord Macartney, bien que le roi de France soit exaspéré de leur défection et de leur réconciliation avec les meurtriers de son frère, de sa belle-sœur, de sa sœur..., il en parle cependant avec plus de ménagement et de réserve que de la conduite de la cour de Vienne [2]. » L'Autriche demeure l'ennemie héréditaire, la rivale insatiable. Ce ne sont que plaintes et récriminations contre sa politique « insidieuse et alarmante ». « La malencontreuse alliance est une des

---

[1] *Instructions du conseil du Roi aux agents*, 1795, publiées par M. L. Blanc, XII, p. 446, d'après les papiers de Puisaye. — Manuscrits du British Museum.

[2] Rapport de Macartney, 27 septembre 1795.

causes des malheurs de la monarchie. » Le prince de Condé, dont l'armée est à la solde de l'Autriche, pense sur ce point comme la cour de Vérone. « Les Autrichiens, dit-il, sont nos ennemis depuis cinq cents ans[1]! » Dans toutes ses tentatives de contre-révolution dans l'Est, on le voit suspendu, mais, hélas! non contenu et arrêté par la crainte, très-justifiée d'ailleurs, que l'Autriche n'ait des vues sur l'Alsace. Ils savent que sa brouille avec la Prusse vient uniquement d'un conflit sur le partage des bénéfices. Elle veut des provinces. Sur ce point, les émigrés sont décidés à résister. « Je ne puis, écrit lord Macartney[2], dissimuler à Votre Seigneurie ni me dissimuler à moi-même que toute cession ou renonciation à une ancienne acquisition en faveur de la maison d'Autriche sera difficile à digérer, bien que je voie fort peu de moyens de satisfaire autrement cette cour. » « On m'a dit fréquemment, écrit-il encore, que l'une des principales raisons de l'inaction de l'Empereur et de son refus de mettre l'armée de Condé sur un pied convenable était l'impossibilité où il s'était trouvé d'arracher au roi de France une offre explicite d'indemnité après la guerre. J'entends une indemnité en villes ou en territoire. Le Roi dit que rien n'aurait un plus fatal effet sur ses affaires qu'un engagement ou la moindre trace d'un engagement de céder des villes ou du territoire, parce que cela révolterait également tous les Français, royalistes ou républicains[3]. »

Il en résulterait, dit le prince de Condé, une guerre

---

[1] Crétineau-Joly, *Histoire des trois derniers princes de la maison de Condé*, I, p. 107.

[2] 15 novembre 1795.

[3] 27 septembre.

« complétement nationale » ; quelle que soit la forme du gouvernement, l'Autriche ne peut espérer « que ce qu'elle gagnera à la pointe de l'épée, contre un ennemi résolu à lui contester, jusqu'à la dernière extrémité, chaque pouce de son territoire [1] ». Il ne faut point leur parler des frontières. C'est un *noli me tangere* absolu [2]. Le « Roi » ne méconnaît point la nécessité de faire quelques concessions à l'Autriche, mais il ne faut pas que ce soit aux dépens de la France. Ses vues et celles de son entourage sur la paix future sont très-intéressantes à relever.

« Parmi les royalistes, écrit Macartney, il en est beaucoup qui préféreraient que le Roi ne recouvrât jamais sa couronne plutôt que de la voir dépouiller de ses fleurons, et qui aimeraient mieux voir en France une république puissante qu'une monarchie mutilée. Quant aux républicains, comme ils se vantent qu'une puissance comme la France moderne a été créée par la liberté et l'égalité, ils affirment qu'elle ne peut se maintenir que par l'union inébranlable de tous ses éléments. Le Roi ne peut donc, dit-on, s'engager à une mesure qui, pour le moment, serait également désapprouvée par ses amis et par ses ennemis. Louis XIV, ajoute-t-on, en pleine possession de la souveraineté, ayant accru ses domaines par ses conquêtes, avait le droit, au congrès de Gertruydenberg, d'offrir des cessions, des restitutions de villes et de provinces, dont plusieurs étaient déjà perdues par ses défaites ; mais de Louis XVIII, roi sans royaume, exilé sans foyer, la maison d'Autriche peut-elle décemment attendre à cette heure des propositions de cette nature?... Le Roi lui-même m'a dit qu'étant donné la situation relâchée, désordonnée et bouleversée de l'Europe, il croyait que,

---

[1] Rapport de Wickham, 17 novembre 1795.
[2] Macartney, 27 septembre 1795.

pour restaurer la stabilité, il faudrait le temps et le travail nécessités par le traité de Westphalie, et que son seul désir était d'y arriver, sans chercher pour lui-même d'autre avantage que son rétablissement ; que « *comme homme d'État,* « *ni comme homme de bien* », il ne pouvait approuver la politique qui avait poussé certains princes à conspirer entre eux, sans autre raison, provocation ni motif que leurs intérêts respectifs et leurs convenances, pour dépouiller un voisin sans défense et se partager ses restes. La facilité avec laquelle la maison d'Autriche a trouvé satisfaction en Pologne l'amènerait peut-être à des projets analogues d'un autre côté et à espérer le concours des autres puissances pour favoriser ses empiétements ; mais il espère que celles-ci trouveront plus sage, plus honorable, de suivre une autre ligne de conduite ; que l'équilibre européen deviendra le guide des souverains et ne sera plus le jouet des railleurs et des novateurs. »

C'est une belle conception ; Louis XVIII la fera, en partie, prévaloir en 1814, et ce sera son grand titre d'honneur. Autour de lui, on va plus loin. Non-seulement on ne veut rien céder de l'ancien territoire, mais on voudrait conserver le nouveau. La politique que Chateaubriand soutiendra sous la Restauration a déjà ses partisans à Vérone.

« Le souvenir de la puissance et de la prospérité anciennes de la France est encore puissamment gravé dans l'esprit de presque tous les émigrés que j'ai vus. Peut-être subsiste-t-il avec une force égale dans les cerveaux échauffés de beaucoup de conventionnels, et hante-t-il encore leurs politiciens et leurs philosophes. Résidents et réfugiés prennent feu à la moindre pensée d'un démembrement de la France, quels que soient les autres sacrifices auxquels ils pourraient consentir. Je me souviens qu'on exprimait un jour certaines méfiances contre la cour de Vienne et ses dispositions à conclure la paix avec la Convention ; je dis que *je n'y croyais point;* car que peut lui donner la Convention pour l'acheter ? Les Pays-Bas ? L'Empereur semble y tenir médiocrement ; ils sont à peine dignes de lui, à moins qu'une forte barrière ne les garantisse. J'exprimai le doute que la Convention pût être amenée, sans de grandes difficultés, à lui céder Lille et Valenciennes. On répondit à cela que ni le Roi, s'il le pouvait, ni la République, si elle le voulait, n'oserait faire de telles concessions, et que l'on savait parfaitement que les pires conventionnels eux-mêmes étaient irrévocablement décidés à ne jamais laisser sous aucun prétexte entamer la frontière. Il y a, j'imagine, bien des royalistes qui, revenus au pouvoir, auraient assez peu de scrupules pour participer aux crimes de la Convention, profiter de ses conquêtes et étendre le territoire plutôt que de le diminuer. »

Telle est la force des traditions que les émigrés et les hommes de la révolution, si profondément divisés sur tous les points, se rencontrent sur celui-là. A l'intérieur, l'abîme est trop large et creusé depuis trop longtemps ; les passions sont trop violentes, les haines sont trop acharnées ; ils ne peuvent plus se comprendre, et les problèmes posés sont d'ailleurs trop complexes pour qu'ils puissent, à la distance où ils sont les uns des autres, entrevoir une solution qui les rapproche. Mais lorsqu'ils regardent l'Europe, les problèmes se simplifient ; les termes en sont plus absolus et plus évidents. La révolution n'a modifié ni la carte de France ni les rapports fondamentaux des puissances européennes. Les chefs de la révolution reprennent à leur compte et appliquent avec violence les traditions de Louvois et de Louis XIV. C'est un brevet de patriotisme que d'être partisan de la « barrière du Rhin ». Le 22 octobre 1795, Doulcet de Pontécoulant, suspecté de royalisme parce que son nom s'est trouvé dans les papiers d'un agent de l'émigration, Lemaitre, invoque pour se justifier son zèle à préparer le passage de Rhin. « Je n'ajoute qu'un mot à tant de témoignages favorables, s'écrie un ancien membre du Comité du salut public, Marec; je déclare que Doulcet n'est point de la *faction des anciennes limites.* » Si Marec avait pu lire les rapports de Macartney, il se serait moins hâté de donner comme une preuve de civisme le désir d'annexer la Belgique et les territoires de la rive gauche du Rhin. Joseph de Maistre, dans ses *Considérations sur la France*, qui parurent en 1796, a exprimé sous une forme étrange et saisissante les sentiments que Macartney constatait en 1795 dans l'entourage du prétendant :

« Que demandaient les royalistes, lorsqu'ils demandaient une contre-révolution telle qu'ils l'imaginaient, c'est-à-dire faite brusquement et par la force? Ils demandaient la conquête de la France ; ils demandaient donc la division, l'anéantissement de son influence et l'avilissement de son roi, c'est-à-dire des massacres de trois siècles peut-être...
. . . .Mais nos neveux, qui s'embarrasseront très-peu de nos souffrances, et qui danseront sur nos tombeaux, riront de notre ignorance actuelle ; ils se consoleront aisément des excès que nous avons vus et qui auront conservé l'intégrité du plus beau royaume après celui du ciel. Tous les monstres que la révolution a enfantés n'ont travaillé, suivant les apparences, que pour la royauté. Par eux, l'éclat des victoires a forcé l'univers et environné le nom français d'une gloire dont les crimes de la révolution n'ont pu le dépouiller entièrement ; par eux, le Roi remontera sur le trône avec tout son éclat et toute sa puissance, peut-être

même avec un surcroît de puissance... Lorsque d'aveugles factieux décrètent l'indivisibilité de la république, ne voyez que la Providence qui décrète celle du royaume. »

Ce n'est pas seulement sur cette question des frontières que royalistes et républicains, poussés par la force des choses et le courant de la tradition, se rencontrent ainsi sans le vouloir et sans le savoir. En matière de constitution et de gouvernement, leurs idées sont moins éloignées qu'on ne serait tenté de le croire et qu'ils ne le pensent eux-mêmes. Le futur auteur de la Charte de 1814 fait d'étranges confidences à lord Macartney sur la monarchie mixte et le régime parlementaire. Autour de lui, le système des deux Chambres, la responsabilité des ministres surtout paraissent des hérésies dangereuses. Un roi qui régnerait sans gouverner leur semble un monstre inutile et ridicule. A Paris, dans le Directoire, on en est au même point, et à les entendre discuter quelques jours avant leur coup d'État, on s'explique comment les auteurs du 18 fructidor ont préparé le 18 brumaire et le régime de l'an VIII. Le 28 messidor (26 juillet 1797), les directeurs délibèrent sur la composition du ministère[1]. Les Conseils demandent le renvoi de plusieurs ministres : Merlin de Douai, Delacroix, Ramel, dont la présence au gouvernement les inquiète, et qui n'ont pas leur confiance. Carnot, qui préside le Directoire, propose de les remplacer, parce que, dit-il, « tel lui paraît être le vœu du corps législatif ». A ces mots, Rewbell se récrie et proteste : « Il lui est impossible de connaître ce vœu qui n'a jamais été exprimé et ne peut pas l'être. Que si, par

---

[1] *Procès-verbaux des séances du Directoire exécutif.* — Archives nationales.

malheur, il pouvait exister une majorité qui voulût se mêler du renvoi et de la nomination des ministres, la république serait par cela même dans une véritable anarchie, puisqu'un seul pouvoir aurait usurpé tous les autres. Il présume trop bien de la sagesse de la majorité patriote du corps législatif pour pouvoir se persuader qu'elle voulût influencer en rien le Directoire exécutif sur un objet aussi important, et qu'elle pût, dans le cas où l'on n'aurait pas pour sa volonté toute l'obéissance passive qu'on paraît désirer, se porter à faire des lois désastreuses pour le Directoire exécutif et pour la république. » Tout en reconnaissant que le droit strict et la constitution sont avec Rewbell, Carnot insiste pour qu'on donne cette preuve de déférence à la majorité. La Réveillère réplique que ce serait une conception pernicieuse : la majorité peut être corrompue ; fût-elle probe d'ailleurs, « il est au moins évident qu'il résulterait de l'admission des principes dont on vient de parler, qu'il y aurait une telle versatilité dans les maximes du gouvernement et des changements si fréquents dans les chefs des différentes administrations, que l'anarchie serait la suite inévitable de cette seule cause ».

J'ai tenu à citer ce singulier document pour donner le ton de l'époque et montrer où l'on en était, dans ces temps agités, en matière de droit constitutionnel. On apprécierait mal les vues de la cour de Vérone à ce sujet, si l'on ignorait celles du Directoire. L'obstacle à la restauration ne venait pas de là, le 18 brumaire le prouve trop clairement. Ce n'était pas la liberté politique qui était en jeu ; de part et d'autre, elle était également méconnue et sacrifiée. La liberté que les émigrés mettaient en question et que la France était résolue à défendre par tous les moyens et à toute extrémité, c'était la liberté primordiale et élémentaire, la liberté des personnes et des biens, conquêtes essentielles de 1789, qui pour l'immense majorité des citoyens résumaient toute la révolution. Tous ceux, et c'était la plupart des Français, qui avaient profité de la suppression du régime féodal; tous ceux, — et c'étaient pour la plupart des paysans laborieux, des bourgeois économes,— qui avaient acquis des biens nationaux, tous ceux qui travaillaient et possédaient, c'est-à-dire l'élément même du parti conservateur, l'élément essentiel et indispensable d'une restauration de la monarchie, considéraient cette restauration comme inconciliable avec la sécurité de leurs personnes et de leurs biens. « L'opinion générale, écrivait Mallet du Pan, se représente les princes et les émigrés comme des ennemis implacables et irréconciliables, de qui il n'y a pas plus à attendre de traités, de sûreté, de merci que de Robespierre[1]. » Quant aux royalistes constitutionnels, restés en France et demeurés fidèles aux idées de 1789, l'émigration, par ses forfanteries et ses manœuvres, leur causait autant de mépris que d'horreur. Ils ne voyaient dans les émigrés et dans leurs agents que « des intrigants en discorde ». « Leur inexpérience, écrivait Royer-Collard, l'imprudence de leur conduite, l'extravagance de leurs plans, le mépris des intérêts nationaux qui s'y fait remarquer, la préférence donnée aux moyens d'intrigue, d'espionnage et de brigandage, la dénomination ineffaçable de comité anglais... élèveraient une barrière insurmontable entre les serviteurs du Roi et ces personnes. »

[1] Note pour Louis XVIII, 1795, II, p. 164.

Cette impression de Royer-Collard et de ses amis est celle que l'on garde de la lecture des correspondances anglaises. Les traits de passion française, les échappées de sentiment national qu'on y rencontre, ne sont, comme le disait madame de Staël, que de nobles inconséquences et ne sauraient modifier le jugement d'ensemble[1]. Quelques scrupules qu'ils se fissent de subir la protection des étrangers, les émigrés ne sollicitent pas moins leurs subsides et leur alliance. Leurs méfiances, leur hauteur, leurs velléités d'indépendance, les rendent suspects à leurs alliés, sans les rendre pour cela moins odieux aux Français. Repoussés par la France, isolés au milieu de l'Europe, ils sont condamnés à la déception continue, à l'abandon, à la ruine. L'alliance des étrangers achève de leur aliéner les Français, la haine des Français finit par leur aliéner les étrangers. La restauration de la monarchie est le seul objet de l'alliance entre les émigrés et les étrangers ; cette alliance a pour effet de rendre la restauration impossible. De là l'inévitable échec de la mission confiée à Wickham et à lord Macartney.

[1] *Considérations sur la Révolution française*, troisième partie, ch. I, *De l'émigration*.

LES COLONIES PRUSSIENNES

I

Ce ne sont pas des colonies lointaines. Ceux qui les ont formées étaient des gens pratiques; ils ont été au plus près et au plus pressé. *Suum cuique.* Ils ont commencé par eux-mêmes. La Prusse a été une colonie allemande en pays slave. Il n'y a point de peuple plus hétérogène dans ses éléments; il y en a peu de plus solidement constitué, avec des caractères plus accusés et une force de cohésion plus grande. La mosaïque atteint ainsi, entre des mains habiles, la consistance et le poli du marbre. C'est là une des œuvres politiques et sociales les plus singulières. Elle mérite toute notre attention. Il ne nous est pas permis de négliger l'histoire de la Prusse. On l'étudie en France avec beaucoup de soin, et ces études ont fourni des résultats excellents. Un de nos plus éminents professeurs, M. Auguste Himly, nous a fait connaître dans un ouvrage déjà classique comment s'est formé le territoire prussien [1]. Voici un historien plein

---

[1] *Histoire de la formation territoriale des États de l'Europe centrale.* 2 vol. Hachette.

d'ardeur et de talent qui se donne la tâche d'exposer la formation du peuple et de l'État prussiens [1]. M. Lavisse a été puiser aux sources mêmes, dans les bibliothèques et les archives de Prusse, les éléments de son ouvrage. Il est érudit et critique; mais sa science n'est nullement lourde et refroidie. Il sait faire revivre le passé, et, sans chercher des rapprochements et des allusions qui feraient tache en une œuvre sérieuse comme la sienne, il conserve le sentiment très-vif des choses présentes. Enfin, et c'est une qualité précieuse, surtout dans un ouvrage qui traite des choses de l'Allemagne, son livre est écrit et pensé en très-bon français.

Il a vu, il sait faire voir. Le pittoresque et la couleur viennent ainsi, et très-naturellement, relever des études dont le sujet, au premier abord, semblerait aride. Avant de nous présenter les acteurs, il nous décrit le théâtre :

« Le Brandebourg est une des plus tristes régions de la triste plaine de l'Allemagne du Nord. La Havel et la Sprée en sont les deux grandes rivières, et si les cours d'eau sont, comme dit Pascal, de grands chemins qui marchent, ceux-ci sont bien tracés... Mais que ces chemins brandebourgeois marchent mal! Dès qu'elle entre dans la province, la Sprée, qui ne trouve plus de pente, semble s'arrêter; elle se partage en petits bras qui coulent à moitié endormis entre des prairies et sous des bois d'aunes. Le courant de la Havel s'affaiblit en s'épanchant dans un grand nombre de lacs. Du moins ces imperfections ont leur charme : les bois, les étangs où se reflètent les grands nuages du ciel septentrional, reposent l'œil du voyageur que fatigue l'aridité de cette

---

[1] *Études sur l'histoire de Prusse*, par Ernest LAVISSE. Paris, Hachette, 1 vol. in-8°.

terre, et les rares collines qu'on rencontre au bord des rivières rompent la monotonie de la plaine. Ailleurs, on se croirait, l'été, transporté dans le Sahara. Ce n'est pas sans raison qu'on appelle le Brandebourg « la « Sablière de l'Allemagne ». Telle petite ville y est enveloppée, quand le vent est fort, par des tourbillons de sable; le vent apaisé, il faut dégager les parties obstruées des maisons où le sable monte jusqu'aux genoux. »

C'est là le cadre primitif de la monarchie prussienne. Cette monarchie, dès qu'elle parut, marqua, avec une énergie singulière, son caractère particulier et sa tendance organique. Ce pays était occupé par une peuplade slave, les Wendes. Charlemagne, après avoir conquis et converti les Germains, se trouva en face de ces païens barbares. Il fallait les contenir en attendant le moment de les assujettir. Ce fut l'objet des postes militaires qu'il établit sur les frontières orientales de l'Allemagne. On les appelait des *marches,* et le chef de ce poste avancé portait le nom de *margrave*. Il y eut la marche et le margrave de Brandebourg. Nous trouvons ainsi, et dès la plus lointaine origine, l'histoire des Francs mêlée à celle de ce peuple. La France a joué de tout temps un rôle capital dans l'histoire de la Prusse. Le plus souvent par ses fautes, et presque toujours à son détriment, elle a exercé une influence décisive sur les destinées de l'État prussien. On voit que la rencontre est ancienne, et qu'il faut remonter très-haut pour découvrir le point de partage des eaux.

Avant de se rapprocher, de se retrouver et d'exercer l'un sur l'autre de si étranges attractions, les deux États devaient pour des siècles disparaître l'un pour l'autre et s'ignorer. Le chaos allemand les séparait, les tumultes germaniques les empêchaient de s'entendre. Avant d'entreprendre leur mouvement tournant contre l'Allemagne, les margraves de Brandebourg travaillaient à pousser l'Allemagne dans les pays slaves.

A côté d'eux et plus au nord, d'autres civilisateurs et colonisateurs, les chevaliers teutoniques, s'occupaient d'exterminer et d'asservir d'autres Slaves, les *Prussiens* proprement dits, et plus tard les Polonais. C'étaient des croisés réalistes que ces chevaliers teutoniques. Les formateurs de la Prusse ont eu de tout temps un talent remarquable pour traduire en langue vulgaire les textes sacrés et exploiter à leur profit la grande idée du temps. C'est encore un point de contact et de contraste avec les Français. Je parle moins ici du peuple même que de ses chefs, bien qu'entre les peuples l'opposition soit encore assez marquée. Les soldats enthousiastes de la première croisade, la plus pure sans contredit, qui s'en allaient vers l'Orient chercher le royaume de Dieu, ne ressemblent guère aux durs et pauvres colons allemands que la misère poussait vers les plaines de Prusse et de Pologne, et que les Teutoniques y appelaient pour défricher le sol et en expulser les possesseurs slaves. Il y avait chez nos grands croisés une part de calcul, d'ambition et de gloire, sans aucun doute; mais ce calcul avait son élévation, et l'ambition était très-haute. C'est pourquoi elle demeura toujours très-chimérique. Ils fondèrent le royaume de Jérusalem qui ne pouvait durer, rêvèrent de relever Byzance qui s'écroulait, et construisirent les châteaux gothiques dont les ruines surprennent les voyageurs en Arménie. Les Teutoniques bâtirent des forteresses et disciplinèrent des soldats. C'est ainsi qu'ils entendaient la croisade. Plus tard, les courants ayant changé, et la liberté d'examen ayant pris dans les esprits la place qu'occupait au moyen âge la foi mystique, les Teutoniques se convertirent et se sécularisèrent. Ils ne songèrent point à réformer le monde et à prêcher une foi nouvelle : ils s'occupèrent de constituer un État nouveau. Ils firent de la Réforme ce qu'ils avaient fait de la croisade. Au dix-septième siècle, la proscription religieuse sévissait en France et en Autriche; ils firent alors de la liberté de conscience ce qu'ils avaient fait de la Réforme, ils ouvrirent aux proscrits une terre d'asile et fondèrent de ces éléments dispersés de nations une nation nouvelle. C'est ainsi que le grand Frédéric entendit au dix-huitième siècle la philosophie, que Frédéric-Guillaume III et ses grands ministres interprétèrent au dix-neuvième la Révolution, et que de nos jours l'empereur Guillaume et M. de Bismarck ont appliqué le principe des nationalités.

II

Il y a là une tradition qui est l'âme de l'histoire de la Prusse. Le plus remarquable est que cette tradition se forma à la fois chez les margraves de Brandebourg et chez les chevaliers teutoniques, que les mêmes causes produisirent dans ces deux États voisins des effets identiques; de sorte que, le jour où le Maître des Teutoniques se sécularisa et réunit la marche de Brandebourg au duché de Prusse, tous les éléments de l'État prussien étaient préparés. Il ne restait plus qu'à en déclarer l'unité. Ce fut l'œuvre des Hohenzollern.

L'histoire de ce développement parallèle de l'État des margraves et de l'État des Teutoniques est la partie la plus neuve du livre de M. Lavisse. Chez l'un et l'autre, on retrouve les mêmes traits fondamentaux, et ces traits sont ceux de l'État prussien. Il n'y a point de frontières; tout ce qui avoisine est bon à prendre, mais tout ce que l'on prend est difficile à garder. De là une prépondérance forcée de l'élément militaire. Les pays sont pauvres, ravagés, incultes; il y faut des habitants et des cultivateurs. De là une immigration incessamment entretenue et encouragée. Le peuple ainsi aggloméré manque de lien et d'unité; il faut que l'État crée la nation. La nation ainsi créée, il faut qu'elle absorbe des éléments nouveaux dont elle puisse se nourrir, et qu'elle élimine ceux qu'elle ne peut s'assimiler; de là, prépondérance de l'État et action continue du gouvernement.

Le paysan brandebourgeois au douzième siècle est dans une situation infiniment préférable à celle du paysan allemand. « Ils sont libres, dit un écrit du temps, parce qu'ils ont les premiers défriché la terre. » Les villes s'administrent en grande partie elles-mêmes. Il n'y a point de grande noblesse, mais une quantité de petits fiefs dont les titulaires, sortis de l'armée, deviennent les chefs naturels de l'armée. Le margrave est le premier sujet de l'État. Le commandement est pour lui un devoir, le gouvernement une fonction. Il est obéi parce qu'il se soumet lui-même aux obligations qu'il impose. Le clergé doit subir la discipline générale; il est une des forces de l'État, mais il est dans l'État. Il prétendait à la dîme : les margraves se la réservent. « Ils payent, disent-ils, les soldats, sans lesquels ceux qui professent la religion du Christ ne sauraient être en sûreté. » Tout vient de la conquête, et tout est fait pour les conquêtes. « Un jour, le margrave Jean s'avise que la guerre a des fortunes diverses, et qu'il faut dans la prospérité songer aux temps difficiles; il remplit d'or un grand coffret qu'il alla porter dans l'église de Neu-Angermunde. » Le trésor de guerre était fondé. On sait qu'il y a aujourd'hui bien des millions dans les caveaux de la forteresse de Spandau.

Passons chez les Teutoniques. L'Ordre est une armée en campagne. Il porte en lui tous les cadres d'une noblesse militaire, d'une noblesse pauvre et disciplinée. « Les villes prussiennes sont presque des républiques. » Le colon est heureux. La prospérité de l'État est célèbre. Il n'y en avait pas dans l'Europe de mieux gouverné. A Londres, au quatorzième siècle, les villes prussiennes faisaient le tiers du commerce hanséatique. « Des chevaliers, venus de Metz en 1399, rapportent qu'ils ont vu en Prusse 3,700 villes! C'est qu'ils ont pris pour des villes les riches villages du Werder et du Culmerland. » La bonne culture de la terre ne fait point oublier l'*industrie nationale,* qui est ici comme en Brandebourg la guerre et la conquête. A Marienbourg, il y a un trésor disponible de 4,320,000 francs. On y fond en 1408 le plus gros canon qu'on eût encore vu en Europe : il pesait 200 quintaux, coûtait 135,000 francs, lançait des rochers, et, lorsqu'on l'essaya contre les Polonais, il broya en quatre jours les murailles de Bobrowniki. Quant aux évêques et aux prêtres, ces réguliers les traitent comme font les laïques du Brandebourg. « Un jour que le contingent de l'évêché d'Ermland n'était pas arrivé à l'heure marquée, le Grand Maître, s'adressant aux hommes de l'évêque, leur dit :

— Sachez qu'il vous faut payer le service que vous nous devez, tout comme font nos gens; car c'est l'Ordre qui a fait les évêques, et non les évêques qui ont fait l'Ordre. »

Entre ces deux États, la fusion était aisée. Les Hohenzollern l'accomplirent, s'inspirant à la fois de la tradition des margraves asconiens et des grands maîtres teutoniques : souverains « de droit divin » de l'État le plus laïque du continent, chefs mystiques de l'État au milieu d'une nation armée, administrateurs habiles et consciencieux du pays à la fois le plus gouverné et le plus décentralisé de la vieille Europe. Ces origines lointaines expliquent la force et la persistance de la tradition. M. Lavisse dit très-bien à ce propos : « Entre les grands maîtres d'autrefois, les rois de Prusse d'aujourd'hui, il y a descendance et filiation morale, et la monarchie prussienne, pour avoir dans les dernières années accéléré prodigieusement sa fortune, ne doit point cependant être traitée d'État parvenu. Derrière ces deux siècles, il y a un développement historique, et, comme dit M. de Treitschke, « il faut pour connaître la nature intime « du peuple et de l'État prussien, être versé dans l'his- « toire de ces combats sans miséricorde dont la trace, « que le Prussien s'en doute ou non, est gravée dans son « caractère, ses habitudes et sa vie. »

III

A partir de l'avénement des Hohenzollern, les « combats sans miséricorde » ne s'arrêtèrent point, mais ils changèrent de direction. La Prusse se retourna vers l'Europe. Elle n'oublia pas ses ennemis héréditaires, les Slaves; mais le temps des luttes héroïques était passé. Il n'était plus besoin pour asservir les Polonais de chevaliers porte-glaive; les Polonais eux-mêmes ouvraient à l'ennemi les portes de la cité divisée. D'autres Slaves, les Russes, aidaient les Allemands à l'œuvre du partage. Cependant les guerres sans trêve et sans relâche que l'on faisait en Europe épuisaient le pays prussien et le dépeuplaient. Les Hohenzollern n'entendaient point régner sur des ruines et gouverner un désert. Ici encore ils reprirent, en l'adaptant aux nécessités nouvelles, l'œuvre des Ascaniens et des Teutoniques. Les margraves et les grands maîtres avaient exterminé les Wendes et les Prussiens; ils avaient appelé, pour les éliminer et les remplacer, des colons allemands. Les Hohenzollern appelèrent des colons de la vieille Europe pour combler les vides que l'« industrie nationale » avait produits dans la nation.

Il y a dans cette colonisation nouvelle deux grandes périodes qui correspondent à deux grandes crises du continent.

La première commence après la guerre de Trente ans. Le désastre était effroyable. Les électeurs de Brandebourg avaient conquis le droit de cité en Europe, mais à quel prix? Une seule de leurs provinces, la Marche, avait perdu 140,000 âmes sur 330,000. En 1639, la misère était telle, dit un contemporain, qu'on dévorait les chiens, qu'on se repaissait des ossements des morts et que l'on attaquait les hommes mêmes pour « les faire cuire et les manger ». Si horribles que soient ces misères, on les répare avec de la paix, de l'ordre et de l'argent. Ce qui ne se répare ni ne se supplée, c'est la misère morale. Elle sévissait dans presque toute l'Europe, et c'est là que la Prusse trouva son salut. La persécution religieuse, qui décimait les plus belles nations du continent, devint ainsi pour la Prusse un instrument de fortune. « Le grand électeur rappela tous ceux de ses sujets qui avaient fui, en leur montrant la sécurité rétablie après la paix de Westphalie. Il accueillit les gens sans patrie, les bannis, les soldats errants, les pillards qui voulaient faire une fin en achetant des terres avec de l'argent volé... Ce prince eut l'heureuse fortune qu'en repeuplant ses États dévastés, c'est-à-dire en servant ses plus pressants intérêts, il s'acquit la renommée d'un prince hospitalier, protecteur des persécutés et défenseur de la liberté de conscience. Depuis longtemps, le Brandebourg était une terre d'asile. Ce pays n'a donné à la Réforme ni un de ces ardents prédicateurs, moitié théologiens et moitié poëtes, qui ont éveillé dans les âmes allemandes l'enthousiasme pour la religion nouvelle, ni un de ces martyrs dont le sang a fécondé la parole de Luther; mais il est, de tous les États allemands, celui à qui la Réforme a le plus profité, parce qu'elle y a été tolérante [1]. »

Il vint des Hollandais, qui creusèrent les canaux, rebâtirent les villes, défrichèrent et assainirent les marécages. Il vint des Vaudois. Il vint des Allemands en grand nombre, qui fuyaient leur pays incendié par Louis XIV. Il vint surtout, hélas! des Français proscrits par leur propre roi, qui leur interdisait d'aimer à la fois et de servir du même cœur Dieu et leur patrie. Louis XIV, qui créa une clientèle à la Prusse, en Allemagne, lui livra ainsi beaucoup des meilleurs et des plus intelligents de ses sujets. C'est le grand crime de ce grand règne. On a dit, et l'on a eu raison, que Louis XVI avait expié les fautes et les erreurs de ses ancêtres. Les Français expient encore aujourd'hui la plus grave des

---

[1] Lavisse, p. 199.

aberrations de l'ancien régime. Écoutons un contemporain, qui n'est point suspect de complaisance pour les réformés, Saint-Simon [1], parler de *cette expulsion plus ruineuse que n'avait été celle des Maures à l'Espagne* : « Ces rigueurs contre tout un peuple dont, grâce aux travaux de Louis XIII, il n'y avait plus rien à craindre, dépeuplèrent le royaume, portèrent une grande confusion et enrichirent les États protestants de nos dépouilles et de nos manufactures. En général, catholiques et protestants, ennemis ou jaloux de la France, virent avec joie l'effet terrible qu'une telle dépopulation allait faire dans le royaume, et avec quelle privation de richesse et de commerce. » Ce fut surtout la Prusse qui en profita. « On évalue, dit M. Lavisse, à 20,000 le nombre des réfugiés français que reçut le Brandebourg; c'était plus du dixième de la population de cette province. » Berlin, qui n'avait que 6,000 âmes et 950 maisons à l'avénement de Frédéric-Guillaume, en comptait près de 20,000, dont 6,000 Français, à la mort du Grand Électeur. Le nombre est cependant peu de chose; ce qui ne s'évalue pas, c'est le trésor d'énergie et d'intelligence qu'apportaient ces colons, dont la France fut privée et que la Prusse acquit. L'industrie existait à peine, ils la créèrent. Ils propagèrent la science, réformèrent l'armée, peuplèrent les ministères et les tribunaux. Ils se fondirent dans ce peuple qui les recevait, mais ils y apportèrent une fécondité de vues, un levain intellectuel qui en décupla la valeur. Jamais croisement de races ne produisit aussi rapidement des résultats aussi efficaces. Ce qui est vrai des colons français l'est également des autres, et l'on sait qu'en 1640 le roi de Prusse,

---

[1] *Parallèle des trois rois.*

sur 2,400,000 sujets, comptait 600,000 réfugiés ou fils de réfugiés.

Le grand Frédéric continua l'œuvre de ses prédécesseurs. La guerre de Sept ans rappela les désastres du siècle précédent. Il y apporta les mêmes remèdes. Il avait joué sa couronne pour conquérir et garder la Silésie : l'assimilation de cette province fut son chef-d'œuvre politique. On peut dire que l'Autriche la perdit deux fois, par sa mauvaise administration et par ses défaites. Frédéric envoya aux Silésiens de l'argent et des administrateurs supérieurs. Il fit rebâtir les villes et construire des villages. Il donna enfin à ses nouveaux sujets ce qu'ils désiraient tous et par-dessus tout, la paix religieuse. La province était en partie protestante et en partie catholique. Les catholiques se soumirent au monarque qui leur laissait la liberté religieuse; les protestants la reçurent avec reconnaissance. Il faut lire dans l'ouvrage de M. Lavisse le récit vif, précis et coloré de cette conquête morale de la Silésie. J'ai hâte d'arriver à la conclusion de l'auteur et à la vue d'ensemble qui me semble se dégager de son livre.

IV

Ces colons recrutés dans toute l'Europe arrivaient dans un État dont le cadre était simple, mais très-solide; ils se fondaient dans une population fort hétérogène dans ses éléments, mais qui avait reçu des mains puissantes qui l'avaient façonnée une empreinte indélébile. Ils la subirent à leur tour. « En disparaissant dans la population prussienne, ils y ont versé leurs génies divers, et ils ont fait qu'elle ne ressemble à aucune autre : il n'y a plus que des Prussiens en Prusse. » Cette cohésion savamment établie entre des éléments si composites a fait la force et l'originalité de la Prusse. Elle en a retiré des résultats prodigieux ; mais on peut se demander si, en poussant si haut le faîte de l'édifice, la Prusse n'en a pas compromis les fondements. La tradition féconde des Ascaniens, des grands maîtres teutoniques et des Hohenzollern semble rompue aujourd'hui, et rompue pour toujours. La Prusse est entrée dans d'autres destinées. Colonie de l'Allemagne en pays slave, puis colonie de la vieille Europe en pays allemand, dans l'un et l'autre cas elle semblait destinée à servir d'avant-garde et de poste avancé à la Germanie dans l'est du continent. Ce rôle a fait son temps. Il n'y a plus au delà de la Vistule de païens à convertir ni de terrains vagues à occuper. Depuis les derniers partages de la Pologne, le Brandebourg n'est plus terre d'asile, et ce n'est plus vers l'Orient que se tournent les persécutés. Les Allemands fuient leur patrie et la vieille Europe fuit l'Allemagne. Les colonies et les colons s'en vont ailleurs. La Prusse n'avait travaillé ni pour l'Allemagne ni pour l'Europe, elle avait travaillé pour elle-même, et pour elle seule. Elle était forte et ambitieuse. Le jour où elle n'eut plus de peuples à assimiler, elle en conquit ; elle se retourna contre l'Allemagne, puis contre la France.

C'est ici que se marque la différence profonde entre le présent et le passé. Au lieu de fondre et de fusionner dans une nation cohérente et dans un État très-bien ordonné des émigrants d'origines diverses, la Prusse se fait le centre d'un vaste empire composé d'éléments très-hétérogènes. Les étrangers, au lieu d'y trouver un refuge volontaire, sont contraints et conquis. Ils deviennent un ferment de dissolution, au lieu d'être un principe de force. Il y a entre la Prusse de Frédéric II et l'empire allemand-prussien d'aujourd'hui toute la différence qui sépare une nation homogène d'une fédération d'États. Si faibles que soient les confédérés, si puissants que soient les liens qui les attachent à l'État qui les domine, ils ne se se confondent point ensemble. Si l'union ne doit point être précaire, il faut que l'un absorbe l'autre. Il faut que la Prusse devienne allemande, ou que l'Allemagne devienne prussienne. Dans l'un et l'autre cas, la Prusse sort de sa tradition et change de caractère.

La Prusse a beaucoup profité des leçons que l'Autriche lui a données, surtout par ses erreurs. Elle recommence cependant sous une forme nouvelle l'œuvre dans laquelle l'Autriche s'est usée et dissoute. Il y a là un problème d'avenir, et ce problème nous touche de trop près pour que nous ne le méditions pas incessamment. M. Lavisse l'a posé en des termes excellents, et je ne puis mieux faire, en terminant cette étude, que de citer ce passage de son livre :

« Arrivés avant les margraves de Brandebourg à la grande fortune politique, les margraves d'Autriche, devenus empereurs allemands, sont sortis des limites où ils s'étaient renfermés, pour gouverner l'Allemagne et le monde du haut de leur Babel bâtie par des peuples qui parlent toutes les langues. Ils y ont usé leurs forces, perdu leur domination sur l'Allemagne et sur le monde, et c'est pour l'historien un curieux spectacle que de les voir revenus à ce rôle primitif de défenseurs des intérêts germaniques dans la vallée du Danube. C'est la toute-puissante Prusse qui les y a ramenés... Depuis la fin du siècle dernier, les successeurs des margraves du

Nord sont devenus les margraves de l'Ouest; le principal ennemi a été non plus le Slave, mais nous. Nul ne peut dire, assurément, que la Prusse soit réservée au même sort que l'Autriche. Sa constitution est plus forte que n'a jamais été celle de sa rivale; mais, quand on remonte dans le passé, on peut conjecturer qu'un jour il deviendra difficile aux successeurs des margraves et des grands maîtres de régir l'Allemagne, et en même temps de monter efficacement la garde à la fois sur la Moselle et sur le Niémen. »

LA POLITIQUE FRANÇAISE EN 1866

I

« Il n'y a pas eu une seule faute commise ! » s'écriait en 1867 le plus péremptoire des apologistes de la diplomatie impériale en 1866. Le souvenir de cette harangue, fameuse entre les paradoxes parlementaires, se réveille fatalement dans la mémoire, quand on lit l'ouvrage si exact, si correct, si finement et si consciencieusement étudié que M. Rothan a consacré à la politique française avant et après Sadowa [1]. Personne n'était mieux placé pour rassembler les matériaux d'un pareil travail et le mener à bonne fin. Diplomate de carrière, le plus versé peut-être de nos agents dans les choses de l'Allemagne, informateur abondant, conseiller avisé, M. Rothan a vu par lui-même les faits et a pu observer directement les hommes dont il parle. Il n'a pas, à proprement parler, composé un récit ; il a plutôt écrit

[1] *Les Origines de la guerre de 1870 : la Politique française en 1866*, par G. ROTHAN, ancien ministre plénipotentiaire, ancien membre du conseil général du Bas-Rhin. Calmann Lévy, 1 vol.

une série d'études sur les différentes phases de la crise, et a cherché, à travers les nuances très-subtiles des apologies personnelles, à démêler le rôle de chacun et à déterminer les responsabilités des principaux acteurs de cet épisode à jamais funeste de notre histoire. C'est dire qu'il se place à un point de vue « essentiellement français », et que l'action de la Prusse et la politique de M. de Bismarck sont reléguées par lui au second plan. Sans doute, l'œuvre et le caractère de l'homme d'État prussien ont rarement été analysés avec autant de pénétration et jugés avec autant de fermeté ; sans doute, le livre tout entier est une protestation motivée « contre une interversion de rôles qui laisserait à la France l'odieux des propositions équivoques et assurerait à la Prusse le bénéfice des refus indignés » ; mais ce que M. Rothan s'est particulièrement efforcé de mettre en lumière, ce sont les perplexités, les contradictions de la politique française au milieu des négociations scabreuses de 1866. Il a dit quelque part et il fait constamment ressortir que la supériorité de M. de Bismarck est venue de ce qu'il a poursuivi un objet très-bien déterminé, et qu'outre une absence complète de scrupules, il a mis au service d'une volonté très-ferme une connaissance profonde des hommes auxquels il avait affaire. C'est cette fermeté dans les desseins, cette suite dans les idées, cette notion claire des hommes et des choses qui ont surtout manqué aux hommes d'État français, et c'est ce qu'il est très-important de faire voir. Les récriminations personnelles sont absolument vaines, mais les leçons, quand elles ont coûté si cher, doivent être profitables.

M. Rothan est Alsacien ; il lui était doublement pénible d'aborder ce sujet. Il exprime, en termes simples, les sentiments qui l'ont animé. « J'espère, dit-il, ne pas manquer d'impartialité, bien que la politique dont je vais essayer de raconter les erreurs ait préparé les catastrophes qui m'ont atteint dans mon foyer natal. » Ceux mêmes qui ne partageront pas les opinions de M. Rothan lui rendront cette justice qu'il n'a épargné aucune recherche, si minutieuse qu'elle fût, pour découvrir la vérité, et que, dans ses discussions, il ne s'écarte jamais du ton de la plus parfaite courtoisie.

Il est certain — et cette tendance est même fort accusée dans le livre — que notre auteur cherche, autant qu'il le peut, à diminuer la responsabilité personnelle de l'empereur Napoléon III. Il le peint malade, las du pouvoir, dégoûté des hommes, irrité à la fois de l'infatuation de ses conseillers et de leur empressement à se dissimuler et à s'abriter derrière le trône. L'Empereur les laissait faire, parce qu'il était faible devant les hommes, qu'il sentait son étoile pâlir, et le ressort de son gouvernement se détendre, en même temps que le ressort de son caractère. « L'Empereur seul était responsable, du chef de la Constitution de 1852, qui ne prévoyait ni sa maladie ni ses défaillances. Les ministres avaient tous les avantages du pouvoir sans en connaître les inconvénients. Ne relevant que de l'Empereur, ils n'avaient, à vrai dire, souci que de la cour, de ses désirs ou de ses exigences. Leur tâche se réduisait à concilier les nécessités du service avec la pensée des Tuileries. » Par suite de la fatigue du chef de l'État, des hésitations d'une pensée de plus en plus vague et d'une volonté de plus en plus flottante, les ministres avaient une part d'action qui ne répondait nullement à leur part de responsabilité. C'est ce que M. Rothan a voulu faire ressortir ; c'est la nouveauté et l'originalité de son travail. Il nous fait pénétrer dans la lutte occulte des coteries opposées et des influences rivales. « Il manquait à notre politique une condition essentielle de succès : la communauté de vues et de sentiments entre celui qui la dirigeait et celui qui devait l'interpréter... Il y avait un déplacement, pour ne pas dire un éparpillement de responsabilités dangereux pour notre politique, laquelle, sans qu'on s'en rendît compte, subissait tour à tour et souvent tout à la fois la pression de diverses coteries. »

Les Mémoires de Bernis ont paru dans le temps même où M. Rothan composait son livre; il les a lus en écrivant, et les allusions s'imposent presque malgré lui à sa pensée. Il y a en effet entre ces deux crises également désastreuses pour la France de bien étranges analogies : le caractère des souverains, leur méfiance des conseillers officiels, leur prédilection pour les conseillers occultes, le goût des combinaisons hasardées, la manie des agents secrets, l'entre-croisement des diplomaties et l'amalgame des desseins opposés, les intermittences d'action personnelle et de délaissement total, les sursauts de volonté et les longs accès d'indolence; enfin, chez l'un comme chez l'autre, l'obsession d'un système contraire aux traditions de la France, et la préoccupation dominante d'un intérêt étranger au pays : l'alliance autrichienne chez Louis XV, et chez Napoléon III l'unité de l'Italie. En face d'eux, le même adversaire prussien, machiavélique dans la négociation et formidable dans le combat, également supérieur dans le cabinet et sur le champ de bataille. Autour d'eux, les mêmes conflits de personnes, les mêmes luttes d'influence à la cour et dans le conseil : un Choiseul ardent, impétueux, chimérique, dévoré du désir de *faire grand,* de relever la couronne, d'illustrer le règne, mais infatué du système autrichien et ne parvenant qu'à augmenter le chaos et à rassembler les orages; un Bernis sensé, discret, sagace, modéré, donnant des conseils prudents qu'on ne suit pas, exécutant des ordres téméraires qu'il désapprouve, cédant trop tôt, se retirant trop tard, préoccupé surtout de se disculper devant les contemporains et devant l'histoire, et insinuant son apologie à Duclos en attendant que ses petits-neveux publient les mémoires qu'il rédige dans la retraite.

II

Il faut bien distinguer la période qui précède Sadowa de celle qui suit. Dans la première, le rôle de l'empereur Napoléon III est encore prépondérant, et M. Rothan le montre avec beaucoup de fermeté. C'est en 1864, selon lui, que la politique impériale commença de dévier au profit de la Prusse : la France était isolée; l'Italie, agitée et incertaine, rappelait incessamment à l'Empereur les promesses de Milan et l'échappatoire de Villafranca. Napoléon ne pouvait espérer de reprendre du prestige que par une guerre qui, mettant la Prusse à sa discrétion, obligerait cependant l'Autriche à des concessions en Italie. Venise sauverait Rome, et satisfaits de la réunion de la vieille république au royaume nouveau, les Italiens ajourneraient leurs revendications de la cité des papes. C'est pourquoi Napoléon III vit avec plaisir et encouragea même les desseins de la Prusse en Allemagne. « Croyez-moi, disait-il en 1865 au comte

Walewski, — conseiller loyal que ces compromissions prussiennes alarmaient, — croyez-moi, la guerre entre l'Autriche et la Prusse est une de ces éventualités inespérées qui semblaient devoir ne se produire jamais, et ce n'est pas à nous de contrarier des velléités belliqueuses qui réservent à notre politique plus d'un avantage. »

C'est par là que M. de Bismarck saisit l'Empereur, l'enguirlanda et le captiva. Napoléon III désirait la guerre; pour que la guerre éclatât, il fallait que l'Italie s'alliât à la Prusse. L'alliance fut négociée et signée sous les auspices de la France. Le gouvernement impérial ne croyait point à la supériorité de l'armée prussienne. La guerre d'Italie avait laissé à Napoléon III et à ses généraux une très-grande idée des forces militaires de l'Autriche. L'Empereur jugeait nécessaire de les diviser. Il donna l'Italie à la Prusse, et en cela il crut rendre aux Prussiens un service signalé. Cependant, comme il demeurait neutre et que sa neutralité avait son prix pour l'Autriche, il se fit céder d'avance, et dans tous les cas, la Vénétie. Il pensait ainsi tenir la balance égale entre les belligérants; et comme il comptait que « l'Autriche serait victorieuse, et que la Prusse devrait payer, et payer chèrement, le prix de ses imprudences », il se réservait d'exiger d'elle des avantages proportionnés au secours qu'il lui prêterait en intervenant ou en s'alliant avec elle. M. de Bismarck aurait désiré davantage. Il aurait préféré sans doute acheter, même au prix de cessions assez onéreuses, la garantie que lui refusait la France. Il multipliait les démarches, les insinuations, les offres même. A Berlin, M. Benedetti écoutait tout et ne répondait rien : il n'avait pas d'instructions. A Paris, Napoléon demeurait

impénétrable : au fond, il était très-irrésolu, et
M. Nigra a bien résumé cette pensée flottante lorsqu'il
a dit : « L'Empereur préfère ne pas s'engager et
attendre l'issue des premières batailles. Du reste, il lui
répugne de s'annexer de nouvelles provinces et de se
créer une Vénétie allemande. Mais reste à savoir si
cette répugnance sera invincible. » M. de Bismarck
aurait bien voulu le savoir, et il aurait poussé la curiosité jusqu'à stipuler en bonne et due forme les engagements qu'aurait dictés Napoléon. M. Rothan l'affirme
pièces en main : « Jusqu'à la veille de la guerre, il
n'eût dépendu que de nous de nous assurer, comme
prix de notre neutralité et de l'alliance italienne, la
Belgique, le Luxembourg, le Palatinat et peut-être même
à certains moments le pays de la Moselle. »

Au mois de juillet 1866, la Prusse avait pour ainsi
dire évacué la forteresse de Luxembourg, le pays de la
Sarre et le pays de Trèves : elle avait besoin de concentrer toutes ses forces en Bohême; elle savait que
Napoléon serait neutre tant que la victoire serait indé-
cise, qu'en cas de défaite de la Prusse il faudrait subir
ses exigences, et elle s'attendait à ce qu'en cas de victoire du roi Guillaume, Napoléon s'emparerait sans
coup férir des compensations qu'il se réservait, et
mettrait l'Allemagne en présence d'un fait accompli.

Un livre curieux et instructif, publié par l'ancien
ministre d'État du Luxembourg, confirme entièrement
sur ce point les conclusions et les conjectures de
M. Rothan. « La ville de Trèves, dit M. Servais[1],
était complétement évacuée, les objets de casernement

---

[1] *Le Grand-Duché de Luxembourg et le traité de Londres*, par
E. SERVAIS. Paris, Plon.

étaient enlevés comme si l'on pensait à un abandon définitif. La garnison de la forteresse de Sarrelouis était réduite à quelques centaines d'hommes. La garnison de Luxembourg ne consistait plus que dans quelques compagnies de ligne et deux bataillons de landwehr de Cologne... La ville était dénuée de tout moyen de défense et n'aurait pas pu résister à une attaque sérieuse. »

Les choses en étaient là lorsque les Prussiens entrèrent en Bohême. La Prusse risquait très-gros jeu, la France croyait jouer à coup sûr. Le plan de diplomatie que l'Empereur avait tracé dans sa lettre du 11 juin était, sur le papier, une combinaison admirable. Il se trouva malheureusement que la seule hypothèse que l'on n'eût point prévue fut celle qui se réalisa : la victoire complète des Prussiens. M. Rothan attribue dans cette première série de fausses manœuvres une part considérable de responsabilité à M. Drouyn de Lhuys. « On reprochait, dit-il, à ce ministre d'avoir, par l'exagération de ses sympathies autrichiennes, empêché tout arrangement avec la Prusse. C'était, en effet, le côté faible de sa politique. Il ne prévoyait dans ses combinaisons que le succès de l'Autriche. Les esprits chagrins prétendaient que M. Drouyn de Lhuys, bien qu'élevé dans les saines traditions de la politique française et tout en s'inspirant des plus saines résolutions, manquait des qualités indispensables pour en assurer le succès. Son premier mouvement, disait-on, est toujours bon ; malheureusement, il s'en méfie. »

Son premier mouvement après Sadowa fut d'arrêter l'Italie, d'exiger de la Prusse une suspension d'armes, et de stipuler des compensations territoriales proportionnées aux accroissements que les Prussiens s'attribuaient dans l'Allemagne du Nord. Mais, pour que cette énergie tardive produisît son effet, il fallait appuyer l'envoi des dépêches comminatoires par la marche en avant d'une armée de 100,000 hommes, occuper sans perdre un jour les territoires que l'on voulait prendre, et invoquer, les armes à la main, le bénéfice du trop fameux principe du droit bismarckien : *Beati possidentes.* Le pouvait-on? M. Rothan le conteste, et ses arguments paraissent irréfutables. « J'ai questionné, dit-il, un grand nombre d'officiers supérieurs pour arriver à la constatation exacte de nos forces à ce moment décisif pour le maintien de notre prépondérance en Europe, et ils ont tous reconnu que notre armée, en 1866, se trouvait dans un profond désarroi. Que devait-elle être, en effet, puisqu'en 1870, malgré les efforts énergiques du maréchal Niel et les centaines de millions dépensés pour notre reconstitution militaire, nous n'avons pu mettre en ligne qu'un effectif réel de 264,000 combattants, au lieu de 400,000 promis dans le funeste rapport que le maréchal Lebœuff adressait à l'Empereur le 6 juillet? » Reconnut-on, en 1866, que les chiffres du maréchal Randon n'étaient qu'une fantasmagorie? Est-il vrai, comme on le rapporte, que, forcé de s'expliquer, ce maréchal « reconnut qu'en réalité il ne pouvait disposer immédiatement que d'une cinquantaine de mille hommes, sans être sûr de pouvoir les munitionner au delà des frontières »? Ce qui est certain, c'est que l'on renonça à la politique de l'intervention armée, et qu'on se lança dans la plus tortueuse et la plus scabreuse des négociations.

III

L'armistice eût été humiliant pour l'Italie : Venise eût été pour elle le prix d'une défection. L'Empereur renonça promptement à lui imposer ce sacrifice. La France y perdit tous les avantages qui lui restaient. Ces avantages étaient plus apparents que réels, et pour en profiter il aurait fallu agir avec décision. La situation de la Prusse n'était pas sans danger. Elle était victorieuse des Autrichiens; mais si l'Italie se retirait de l'alliance, l'armée de l'archiduc Albert permettait à l'Autriche de recommencer la lutte; les contingents des États du midi de l'Allemagne n'étaient pas encore battus, et la Prusse n'avait qu'un corps d'armée à leur opposer; les provinces rhénanes étaient ouvertes à l'invasion française, et M. de Bismarck, si bien renseigné qu'il fût, ne croyait pas le désarroi de l'armée française si profond qu'il l'était; enfin la Russie, alarmée des succès de la Prusse, proposait un congrès. Il importait donc aux Prussiens de conserver l'alliance de l'Italie, de contenir la France, d'écarter le congrès et de gagner du temps. Pour y réussir, M. de Bismarck était prêt à de grandes concessions; mais il aurait fallu saisir l'occasion, et notre ambassadeur n'avait point d'instructions. S'il en avait eu, dit M. Rothan, à Zwittau, le 12 juillet, « M. de Bismarck eût encore signé sur l'heure un traité d'alliance nous assurant la Belgique et le Luxembourg; il ne nous demandait en échange que de reconnaître le principe de la contiguïté des territoires ; peut-être même eût-il été jusqu'à concéder le Palatinat, si nous avions laissé la Prusse libre de franchir le Mein et d'user de ses victoires en Allemagne au gré d'une ambition qui n'eût respecté ni la Saxe, ni même la Bohême et la Moravie ». M. Rothan croit qu'à ce moment les propositions de M. de Bismarck étaient parfaitement sincères, et que, si on l'avait pris au mot, il aurait signé. Ce traité, en effet, eût donné à la Prusse non-seulement un allié, mais un complice.

La France perdit l'occasion ; non pas que le gouvernement impérial se révoltât à l'idée de ces combinaisons ; il prouva bientôt, et par des actes trop démonstratifs, que ces scrupules ne l'arrêtaient point ; mais il hésitait, il tergiversait, il oscillait entre les influences contradictoires, et il laissa prendre à la Prusse, sans rien exiger d'elle, tous les avantages qu'elle se serait résignée à payer si chèrement. On vit successivement l'Empereur accorder à la Prusse, non pas le minimum, mais le maximum des acquisitions qu'elle réclamait dans le nord de l'Allemagne, laisser à l'Italie toute liberté de continuer la guerre, et opposer un refus poli, mais décisif, aux propositions de congrès faites par la Russie. En même temps, et grâce à des indiscrétions déplorables, la Prusse était instruite du véritable état de l'armée française [1]. Le 20 juillet, M. de Bismarck savait qu'il n'avait plus à craindre ni intervention mi-

---

[1] «...Bientôt, dès le 5 juillet, l'attaché militaire prussien devait connaître la vérité tout entière. Notre impuissance lui fut révélée par des confidences plus inconsidérées que préméditées. Il put suivre heure par heure les péripéties du drame qui se déroulait à Saint-Cloud, et il entendait les officiers, la veille encore les plus confiants, incriminer avec le plus de violence l'impéritie du ministre de la guerre. » (P. 332.)

litaire de la France, ni défection de l'Italie, ni même de congrès. Dès lors il se sentit maître d'agir à sa guise, et s'il continua à écouter les diplomates français, ce ne fut plus que pour entretenir leurs illusions et attendre d'eux qu'ils lui fournissent l'occasion de réduire à merci les États de l'Allemagne du Sud et d'assurer à la Prusse l'alliance de la Russie. Les négociations dilatoires allaient commencer.

M. Rothan nous en donne un récit détaillé, accompagné d'une critique pénétrante et subtile. C'est peut-être la partie la plus neuve et la plus intéressante de son livre. Comment le gouvernement impérial, alors qu'il n'avait pas un traité en main et qu'il ne possédait plus aucun moyen d'influence, crut-il qu'il lui suffisait d'une dépêche énergiquement rédigée pour obtenir de la Prusse une cession de territoire allemand ? « Les papiers de Cercey, dit M. Rothan, ont jeté sur cette phase de nos négociations une affligeante lumière. Ils ont révélé toute l'étendue de nos illusions et de notre imprévoyance. » La demande de Mayence et du Palatinat servit à M. de Bismarck à regagner les États du Sud : ils étaient à sa discrétion, il leur accorda la paix et leur dicta une alliance qu'ils furent trop heureux de conclure [1]. Les prétentions de la France, habilement révélées, réveillèrent le patriotisme allemand et substituèrent aux dissenssions civiles des Germains la haine commune de « l'ennemi héréditaire ». L'unité allemande était fondée, et l'Allemagne unifiée trouvait du même coup, dans la Russie, le plus ferme, le plus utile et le plus complaisant des alliés.

[1] Dès le 20 novembre 1866, M. Rothan signalait au gouvernement français, comme un fait certain, l'existence de ces traités. Voir, page 392, l'extrait de son rapport.

M. de Bismarck avait craint un instant une entente entre la France et la Russie ; la France avait eu l'obligeance de décliner le congrès. En révélant à Pétersbourg les vues de la France sur le Rhin et sur la Belgique, il enlevait aux Russes toute illusion sur la politique napoléonienne. La Russie ne demandait à la Prusse que de lui laisser les mains libres en Orient, et la Prusse obtenait à Pétersbourg, au prix d'une concession presque théorique pour elle, ce que la France voulait lui faire payer au prix de sa prépondérance en Allemagne. Jusqu'au jour où l'alliance russe fut assurée, M. de Bismarck continua les négociations dilatoires avec la France : il avait refusé le Rhin, mais il consentit à parler de la Belgique. Le jour où il fut assuré de la Russie, il rompit les négociations. Cette rupture et la constitution de l'alliance nouvelle furent déclarées en même temps à nos agents à Berlin et à Pétersbourg.

A Berlin, M. de Bismarck cessa d'écouter M. Benedetti : il partit pour Varzin, et à Pétersbourg le prince Gortschakoff notifiait à M. de Talleyrand qu'il ne ferait plus désormais que de la politique russe. « J'ai beau consulter, lui disait-il, le bilan de nos rapports avec le cabinet des Tuileries, le nom de la France ne se trouve nulle part, tandis qu'à chaque colonne je vois figurer à l'actif le nom de la Russie[1]. »

A Paris, M. Drouyn de Lhuys s'était retiré. M. Rothan est amené à conclure que dans cette seconde période des négociations l'influence de M. Rouher

---

[1] « Il oubliait, dit avec raison M. Rothan, la conduite de la France lors de la guerre de Crimée... Puisse le prince de Gortschakoff, dans les comptes courants qu'il a ouverts à d'autres puissances, n'avoir jamais à constater des déficits plus grands !... » (P. 400.)

devint prépondérante, et voici comment il résume le rôle du ministre d'État dans l'ensemble de la crise : « Les dissentiments étaient profonds au sein du cabinet, et M. Rouher, malgré la supériorité incontestable de son esprit, en était réduit, pour suppléer à son inexpérience des choses de la diplomatie, à prendre des informations douteuses et à s'inspirer de conseils discutables. C'est ainsi qu'il en arriva, n'ayant en vue que le bien et la grandeur du pays, à soutenir dans le courant du mois d'août la politique de revendications, tandis que dans les premiers jours de juillet, préoccupé de l'Italie, il méconnaissait l'avantage du congrès et s'opposait à une démonstration militaire qu'imploraient l'Autriche et ses alliés, et qui était la seule chance d'être écouté. »

IV

M. Rothan ne conclut pas, mais la conclusion se dégage de son livre tout entier, et l'histoire nous a montré une fois de plus, par un terrible exemple, où conduisent les politiques incertaines et les diplomaties dévoyées. La guerre de 1870 a été la conséquence logique des négociations de 1866. Elle a éclaté comme un coup de foudre pour la France, qui ignorait ces négociations ; elle ne surprit pas les hommes qui suivaient depuis quatre ans la marche des événements. L'auteur du livre que je viens d'analyser était de ceux-là. Éclairé par son expérience, par son patriotisme d'Alsacien, il ne se méprit ni sur les conséquences de la guerre qui éclatait, ni sur la portée de la faute qu'avait commise le gouvernement français en se donnant les apparences de l'agression. Il nous voyait, sans alliés, en présence d'un ennemi redoutable dans le combat et implacable dans la victoire, et il suppliait le gouvernement de ne se faire d'illusions ni sur le caractère de la lutte qui s'engageait, ni sur l'étendue des moyens qu'il fallait mettre en œuvre pour la soutenir.

« Personne, écrivait-il de Hambourg le 17 juillet 1870, personne ne s'entend mieux que M. de Bismarck à impressionner l'opinion publique au profit de sa politique... J'ai essayé en vain autour de moi de rectifier les faits et d'énumérer la série de provocations dont nous avons été l'objet de la part de M. de Bismarck depuis 1866; je n'ai réussi à convaincre personne. Tous les torts sont aujourd'hui de notre côté; on ne voit plus que le Roi insulté et l'Allemagne provoquée. Cette conviction a malheureusement aussi passé le Mein, car, d'après les journaux de Munich, le sentiment national serait à l'heure qu'il est prédominant dans l'armée et dans les masses. Il le serait surtout dans le sein des cabinets.

« ...D'après les nouvelles de Berlin, l'enthousiasme y serait indescriptible, personne n'y douterait du succès, et la conquête de l'Alsace y serait considérée par avance comme un fait accompli.

« Le Danemark se serait déclaré neutre; j'ai eu quelque peine, je l'avoue, à le croire, car le Danemark, par sa position, est appelé à jouer un rôle trop important dans nos combinaisons stratégiques pour que notre diplomatie ait négligé de s'assurer de longue date son alliance.

« Si l'on s'en tenait aux nouvelles diplomatiques répandues par la presse officieuse dans une pensée facile à comprendre, nous entrerions en campagne sans aucun allié.

« ...Je ne saurais trop conjurer le gouvernement de l'Empereur d'aviser dès à présent aux moyens de défense les plus extrêmes, et de nous préparer moins à une campagne sur le Rhin qu'à une lutte à outrance, jusqu'au couteau, comme disent les journaux. C'est la nation entière que nous devons, sans perdre une minute, appeler sous les armes pour repousser le choc dont nous sommes menacés. La guerre prend en effet, dans le Nord surtout, un caractère national irrésistible. Toutes les résistances autonomes sont entraînées ou brisées. M. de Bismarck a réussi, par ses savantes manœuvres, à réveiller le sentiment de la justice et de l'équité si profond chez les Allemands, et il n'est personne de ce côté-ci du Rhin qui ne soit convaincu que la guerre était irrévocablement arrêtée dans notre esprit dès le début de l'incident espagnol. »

Ces lignes font grand honneur au sens politique et au patriotisme de celui qui les écrivait. Il fallait d'ailleurs un certain courage pour tenir, au 17 juillet, un pareil langage à un gouvernement qui se montrait si certain de ses alliances qu'il avait négligé de les conclure, et se croyait si assuré de la victoire qu'il avait jugé superflu de la préparer. Les événements n'ont que trop justifié ces tristes conjectures. M. Rothan a voulu montrer les causes d'une guerre qui a été si désastreuse pour nous, et il les a recherchées dans la crise qui a précédé et suivi Sadowa. Le lien, en effet, est intime entre les événements qui ont amené le traité de Prague et ceux qui ont amené le traité de Francfort. On y suit les conséquences progressives des mêmes fautes initiales. La politique de 1866 avait creusé l'abîme sous les pieds de la France, la politique de 1870 l'y précipita.

L'AFFAIRE DU LUXEMBOURG

I

Chateaubriand raconte qu'en 1823, lorsque la duchesse d'Angoulême, fille de Louis XVI, apprit le succès de l'expédition d'Espagne et la restauration de Ferdinand VII, elle s'écria : « Il est donc prouvé qu'on peut sauver un roi malheureux! » Après avoir lu les études si attachantes et si probantes de M. G. Rothan sur l'affaire du Luxembourg, on est tenté de s'écrier aussi : Il est donc démontré qu'on peut, avec honneur, sauver d'une guerre redoutable une nation compromise par l'impéritie de ses gouvernants! Si quelque chose pouvait aggraver encore la responsabilité qui pèse sur les déplorables instruments de la guerre de 1870, ce serait cet exposé lucide de l'incident de 1867, composé avec des pièces authentiques par un témoin aussi ferme dans ses conclusions qu'impartial dans ses jugements [1]. On en garde une impression fortifiante. Non, les coups

[1] *L'Affaire du Luxembourg*, par G. ROTHAN, 1 vol. Calmann Lévy.

sous lesquels la France a succombé en 1870 n'étaient pas des coup inévitables. La fatalité ne voulait point que la France tombât nécessairement dans le piége qui lui était tendu. Des guides plus sûrs, plus clairvoyants et plus habiles auraient pu détourner le péril. Ils l'auraient pu, car ils l'avaient fait quelques années auparavant, dans des circonstances plus menaçantes et plus critiques encore. C'est l'intérêt singulier de cette affaire du Luxembourg, si peu étudiée jusqu'ici et presque ignorée du public : elle est le prologue instructif et malheureusement inutile de la catastrophe de 1870, une sorte de répétition à huis clos du drame qui devait trois ans plus tard se dérouler sur la scène de l'Europe avec un si sanglant et sinistre éclat. C'est la même intrigue, ce sont les mêmes péripéties. Les éléments du conflit sont les mêmes, les mêmes passions se combattent, la même main tient les fils. Le même meneur poursuit les mêmes desseins par les mêmes procédés. La différence, pour le salut de la France dans ce premier épisode et sa perte dans le second, est dans les deux hommes qui dirigeaient son armée et sa diplomatie.

La mort du maréchal Niel a été un deuil national ; le public, sans connaître tous les services rendus, sentait alors et n'a que trop sondé depuis le vide qui s'ouvrait autour de cette tombe. Le ministre des affaires étrangères de 1867, le marquis de Moustier, a prématurément disparu de la scène. Il s'est éteint dans l'ombre, presque dans l'oubli. Il importait de rappeler que, dans une heure décisive, il avait tenu le gouvernail et donné le coup de barre qui sauve de l'écueil. Exposer ses négociations de 1867, c'est non-seulement rendre à un bon diplomate la justice qui lui est due, c'est encore donner à tous ceux qui s'intéressent aux affaires publiques le plus frappant exemple des malheurs que peut éviter et des avantages que peut assurer à l'État une bonne diplomatie.

Celle qui avait précédé l'arrivée aux affaires de M. de Moustier n'avait été ni circonspecte, ni ferme, ni sagace. La position dans laquelle elle avait placé les affaires de la France était pleine de périls. Napoléon III aurait pu empêcher la guerre de 1866 entre la Prusse et l'Autriche. Il ne l'avait pas fait, croyant en retirer de grands bénéfices. Au lieu de contenir les ambitions de la Prusse, il était entré avec M. de Bismarck dans une série de négociations aussi équivoques que scabreuses. La partie était grave pour la Prusse. Elle sollicitait l'alliance de Napoléon ; sa neutralité lui était indispensable. M. de Bismarck, dit M. Rothan, était sincère lorsqu'à Paris et à Biarritz il offrait, pour en avoir l'assurance, d'aider la France à s'annexer le grand-duché de Luxembourg. Le gouvernement impérial aurait pu « cent fois le prendre au mot, dans les moments où les sacrifices s'imposaient à ses calculs, où son intérêt lui commandait de nous satisfaire ». L'Empereur aurait pu au moins, sans accepter pour prix d'une alliance trop compromettante l'offre insidieuse de la Belgique, se faire, en récompense de sa neutralité, garantir le Luxembourg par la Prusse comme il se faisait garantir la Vénétie par l'Autriche. Le roi Guillaume le suppliait dans ses lettres « de ne pas laisser aux hasards de la guerre le soin d'en régler les conditions ». Napoléon III demeurait insaisissable et impénétrable. Lorsque sa pensée ondoyante et fugitive prenait corps pour un instant, elle lui montrait les lagunes de Venise, et non la forteresse de Luxembourg. Il semblait ne songer qu'à l'Italie et ne se rappeler que l'imprudente parole de 1859. Quant à son ministre,

M. Drouyn de Lhuys, il poursuivait mollement un rêve incertain de grande politique. Il laissait la guerre s'engager avec « une superbe quiétude ». Il n'avait fait qu'une conjecture, et il n'avait pas soupçonné qu'elle pouvait être fausse. « S'en tenant aux appréciations de généraux présomptueux, il avait joué les destinées de la France sur une seule carte, le triomphe de l'Autriche; il n'avait spéculé que sur les défaites prussiennes, et il s'était flatté que les événements suivraient le cours que, dans son imagination, il leur avait majestueusement tracé. Il avait dédaigné les à-compte dans la crainte qu'ils ne valussent quittance. Il ne rêvait que le Rhin : c'était son idée dominante; c'est par Mayence et Coblentz qu'il entendait aller à Bruxelles et à Luxembourg. »

Cette aberration faussa toute la politique de Napoléon III. L'événement déjoua tous ses calculs. Du rôle de protecteur exigeant et d'arbitre souverain, la victoire de Sadowa le réduisait à l'attitude toujours embarrassante et embarrassée de créancier sans titres et d'associé sans contrat. Il s'était réservé le partage des bénéfices : la Prusse lui fit durement sentir qu'ayant été seule au péril, elle entendait être seule au butin. On avait joué au plus fin, elle avait joué au plus fort, et elle avait gagné. La demande de Mayence lui servit à imposer son alliance à l'Allemagne du Sud. La négociation dilatoire qu'elle ouvrit au sujet de la Belgique lui servit à obtenir l'alliance de la Russie. On avait succesivement perdu les occasions que l'on avait « audacieusement provoquées ». Cependant, M. de Bismarck sentait que, tout vainqueur qu'il fût, il devait d'autant plus compter avec Napoléon III, que celui-ci s'était exposé à de plus cruelles déceptions. Il offrit encore le Luxembourg. On trouva l'offre insuffisante.

M. Rothan estime qu'elle était sincère à la fin de l'été de 1866, mais qu'au commencement de l'hiver, en décembre, elle ne l'était plus guère. La sincérité du chancelier « n'était plus qu'intermittente; son bon vouloir s'était altéré, ses promesses lui pesaient; il cherchait à les éluder et à nous décourager par les réticences de son langage et l'étrangeté de son attitude ». Cependant, on aurait pu encore le prendre au mot et mettre l'Allemagne en présence d'un fait accompli. Il aurait fallu pour cela pousser très-activement les négociations avec le roi de Hollande, souverain du grand-duché. On ne le fit point; on hésita, on tergiversa, on perdit tant de temps en pourparlers et en fausses démarches, que l'on fournit à M. de Bismarck l'occasion de se dédire et le moyen de se retirer. L'affaire s'ébruita; elle fut portée à la tribune du parlement allemand. « L'interpellation réveillait et surexcitait les passions germaniques; elle détournait de la Prusse les haines et les ressentiments que les violences récentes avaient laissés dans les cœurs allemands. Elle déliait M. de Bismarck des engagements personnels qu'il avait pris avec la France, elle lui permettait de se retrancher derrière un *non possumus* parlementaire. »

C'était là, on en conviendra, pour le gouvernement impérial et pour la France, une surprise autrement grave, une déception autrement blessante, un danger autrement pressant que ceux qui pouvaient résulter de la candidature aventureuse d'un principicule allemand au trône d'Espagne. Trompé dans ses calculs, déçu dans ses espérances, le gouvernement de l'empire considérait l'intervention du parlement allemand comme une manœuvre destinée à masquer, en le rendant plus injurieux encore, un déni de parole. Si alors, comme en 1870, on avait brusquement, à Paris comme à Berlin, porté le conflit à la tribune, échauffé les passions nationales, provoqué une fièvre artificielle, il n'est pas douteux que la guerre s'en serait suivie. Il suffisait d'un mot malheureux et d'un faux mouvement, car à Berlin on désirait la guerre et l'on y était préparé. L'état-major prussien la croyait inévitable, et savait que la France, surprise en pleine désorganisation militaire, serait écrasée dès la première rencontre.

A Paris, on eut la sagesse et le courage de vouloir sincèrement la paix. Le ministre de la guerre eut la franchise de déclarer que l'on n'était pas prêt : il promit de faire son possible pour se défendre, il considérait comme impossible d'attaquer. Alors on négocia. M. de Moustier n'avait point engagé l'affaire du Luxembourg. En lui offrant le portefeuille, on l'avait assuré qu'il arriverait pour signer le traité de cession. Beaucoup d'influences s'agitaient autour de lui et se contrecarraient. Il ne prit la direction exclusive des affaires qu'au moment où elles devinrent critiques ; mais à ce moment il sut agir avec autant d'habileté que de décision. Il fit appel à l'Europe, montra le danger de la guerre, la médiocrité du motif; il parut disposé à transiger, pourvu que la Prusse s'y prêtât. L'Europe lui donna raison : une conférence se réunit à Londres et imposa à la Prusse l'expédient de la neutralité, qui était acceptable pour tout le monde, parce qu'il n'était un succès pour personne.

La tâche cependant n'était point aisée. La Prusse, devant l'opinion européenne, se repliait sans doute, mais elle se repliait « la menace à la bouche ». La France devait armer, et le maréchal Niel apportait toute la célérité possible à la mettre en état de défense. La Prusse, qui était prête à l'offensive, lui en faisait un grief.

Tandis que les puissances délibéraient, la diplomatie et la presse prussiennes entamaient une de ces querelles d'armements qui sont presque toujours l'avant-coureur des grandes guerres.

Rien n'était mieux fait que ces reproches irritants pour pousser hors de lui-même le gouvernement français. M. de Moustier se troubla un instant, mais il comprit aussitôt la faute qu'il commettait. C'était perdre l'avantage du terrain sur lequel il s'était retranché. Il sut maîtriser son indignation. En se contenant, il permit à la conférence d'agir et de régler le conflit. Le 11 mai, on annonçait à Berlin que le conseil de gouvernement se réunirait le soir pour décider la mobilisation partielle de l'armée. Le conseil fut contremandé : on avait reçu de Londres une dépêche annonçant que la conférence avait signé le traité de neutralisation. La diplomatie française avait su isoler la Prusse et la mettre en présence de l'Europe. L'Europe s'était prononcée, et la Prusse s'était arrêtée.

Le récit de M. Rothan finit ici. Dans ses premiers travaux sur les négociations de 1866, il s'était montré critique pénétrant et dialecticien alerte. Je n'enlèverai rien au mérite de ses études sur la *Politique française en* 1866, en disant que ses *Souvenirs* et son récit de l'*Affaire du Luxembourg* sont d'un intérêt plus pressant, plus poignant, plus personnel. Ce sont les Mémoires d'un témoin très-clairvoyant et très-ému. M. Rothan est de plus un homme de la *carrière*, comme on dit, et rompu au métier. Il ne se désintéresse d'aucun des épisodes qu'il raconte. C'est auprès du pilote, en face de l'habitacle et de la boussole, qu'il se place pour observer et décrire. Lorsque le vent saute, qu'un nuage menace, que le courant change, il relève le point, indique la manœuvre qui convient, et si ensuite le navire fait fausse route, le lecteur au moins sait pourquoi. Ces réflexions, qui se dégagent de la trame même du récit, y marquent des nœuds et des points d'arrêt, mais ne la rompent jamais ; elles sont l'attrait et l'originalité de ces souvenirs. Ajoutons que la forme en est aimable et facile ; c'est le ton d'un homme du monde cultivé, et c'est le ton par excellence de ce genre d'écrits. Je ne puis me défendre d'en citer la conclusion, car l'auteur y résume mieux que personne ne le pourrait faire la leçon qui ressort de son livre :

« La France, grâce à une évolution diplomatique des mieux inspirées, opérée sous le coup du danger, était sortie avec les honneurs de la guerre de l'impasse où, par sa faute, elle se trouvait perfidement acculée. La politique impériale avait su garder son sang-froid sans rien sacrifier de sa dignité. Elle avait résisté à toutes les provocations, elle avait interverti les rôles, réduit M. de Bismarck à se soumettre aux décisions des grandes puissances, sous peine de s'aliéner l'Europe. M. de Moustier, par sa modération, par sa loyauté, avait déjoué de ténébreux desseins. En restant impassible devant des excitations calculées, il avait isolé la Prusse, rejeté son ministre dans ses embarras intérieurs. Il avait montré que le gouvernement d'un grand pays n'exposait pas les forces dont il était le gardien aux convenances d'un homme d'État téméraire.

« C'était un succès, mais stérile et bien chèrement acheté, un succès à la Pyrrhus, le dernier que la fortune ménageait à l'Empereur. Il en était redevable avant tout à l'intervention résolue des puissances ; il le devait au sens politique de son ministre des affaires étrangères, à l'activité indomptable de son ministre de la guerre, et peut-être aussi à la vigilance patriotique de sa diplomatie. La France n'eût pas échappé à l'invasion si le sang-froid, la prudence et l'énergie ne s'étaient pas trouvés réunis dans ses conseils pour déchirer une trame diplomatique savamment ourdie, et déjouer une conspiration militaire qui, prête à éclater contre nous, n'attendait qu'un prétexte.

« L'enseignement qui ressortait de cette périlleuse épreuve fut perdu. Les hommes qui succédèrent à M. de Moustier et au maréchal Niel ne surent ni préparer la guerre ni la conjurer. Ils tombèrent dans le piége qu'on avait évité. Au lieu de se retrancher sur la défensive et de laisser à M. de Bismarck, en rébellion contre le sentiment des puissances, la responsabilité de la guerre, ils assumèrent le rôle de provocateurs. Ils n'avaient tiré aucune moralité de l'affaire du Luxembourg; ils n'avaient pas compris que 1867 n'était que le prélude de 1870. »

II

M. Rothan attribue avec raison, dans le succès de la manœuvre de 1867, une part à la « vigilance de la diplomatie ». Il n'en parle qu'en passant. Il aurait eu le droit d'y insister. Le lecteur lui saura gré d'avoir placé à la suite de ses *Souvenirs* quelques extraits de l'abondante et substantielle correspondance qu'il adressait en 1867 du poste d'observation de Francfort, où il avait été placé. Je crois que s'il avait cru devoir ou pouvoir publier ces lettres en 1871, au moment où les impressions de la guerre étaient toutes vives encore, elles auraient produit un effet analogue à celui que produisirent les fameux rapports du colonel Stoffel. Ainsi tout avait été dit, rien n'avait été écouté; tous les dangers étaient annoncés, aucune mesure n'était prise. Si la leçon de 1867 ne profita point aux gouvernants de 1870, ce n'est pas la lumière qui leur a manqué. Parcourez cette correspondance, recueillez les notions et les conseils qui en ressortent, et vous verrez une fois de plus comment l'événement de 1870 pouvait être évité, ou comment, si l'on n'avait ni su, ni voulu éviter la guerre, il aurait fallu faire au moins pour prévenir la catastrophe. C'est l'Allemagne de 1868 que ces lettres nous décrivent; c'est en réalité l'Allemagne de 1870 que nous avons déjà sous les yeux.

La Prusse ne fait point de progrès dans les provinces qu'elle s'est violemment annexées, dans le Hanovre surtout, et même dans la Hesse : il n'y a qu'un péril national, une attaque de l'étranger, qui puissent porter ces populations à se livrer définitivement à leurs nouveaux maîtres. Les petits États du Sud sont hostiles et méfiants; ils clabaudent contre la Prusse, mais ils sont divisés entre eux et incapables de s'unir pour résister. « Ils spéculent secrètement sur un retour offensif de la France et de l'Autriche pour les relever de leur abaissement. C'est avec l'aide de l'étranger, dont ils n'osent ouvertement invoquer l'intervention, de peur d'ameuter les passions populaires, qu'ils espèrent reconquérir leur indépendance. » Leur résistance sourde et leur mécontentement peuvent entraver indéfiniment l'unification pacifique de l'Allemagne. En cas de guerre, ils seront débordés, entraînés par le courant national, et devront marcher avec la Prusse, s'ils ne veulent être renversés par leurs sujets. Il ne faut donc faire aucun fond sur leur politique. Ils peuvent désirer l'intervention de l'étranger; mais, si l'étranger intervient, ils le combattront. S'il y a dans ces petites cours quelques ministres pour insinuer à l'oreille de l'agent français leur désir de voir arriver « les pantalons rouges », il y a partout des officiers qui apprennent, pour les repousser, l'exercice à la prusssenne. Ils sont bien tels qu'ils ont toujours été, et que Forster les peignait en 1791, lorsqu'il écrivait : « Notre politique est de tromper tout le monde, de négocier avec tout le monde et de ne tenir aucune parole. » La Prusse les connaît, elle a su les prendre, elle les a pris, et elle les tient.

Ce n'est pas sur eux qu'il faut compter pour éviter la guerre ou y faire diversion. Le courant défensif est dans la population. Elle était prête à courir aux armes, lors du conflit du Luxembourg, quand elle croyait l'Allemagne menacée par la France. Mais la France se montre pacifique et désintéressée : aussitôt les esprits se calment et les colères s'apaisent. Au fond, ils n'ont point envie de se battre. « On se réjouit sincèrement de la nouvelle de la conférence, écrit M. Rothan, en avril 1867. Vous pouvez vous féliciter de n'avoir pas désespéré du maintien de la paix..... Notre modération est interprétée d'une manière sympathique pour notre amour-propre national. En dehors, du parti national (libéral?) on ne voit que des esprits inquiets, envisageant avec terreur l'éventualité d'une nouvelle guerre après les épreuves que l'Allemagne a traversées. L'opinion publique est plutôt déprimée qu'exaltée. » Sans doute il est facile de l'exalter et de la déchaîner, et cela avec d'autant plus de violence qu'au fond elle répugne plus à la guerre; mais il faut pour cela que la France se donne les apparences de l'agression.

La Prusse le sait, et ceux qui veulent la guerre n'ont pas d'autre politique à l'égard du gouvernement français. Qu'il se laisse surprendre, qu'il perde le sang-froid et qu'il déclare la guerre, en ce cas, ils sont prêts : ils brusqueront le dénoûment. « Leur alliance avec la Russie est parafée, sinon signée. L'Autriche serait tenue en échec par la Russie; et l'Angleterre, sous l'influence de l'école de Manchester, se renfermerait dans une neutralité égoïste. » Avec les États du Sud les traités militaires sont conclus : la Prusse a leurs armées dans sa main. En cas d'alerte, on fera remonter les contingents du Sud vers le Nord, de manière que si la France envahit, elle ne paralyse point la mobilisation. Le mauvais vouloir des gouvernements est prévu et prévenu. La Prusse portera des coups rapides. Elle connaît tous les défauts des armées françaises : la dispersion et l'incertitude du commandement, la lenteur et la confusion des rassemblements, l'infériorité de l'artillerie, le désarroi des arsenaux. Elle ne craint pas les mitrailleuses dont on parle tant. Elle jettera sur la frontière des troupes mieux munies, mieux commandées et plus nombreuses. « L'armée française, disent les généraux prussiens, sera victorieuse le matin, mais elle sera toujours écrasée le soir par l'arrivée de réserves fraîches auxquelles elle n'aura rien à opposer. » Aussi, « le gouvernement prussien est résolu à ne pas se laisser arrêter par des négociations dilatoires qui, en retardant l'ouverture des hostilités, nous permettraient de compléter nos préparatifs et de concentrer notre armée sur la frontière. Il connaît la valeur du temps, et il saura déjouer les manœuvres de la diplomatie. *Le jour où la Prusse sera convaincue que la guerre est irrévocablement décidée dans les conseils de l'Empereur*, et elle ne sera pas la dernière à en être informée, elle donnera instantanément l'ordre de la mobilisation, et elle procédera avec une telle énergie, qu'elle sera certaine d'avoir sur nous l'avantage de la vitesse et du nombre. »

Dans ces conditions, convient-il à la France d'affronter la lutte? Tout en se préparant activement à se défendre si on l'attaque, doit-elle désirer le combat? Ici se pose la question grave et décisive en pareille matière, la question du lendemain, la question de la paix à signer en cas de succès. A ce point de vue, non-seulement la guerre devient inutile, mais elle devient nuisible. Le résultat qu'on en pourrait attendre, la paix l'assurera mieux que ne le ferait la victoire. Les idées que M. Rothan présente à ce sujet sont si justes, elles résultent d'une observation si exacte des faits présents, de conjectures si fermes sur les faits à venir, elles ont une conséquence telle pour le jugement à porter sur les événements de 1870, que je ne voudrais pas, en les écourtant ou en les résumant, risquer d'en diminuer la force et d'en affaiblir la portée.

Il faut lire le texte même de ses rapports :

« La Prusse s'est engagée dans une situation qui ne lui permet plus de s'arrêter; elle est forcée de franchir la ligne du Mein et d'étendre sa domination militaire, politique et commerciale, jusqu'aux Alpes. Toutes ces choses sont fatales et devront s'accomplir; l'Allemagne sera agitée tant qu'une satisfaction plus complète ne sera pas donnée à ses aspirations nationales. C'est ce que comprend M. de Bismarck, et c'est vers ce but que convergent toutes ses pensées, tous ses actes.

« Il appartient au gouvernement de l'Empereur d'examiner si le moment de sortir des équivoques et d'aborder résolûment la question allemande n'est pas venu, et s'il ne conviendrait pas de la régler dès à présent à l'amiable, dans l'esprit le plus large, soit directement avec la Prusse, soit avec le concours de l'Europe. Ce serait le moyen de n'être pas exposé à devoir s'opposer un jour les armes à la main dans un moment inopportun à une solution désormais inévitable...

« C'est une question que je n'ai pas la prétention de préjuger. Je me permets uniquement de demander si cette énorme concession serait un danger plus grand que ce qui de fait existe déjà. La Prusse n'occupe-t-elle pas Mayence? Ne s'est-elle pas réservé le droit de garnison à Rastadt et à Ulm? Ne dispose-t-elle pas de tous les contingents militaires, en vertu de ses traités d'alliance et de ses conventions? Lui est-il permis de revenir sur ses pas, de s'en tenir aux engagements de Prague, de renoncer, en un mot, au programme qu'elle a posé dans toutes ses manifestations officielles, et qui se trouve reproduit solennellement dans le discours le plus récent du Roi? On ne saurait l'admettre, après tout ce qui vient de se passer. Poser la question ainsi, je crois déjà l'avoir dit, c'est reconnaître le péril de la situation, et c'est reconnaître aussi la nécessité d'y parer par l'action persévérante de la diplomatie, sinon par la guerre, mais avec de solides alliances et une armée assez nombreuse pour engager la lutte contre toutes les forces de l'Allemagne...

« Que serait l'Allemagne, telle qu'on la poursuit aujourd'hui, pacifiquement et par voie de subterfuge, et que serait l'Allemagne si elle devait se constituer un jour, à la suite d'une guerre heureuse? Cette double question s'impose à tous ceux qui tiennent pour éminemment provisoire l'état de choses sorti des derniers événements. [Dans la première hypothèse, la France n'aurait en face d'elle qu'une confédération plus centralisée, il est vrai, politiquement et militairement, et par conséquent plus dangereuse que l'ancienne Confédération germanique. Mais elle serait en somme composée des mêmes éléments, c'est-à-dire de princes et d'États jaloux de leur autonomie, et qui, bien que maintenus par la loi du plus fort, n'en continueraient pas moins à être un embarras et une cause d'affaissement pour le pouvoir central. Les répugnances des provinces annexées pour le régime prussien, l'hostilité secrète du Midi pour le Nord entretenues par la diplomatie autrichienne seraient un obstacle pendant de longues années à une assimilation compacte et homogène des éléments germaniques. Bien différente serait une Allemagne sortant d'une guerre heureuse, sans notre assentiment, et peut-être à la suite de nos défaites. Les résistances autonomes et les agitations libérales dont nous aurions pu, avec des alliances efficaces et avec une situation militaire irréprochable, tirer parti, seraient brisées sans retour. Ce serait l'unification et la centralisation appuyée sur un million de baïonnettes, ce serait l'avénement définitif de l'empire germanique. Poser la question ainsi, et elle ne saurait l'être différemment, c'est mettre le gouvernement impérial en demeure de parer dès à présent par l'action diplomatique au danger qui nous menace. »

La paix éviterait ces conséquences extrêmes; elle les éviterait surtout si elle était l'œuvre d'un gouvernement libéral en France :

« L'Allemagne a toujours les yeux sur nous, et il est permis de se demander si un retour de la France vers le régime constitutionnel laisserait le centre de l'Europe indifférent. Ce serait un terme de comparaison fâcheuse dont la Prusse se ressentirait à coup sûr. La guerre, qui est la constante préoccupation de ses états-majors, serait malaisée à provoquer contre une France libérale, affirmant hautement la paix, préconisant le désarmement et évitant avec soin toute ingérence dans les affaires allemandes. »

Ces conjectures n'ont été que trop justifiées. Aujourd'hui ce sont des jugements.

LA DIPLOMATIE ET LE PROGRÈS

Il ne s'agit point ici du progrès des mœurs et de la civilisation. Ce progrès a ses lois, qui sont les lois mêmes de l'esprit humain[1]. Elles règnent sur la diplomatie, mais elles la gouvernent peu ; la diplomatie de tous les temps s'y est montrée fort réfractaire. Les diplomates, qui se piquent de raffinement et de subtilité, sont en général fort sceptiques sur l'article de la civilisation. Ce n'est guère pour eux qu'une fleur de rhétorique et un appât à piquer les nations, qu'ils ont toujours considérées comme une matière taillable et divisible à merci. La Bruyère a fait un portrait admirable du plénipotentiaire : « Il ne parle que de paix, que de tranquillité publique, que d'intérêt public, et, en effet, il ne songe qu'aux siens, c'est-à-dire à ceux de son maître ou de sa république. » Les mots ont changé, les choses restent les mêmes. On parle encore de paix : les peuples ne connaissent pas de plus belle parole, ils aimeront toujours à l'entendre ; mais « l'intérêt public » est

---

[1] Voir le beau livre de M. Funck-Brentano, *la Civilisation et ses lois*, 1 vol. Plon.

une expression un peu usée ; on y substitue des formules scientifiques. Les diplomates se plient aisément à ce caprice du goût, et ils puisent comme tout le monde dans le vocabulaire des sciences. Il faut les entendre toutefois : ils ne distinguent pas l'idée de progrès de l'idée de guerre, et lorsqu'ils parlent de civiliser, c'est conquérir qu'il faut comprendre. Ils sont d'ailleurs gens de bon ton, les plus polis du monde, et ils professent un profond respect pour la moralité humaine ; mais l'hommage qu'ils lui rendent est surtout une affaire de forme et d'apparat, le terme le plus exquis de la courtoisie politique. Les mœurs, qu'ils confondent souvent avec la mode, ne gouvernent guère chez eux que les menus, les dîners de gala, la composition des présents diplomatiques, la tournure des compliments, le dessin des broderies, les métaphores officielles et le pompeux galimatias des manifestes de chancellerie.

Il y a une forme toute matérielle, toute tangible, du progrès, qui change moins l'esprit de l'homme que le milieu dans lequel il vit, influe moins sur ses idées que sur ses habitudes, affecte moins ses mœurs que sa manière de vivre. Je veux parler des applications pratiques des sciences et du progrès des inventions. L'une de ces applications scientifiques est la merveille de ce siècle. La télégraphie a modifié aussi profondément les rapports politiques des nations que les chemins de fer en ont modifié les rapports économiques. Cette transformation s'opère sous nos yeux, entre nos mains ; on en peut déjà, non pas mesurer, mais au moins conjecturer la portée. C'est dans le domaine de la diplomatie une révolution véritable. Les avantages pratiques en sont évidents, et il serait oiseux de les rappeler. Mais il en résulte en même temps des conséquences morales qui échappent plus facilement à l'attention et qui méritent cependant d'être considérées de très-près. C'est une action assez éloignée, indirecte, réflexe en quelque sorte, mais qui n'en est pas moins très-puissante, très-efficace, et qui peut, si l'on n'y prend garde, entraîner pour les imprudents des suites extrêmement graves.

I

La télégraphie a bouleversé toutes les conditions de l'ancienne diplomatie. Elle a multiplié tout d'un coup, sans préparation et sans transition aucune, dans les rapports des États, un élément que jusque-là tout l'art des chancelleries s'était efforcé d'en bannir : la passion.

On a beau jeu à railler les ambages et la lenteur de la diplomatie classique. La *forme*, sans doute, prête d'autant plus à rire qu'elle est plus empruntée et plus solennelle; on en peut rire à l'aise quand il ne s'agit que du procès de Marceline et de la procédure de Brid'oison. Ce n'est pas le cas ici. Lorsque les diplomates entrent en conflit, ce sont les principales choses du monde qui se trouvent en litige, c'est l'humanité qui paye les frais du procès, et c'est dans le sang des nations que se trouve la sanction du jugement. Il s'agit de l'indépendance des peuples, de la vie des hommes, de l'intelligence accumulée, de toute la jeunesse d'un pays et des réserves inconnues du génie national, que l'on expose au jeu des batailles sans en avoir pu même soupçonner la valeur. On ne doit point risquer de tels trésors sur un coup de partie. La colère devient criminelle chez ceux qui ont charge d'âmes et charge de nations. Il n'y a pourtant pas d'homme qui soit à l'abri de la colère quand on anime en lui les passions les plus ardentes et les plus essentielles; il n'y a point de tête qui soit à l'abri du vertige quand on la transporte à ces hauteurs où l'œil plonge sur les royaumes de la terre. Il faut des écrans et des garde-fous.

On en avait trouvé d'à peu près suffisants dans la diplomatie, sa procédure et ses procéduriers. C'était une justice très-boiteuse; elle avait les qualités de ses défauts. Elle était lente, elle ne s'emportait point, elle stationnait et sommeillait volontiers. Son attelage était majestueux et compliqué; mais ses mules, qui avaient quelque chose de la dignité des mules épiscopales, ne prenaient pas le mors aux dents. Il y avait, sans doute, en ce temps-là, comme il y en a eu depuis, des embuscades et des guets-apens. Ceux qui voulaient réveiller les gens en sursaut, conquérir par escalade et annexer avec effraction nocturne, ne se souciaient pas plus alors de la diplomatie et de ses formulaires qu'ils ne s'en soucient de nos jours. C'est en plein règne du « vieux droit », dans l'âge d'or de l'ancien régime et de la diplomatie classique, que la Fontaine écrivait avec autant de vérité qu'on aurait pu le faire en ce siècle, au commencement et vers la fin :

> Jupin pour chaque état mit deux tables au monde :
> L'adroit, le vigilant et le fort sont assis
>   A la première; et les petits
>   Mangent leur reste à la seconde.

Les ambitieux et les violents trouveront toujours moyen de se tirer d'affaire. Ce n'est pas d'eux que je m'occupe ici. Ils ne sont pas intéressants. Je pense à ceux qui sont menacés, convoités, provoqués : on les agite, on les excite, on cherche à les jeter hors d'eux-mêmes et à les précipiter dans le courant, afin de mieux établir que ce sont eux qui troublent l'eau. Pour ceux-là, gagner du temps et atermoyer sera toujours la meilleure réponse. Je pense aussi aux nations que les ambitieux enivrent et lancent presque toujours à leur détriment dans les parties hasardeuses et les sanglantes aventures. Pour elles, la réflexion est le salut.

On était bien obligé de réfléchir quand le courrier mettait cinq jours pour se rendre de Paris à Londres, quand il fallait deux semaines pour porter une réponse à un argument venu de Vienne, et quand on devait attendre presque un mois pour savoir comment on jugeait à Pétersbourg ce qui se passait en Turquie. Quand le rapport ou les instructions arrivaient, les esprits avaient eu le temps de se composer et de se rasseoir. Les hommes d'alors étaient tout aussi emportés que ceux d'aujourd'hui; mais ils discutaient à distance, leurs passions se refroidissaient en route. Le temps et le voyage engourdissaient la fièvre. Les lenteurs et les détours du chemin déroutaient et fatiguaient la colère, en même temps qu'elle se délayait et s'absorbait en quelque sorte dans les circonlocutions convenues du style des chancelleries. L'impatience se dissipait dans les inévitables divertissements de l'attente. Ne fût-ce que pour la distraire ou la tromper, il fallait en considérer sans cesse et en ressasser l'objet : malgré soi on changeait son point de vue, on tournait et retournait les idées, et, par suite, on avait des chances de juger mieux, plus nettement et avec plus de calme. L'ambassadeur, sachant que son rapport serait lu à quinze jours de date; le ministre, averti que ses instructions seraient vieilles d'une semaine ou deux quand elles seraient exécutées, se donnaient le loisir d'en méditer le fond et d'en peser les termes. C'était toujours un petit événement que l'envoi d'un courrier extraordinaire; on avait eu le temps de revenir des impressions trop vives et de calmer des nerfs trop irritables.

Les courriers maintenant prennent le train rapide. Rapprochez un almanach des postes vieux d'un demi-siècle du Livret des chemins de fer paru le mois passé, comparez les délais, et vous aurez la mesure exacte de la supériorité d'esprit et de caractère que nos gouvernants doivent avoir sur leurs devanciers. Il n'est point d'homme d'État subalterne ou de mince plénipotentiaire à qui il ne faille aujourd'hui, rien que pour éviter les fautes lourdes et les sottises funestes, dix fois plus de prudence que n'en avait Mazarin, et plus d'empire sur lui-même que n'en possédait Talleyrand.

C'est peu de chose cependant; les gouvernants seraient encore à peu près à l'aise et les gouvernés à peu près en repos, s'ils n'avaient affaire qu'aux voies ferrées. Le télégraphe met en rapports directs le ministre et l'ambassadeur, les hommes d'État qui mènent les grandes nations, les souverains qui règnent sur elles. Rien ne les sépare, et rien n'arrête leurs paroles. Elles courent, se poursuivent, s'entre-croisent en petites phrases rapides, condensées, substantielles. Tout mot y porte, car on n'y place que les mots qui doivent porter. Comme les chefs discutent sans se voir et se parlent sans s'écouter, il ne reste plus rien des garanties que le respect de soi-même et d'autrui, l'élévation du rang, la haute courtoisie du monde, donnent aux nations dont les destinées se débattent dans les conférences des ministres et les entrevues des souverains. Dans ces discussions sans voix, sans regard et sans gestes, le caractère n'a plus d'action et le génie n'a plus de prestige. La finesse insidieuse d'un

Metternich, l'irrésistible bonhomie d'un Henri IV, l'esprit endiablé d'un Frédéric, la majesté d'un Louis XIV, perdent leur raison d'être et demeurent sans effet. Les tragiques et impénétrables emportements de Napoléon ne seraient plus, condensés en télégrammes, que des diatribes refroidies et de violentes platitudes. Il ne resterait rien de ces foudroyantes répliques où, dévoilant à ses adversaires leurs desseins et leurs faiblesses, il les déconcertait et les fascinait en même temps, leur donnant, comme il se la donnait peut-être à lui-même, l'illusion qu'il possédait les moyens de tout déjouer, puisqu'il avait eu la sagacité de tout prévoir. Tel pacha qu'un coup d'œil du terrible tsar Nicolas aurait fait rentrer sous terre, tel potentat brutal que la fine mansuétude d'un Pie VII aurait décontenancé, peut à distance, et la main sur son clavier télégraphique, s'amuser à jouer le Bonaparte, et, le jouant, il croit l'être. Il est désormais donné au dernier venu de briser de loin les porcelaines de Campo-Formio.

La passion engage le conflit, la violence le conduit, la force le résout. Imaginez un Richelieu et un Bismarck, un Louis XIV et un Frédéric, enfermés chacun dans leur *cabinet à téléphones*, resserrant en un dialogue précipité les querelles séculaires des dynasties et des nations. A côté du téléphone qui les met en présence de l'adversaire, est celui qui les met en communication avec le serviteur. Un mot lancé entre deux répliques, et les soldats s'apprêtent dans leurs casernes, les locomotives se mettent en pression. A mesure que la dispute s'anime, les armées se précipitent vers les frontières. Les courants de la passion humaine se heurtent comme les courants électriques qui les portent. Dans l'instant où la guerre est déclarée, elle éclate, et des générations humaines sont fauchées avant que l'humanité ait pu savoir pourquoi.

Ne croyez pas qu'il faille pour cela des rencontres inattendues de génies extraordinaires. Il suffit pour déchaîner ces fléaux, de l'infatuation et de l'emportement. La médiocrité en est très-capable, et il n'y a point d'institutions qui en préservent les peuples.

Il est même à craindre que les événements ne se précipitent d'autant plus que les gouvernements sont plus libres et plus démocratiques. Les garanties que les nations se sont données peuvent se retourner ici contre elles et leur créer un danger de plus. A la rigueur, un conseil délibérant dans le secret peut se contenir et s'arrêter. Les hommes y exercent encore quelque action les uns sur les autres. Dans les gouvernements démocratiques, les querelles des hommes d'État deviennent du premier coup les querelles des nations. La dignité du peuple est engagée publiquement. Les passions collectives s'irritent et s'exaspèrent de leur propre fièvre, et cette fièvre est contagieuse. Une assemblée emportée ne s'arrête plus. Toute l'éloquence d'un Thiers n'a pu, en 1870, gagner une heure de discussion qui aurait peut-être sauvé la France.

Qu'on se figure la population d'une grande capitale, soulevée, entraînée par des mouvements d'autant plus impétueux et irrésistibles que le mobile en est plus noble; qu'on se représente un délire populaire à tout instant activé et surexcité par les nouvelles qui arrivent subites, incisives, éblouissant et secouant les foules comme les éclairs dans ces tempêtes tropicales qui ébranlent le sol, font déborder les mers et poussent dans les rues écroulées le peuple fou de terreur. Ceux qui ont traversé Paris au mois de juillet 1870 ont eu par échappées de ces visions sinistres. Trente ans auparavant on en avait eu le pressentiment. En 1840, la France fut exposée au même péril; elle faillit, par des mécomptes analogues et sous l'empire d'illusions semblables, se jeter éperdument dans une aventure qui eût été pour elle la défaite, l'invasion et le démembrement. Elle y échappa non-seulement parce qu'il y avait alors des institutions libres et un prince prudent qui les respectait, mais encore et surtout parce que les gouvernants purent se donner le temps de réfléchir. Lorsque la nation connut la gravité de la crise et s'en émut, le danger était paré.

II

Maintenant quelques heures suffisent pour allumer et résoudre en guerre les querelles des États; quelques jours suffisent pour précipiter l'une contre l'autre des nations armées. La victoire est au mieux muni et au plus alerte. Il faut donc se hâter, et cette hâte devient une cause nouvelle de trouble, d'aberration et d'erreur. La gravité des intérêts engagés, la responsabilité encourue, la nécessité de n'être ni devancé ni même prévenu, l'agitation populaire au milieu de laquelle il faut agir, obscurcissent les intelligences les plus claires et paralysent les volontés les mieux affermies. Il faut désormais aux hommes d'État, surtout dans les démocraties, des qualités très-supérieures et des vertus exceptionnelles. Il se trouve justement que le milieu dans lequel ils vivent et les redoutables instruments dont ils ont à se servir, loin de fortifier leurs esprits, tendent au contraire à en affaiblir le ressort. C'est lorsqu'on est, à tout instant sous le coup de crises imprévues et subites qu'il est le plus nécessaire d'avoir des desseins arrêtés de longue date. Ce n'est qu'à force de prévoyance, de fermeté, de sang-froid, que l'on peut opérer au milieu des tumultes et des surprises. Par un singulier contraste, les hommes d'autrefois, qui étaient les moins exposés à ces périls, étaient infiniment mieux préparés à les braver que ne le sont les hommes d'aujourd'hui.

Lorsque les communications étaient lentes et incertaines, il fallait que le gouvernement eût un système politique et que ses représentants à l'étranger eussent de l'initiative. Ils emportaient des instructions qui étaient un véritable traité de la politique du gouvernement dans ses rapports avec l'État auprès duquel l'agent était accrédité. Pour tracer ces instructions, il fallait connaître le passé et prévoir l'avenir. Il y avait des traditions qui se maintenaient ainsi. Flassan a pu composer une bonne histoire de la diplomatie française à peu près uniquement avec ces mémoires et ces instructions. Le gouvernement était tenu de penser et de former un dessein; il ne pouvait s'en remettre aux circonstances pour se décider et arrêter un plan : il serait presque toujours arrivé trop tard. Plus d'un sans doute essaya de se payer de prétextes pour excuser sa paresse ou masquer son impuissance. Cela s'est vu en France sous Louis XV, en Prusse sous Frédéric-Guillaume II, en Angleterre sous plusieurs ministres, en Autriche sous plusieurs souverains; mais ceux qui ont agi de la sorte s'en sont mal trouvés, et ce n'est jamais ainsi qu'aux époques prospères ont été conduites les affaires des États.

Bonne ou mauvaise, d'ailleurs, fixe ou incertaine, il fallait avoir une politique, et lors même que l'on entendait s'abstenir, on était obligé de le dire et de s'en rendre compte. Les ambassadeurs le savaient et agissaient en conséquence. C'était à eux d'interpréter les instructions dans les cas imprévus et lorsque le temps manquait pour en référer au ministre. Leur caractère se trempait et leur esprit s'affinait par l'exercice de l'initiative qui leur était laissée. Malgré cela, on trouvait encore qu'ils n'étaient jamais assez prévenus et assez avertis, c'est-à-dire que le gouvernement ne leur donnait jamais des instructions assez précises et assez minutieuses. « Ce qu'ils ont à traiter, écrit un ministre du dix-huitième siècle, d'Argenson, n'est qu'un rôle préparé, appris et débité avec intelligence; rarement prennent-ils sur eux à propos, et toujours avec danger. »

Rien n'empêche à coup sûr les hommes d'Etat de notre siècle d'avoir des plans bien formés, de les suivre avec ténacité et d'en confier l'exécution à des agents sagaces et décidés; mais la nécessité n'est plus aussi impérieuse : la paresse y trouve son compte et la vanité son profit. Certes, jamais politique ne s'est avoué à lui-même qu'il n'avait ni desseins arrêtés ni fermes principes. Ceux qui s'en sont vantés, comme le grand Frédéric, l'ont fait par coquetterie de duplicité. Les sots du temps seuls s'y laissaient prendre; mais le philosophe de Sans-Souci, qui dupa tant de gens d'esprit, ne se dupa jamais lui-même. On s'abuse aisément, au contraire, sur les grandes pensées qu'on laisse soupçonner à tout le monde dans la crainte d'en trahir le mystère. « Les grandes négociations ne doivent pas avoir un seul moment d'intermission, a dit le plus grand de nos négociateurs[1]; il faut poursuivre ce qu'on entreprend avec une perpétuelle suite de dessein; en sorte qu'on ne cesse jamais d'agir que par raison, et non par relâche

---

[1] RICHELIEU, *Testament politique*.

d'esprit, par indifférence des choses, vacillation de pensées, et par résolution contraire. » Le fort suit sa pensée à travers les incessantes vicissitudes du monde; il a son but et sa boussole; il louvoie au besoin, mais il ne connaît point de vents contraires. Le faible attend tout du hasard et s'imagine qu'il attend tout de son propre génie. Il se paye de suggestions vagues, de données indécises, d'esquisses fugitives. Les circonstances se modifient chaque jour; l'habile en saura profiter, et l'on se dit que l'on sera cet homme-là. En attendant, on laisse venir. On mande à l'ambassadeur d'en faire autant. Si la crise éclate, le télégraphe y pourvoira. Le ministre, décidant tout par lui-même, s'en remet à son talent, et l'ambassadeur, réduit au rôle de drogman télégraphique, peut jouir en toute sécurité des somptueux loisirs qui lui sont faits. L'indécision devient une règle de conduite, l'inaction une qualité, l'incertitude un projet. La crise éclate, et l'homme pris au dépourvu se trouve sans pensée et sans caractère. Il perd la tête et sombre, à moins que, la présomption ne l'aveuglant jusqu'au bout, il ne se croie de taille à engager la bataille et n'entraîne l'État dans sa chute.

Il faut bien s'en rendre compte : au temps où nous vivons, il n'y a plus de salut pour les médiocres et pour les faibles. Si tous étaient de la même trempe, ils se paralyseraient peut-être les uns les autres. Mais il s'est toujours trouvé et il se trouvera toujours quelque part un homme d'un génie plus vigoureux que celui de ses contemporains, et qui se fera une force de la faiblesse de ses adversaires. Il se sera exercé de bonne heure au maniement des armes nouvelles, et son caractère se sera trempé à travers les difficultés et les efforts. Sa volonté sera d'autant plus inébranlable qu'il aura triomphé de plus d'obstacles en lui-même et autour de lui. La tempête ne le troublera pas, et il profitera du trouble où elle jettera les autres. « Qui prévoit de loin ne fait rien par précipitation », a dit Richelieu. Les événements se précipiteront, celui qui les aura prévus les dominera. Ce qui est un péril pour les débiles, les infatués et les irrésolus décuple ainsi la puissance des forts qui savent vouloir. L'aveugle reste toujours dans la nuit, quelque perfectionné que soit le télescope dont il essaye de se servir. Qu'importe à l'incapable une arme à longue portée et à tir rapide? Elle éclate dans les mains de l'imprudent, elle renverse l'invalide, et le fou la dirige contre les siens.

La proportion des hommes supérieurs et des hommes médiocres ne se modifie pas selon nos inventions; mais les inventions augmentent la puissance des uns et multiplient les causes d'infériorité des autres. Il faut donc se rendre compte de la valeur des instruments que l'on emploie, des conséquences nécessaires des procédés nouveaux, mesurer le danger du recul à la portée de l'arme, et ne pas se croire à l'abri parce qu'on tire de très-loin sur un adversaire que l'on ne voit pas. Le progrès des inventions se paye comme les autres progrès; il y a ici comme ailleurs le flux et le reflux, et l'homme porte le poids de son propre génie. Ses découvertes l'engagent; il faut qu'il s'élève à la hauteur de sa science, sans quoi sa science l'écrase. Loin de diminuer les responsabilités et de faciliter la tâche, le progrès la complique et l'appesantit. La force d'âme doit grandir à mesure que la force matérielle se développe.

Celle-ci croît indéfiniment, et les résultats que nous avons vus ne sont rien auprès de ceux dont l'Europe est destinée à faire l'expérience. Les Américains, dans leur guerre civile, avaient hasardé quelques timides essais; les Prussiens ont fait faire un grand pas aux applications des sciences à l'industrie de la politique et de la guerre. Les inventeurs ne s'arrêtent pas ; il s'établit entre les arsenaux et les laboratoires, entre les gouvernements et les nations, une émulation qui sera féconde en hécatombes de citoyens et en bouleversements d'empires. Les savants et les ingénieurs complètent et perfectionnent incessamment leur épouvantable collection d'engins de guerre. La race des conquérants n'est pas épuisée, et il reste au monde une terrible réserve de peuples avides d'émigrer, de jouir et de conquérir. Nos inventions ont cela de beau et de pratique qu'un barbare peut très-vite apprendre à s'en servir : il suffit qu'on l'y exerce un temps suffisant, et qu'il soit guidé par quelques gens de tête. Les peuples jeunes, comme on les nomme, font en général peu de grandes découvertes; mais ils étonnent les anciens par leur aptitude à s'assimiler les résultats pratiques des inventions d'autrui. Les Ampère ne naissent point en Amérique, mais les Américains ont excellé à développer en applications pratiques les œuvres du génie français. On pourrait en dire autant des Russes à l'égard des Allemands. Quand il s'agira seulement d'employer les instruments nouveaux à tuer, à brûler et à pulvériser, les barbares en remontreront aux plus civilisés. Ils y apporteront une audace, une dextérité, une souplesse d'imagination, une insouciance du danger, qui dérouteront les inventeurs eux-mêmes.

Le conquérant futur et son peuple seront terribles aux hommes. Ils tourneront le progrès et prendront la civilisation à revers. M. Renan[1] s'est plu à nous montrer,

---

[1] *Dialogues philosophiques.*

dans de lointaines perspectives, vers le déclin de l'humanité, les philosophes et les « privilégiés de la raison » régnant sur les peuples par la « terreur absolue ». Ce serait encore un régime relativement doux et, dans la mesure des misères qui, paraît-il, nous attendent, une sorte de purgatoire terrestre, à défaut de paradis. Mais, en attendant, on a lieu de craindre le jour où la « terreur absolue » sera l'œuvre des « privilégiés de la force ». Sans posséder encore, comme l'imagine le philosophe, les moyens de détruire la planète, on pourra détruire les États, asservir ou exterminer les peuples; cela suffirait, et cela n'est peut-être pas si loin de notre ère qu'on pourrait le croire. Supposons seulement un Bonaparte servi par un Edison, et le rêve mélancolique d'un penseur ne sera plus qu'une vision détachée de l'Apocalypse de l'avenir.

FIN.

TABLE

Metternich	3
Talleyrand	55
L'alliance russe et la Restauration	95
Les Mirabeau	117
Bernis	131
La diplomatie secrète de Louis XV	153
Élisabeth de Russie	171
Catherine II et la Révolution française	191
L'Angleterre et l'émigration	205
Les colonies prussiennes	233
La politique française en 1866	249
L'affaire du Luxembourg	265
La diplomatie et le progrès	281

FIN DE LA TABLE.

PARIS. — TYPOGRAPHIE DE E. PLON ET Cie, RUE GARANCIÈRE, 8.

www.ingramcontent.com/pod-product-compliance
Lightning Source LLC
Chambersburg PA
CBHW070738170426
43200CB00007B/563